Karen Piepenbrink

Konstantin der Große und seine Zeit

Geschichte kompakt – Antike

Herausgegeben von
Kai Brodersen

Beratung
Ernst Baltrusch, Peter Funke, Charlotte Schubert, Aloys Winterling

Karen Piepenbrink

Konstantin der Große und seine Zeit

Wissenschaftliche Buchgesellschaft

Einbandgestaltung: Neil McBeath, Stuttgart.

Die Zeichnungen fertigte Frauke Vos an.

Die Deutsche Bibliothek – CIP-Einheitsaufnahme
Ein Titeldatensatz für diese Publikation ist bei
Der Deutschen Bibliothek erhältlich.

© 2002 by Wissenschaftliche Buchgesellschaft, Darmstadt
Gedruckt auf säurefreiem und alterungsbeständigem Papier
Printed in Germany

Besuchen Sie uns im Internet: www.wbg-darmstadt.de

ISBN 3-534-15499-1

Inhalt

Geschichte kompakt – Antike

Die Geschichte der Antike ist ein selbstverständlicher Teil der historischen Ausbildung und Bildung. Wer Geschichte studiert, befasst sich mit dem griechisch-römischen Altertum, dem Mittelalter und der Neuzeit, und wer Geschichte lehrt oder sich allgemein für Geschichte interessiert, wird diese drei „großen" Epochen ins Zentrum seiner eigenen Fortbildung stellen.

Allerdings ist die Geschichte der Antike vielleicht eher als die anderer Epochen nicht immer „von selbst verständlich". Oft sehen die Lehrpläne der Schulen eine Beschäftigung mit dem Altertum nur für Altersgruppen vor, denen ein Zugang zu historischen Fragestellungen noch wenig vertraut ist. Mitunter schrecken Studierende vor einer intensiveren Auseinandersetzung mit der Geschichte der Antike schon angesichts der Quellensprachen Griechisch und Latein zurück. Immer wieder schließlich hört man, es fehlten aktuelle und konzise Einführungen in wichtige Themen der Alten Geschichte für das Selbststudium, als begleitende Lektüre zu einer Lehrveranstaltung oder zur Vertiefung des eigenen Wissens.

Die Reihe „Geschichte kompakt – Antike" möchte allen Interessierten solche Einführungen zur Verfügung stellen. Bei der Auswahl des Stoffs für die einzelnen Bände, die Themen von der frühen griechischen Geschichte bis in die Spätantike erfassen, orientieren wir uns bewusst an der Lehre in Schulen und Universitäten. Die Themen werden dabei so erschlossen, dass sie ohne große Vorkenntnisse etwa von Begriffen oder Quellensprachen schnell erfasst und anhand der sorgfältig ausgewählten weiterführenden Literatur vertieft werden können.

Als Autorinnen und Autoren konnten wir vor allem jüngere Fachwissenschaftler gewinnen, die stets auf der Grundlage der (in Übersetzung gebotenen) Quellen, stets auf dem neuesten Forschungsstand und stets aufgrund eigener Lehrerfahrung informativ und kompakt darstellen, was für das jeweilige Thema der antiken Geschichte wichtig ist. So hoffen Autorinnen und Autoren, das Beratergremium, Herausgeber und Verlag dazu beizutragen, dass die Geschichte der Antike ein selbstverständlicher Teil der historischen Ausbildung und Bildung bleibt.

Kai Brodersen   Mai 2002

Vorwort

Konstantin der Große ist einer der berühmtesten, aber auch einer der umstrittensten römischen Kaiser. War Konstantin Christ? Welche Rolle spielte er bei der Christianisierung des Römischen Reiches? Welchen Anteil hatte seine Politik an der Herausbildung des spätantiken römischen Staates? Welches waren die langfristigen Folgen seiner Herrschaft – für das Imperium Romanum, für die katholische Kirche, für die Beziehungen zwischen Staat und Kirche, für das Verhältnis von griechischem Osten und römischem Westen? Dies sind nur einige der Probleme, die seit langem kontrovers diskutiert werden. All diese Fragen und vieles mehr werden im vorliegenden Band, der eine Einführung in die Geschichte Konstantins des Großen und seiner Zeit geben will, behandelt.

Mein Dank gilt besonders dem Herausgeber der Reihe, Prof. Dr. Kai Brodersen, der mir angeboten hat, diesen Band zu übernehmen, und der den Text in den verschiedenen Phasen seiner Entstehung kritisch mitgelesen hat, weiterhin Dr. Martina Erdmann von der Wissenschaftlichen Buchgesellschaft für ihre sorgfältige lektorische Arbeit und ihre Tipps bei der Gestaltung des Manuskriptes sowie Frauke Vos, die die Zeichnungen angefertigt hat. Nicht zuletzt aber habe ich der Diskussionsbereitschaft der Studentinnen und Studenten zu danken, die bereit waren, sich mit mir in einem Proseminar im Wintersemester 2001/2 auf Kaiser Konstantin und seine Zeit einzulassen.

Mannheim, im Mai 2002   Karen Piepenbrink

I. Diocletian und die Tetrarchie

1. Die Krise des 3. Jahrhunderts

Einführung

Im 3. nachchristlichen Jahrhundert erlebte das Römische Reich eine der schwersten Krisen seiner Geschichte. Wir wissen über diese Zeit allerdings weniger als über die meisten anderen Phasen der römischen Geschichte. Die Quellen fließen hier nur spärlich. Die meisten unserer Informationen stammen aus späteren literarischen Zeugnissen. Diese helfen uns, die Abfolge der Kaiser nachzuvollziehen und eine Chronologie der Epoche zu erstellen. Sie berichten über einige politische Ereignisse und dokumentieren auch, wie die Problematik in der Antike wahrgenommen wurde. Schwierig wird es hingegen, wenn man die strukturellen Merkmale der Krise erfassen und angemessen analysieren möchte. Dazu helfen uns die Quellen nur wenig. Entsprechend tut sich die Forschung mit dieser Thematik nicht leicht, in den vergangenen Jahrzehnten sind dazu die unterschiedlichsten Thesen und Hypothesen formuliert worden, die jeweils stark davon geprägt sind, mit welchen grundsätzlichen Vorstellungen und Konzepten ein Autor an die Geschichte des Römischen Reiches herangeht. Trotz zahlreicher Kontroversen aber dürfen einige grundlegende Elemente dieser Zeit mittlerweile als gesichert gelten. Sie sollen im Folgenden vorgestellt werden.

Usurpationen

Das offensichtlichste Merkmal der Krise war die große Zahl der **Usurpationen**, die zu einem außerordentlich raschen Wechsel der Kaiser führten. Kaum einem der Regenten gelang es, sich die Akzeptanz der Heere und der sozialen Eliten des Reiches längerfristig zu sichern und damit eine dauerhafte Herrschaft zu errichten. Zwischen dem Ende der severischen Dynastie im Jahre 235 (infolge der Ermordung des Kaisers Severus Alexander) und der Entwicklung einer neuen stabilen Herrschaftsordnung durch Kaiser Diocletian ab 284 hören wir von 26 legitimen Kaisern (*Augusti*), 3 Mitkaisern (*Caesares*) sowie ca. 40 Regenten, die zwar zunächst erfolgreich die Macht usurpierten, denen es aber nicht gelang, eine reichsweit akzeptierte Herrschaft zu etablieren.

> Eine **Usurpation** war die Erhebung eines „Gegenkaisers" (Usurpators), in der Regel eines erfolgreichen Heerführers, der von seinen Truppen zum Kaiser ausgerufen wurde. Um seine Position zu legitimieren, musste er sich entweder um die Anerkennung durch den rechtmäßigen Kaiser bemühen oder diesen besiegen.

Im Gegensatz zu den allermeisten ihrer Vorgänger stammten die Kaiser dieser Zeit nicht aus dem Senatorenstand (*ordo senatorius*), der traditionell die Führungsschicht des Reiches bildete und in aller Regel auch die Kaiser stellte, sondern waren einfacher Herkunft. Sie hatten sich im Heer emporgedient und verdankten ihre Akzeptanz allein dem Militär. Entsprechend bezeichnet man sie auch als „Soldatenkaiser".

Die äußere Lage des Reiches

Die Lage des Römischen Reiches war während des 3. Jahrhunderts außerordentlich prekär. Die Kaiser waren kaum mehr in der Lage, die zahlreichen außenpolitischen Probleme zu bewältigen. Das Imperium wurde immer wieder von verschiedensten Seiten angegriffen, die Römer mussten über weite Strecken an mehreren Fronten gleichzeitig Kriege führen.

Die bedrohlichsten Kontrahenten im Westen waren die Germanen, die sich mittlerweile aus kleineren Gruppen zu größeren Ethnien zusammengeschlossen hatten und das Reich bedrängten. Die Franken und die Alamannen, die zu den Westgermanen zählen, bedrohten beständig die Rheingrenze. Auch die Donaugrenze konnte kaum mehr gehalten werden. Hier hatten sich Goten niedergelassen, die den Ostgermanen zugerechnet werden. Sie waren seit dem 1. Jahrhundert aus dem skandinavischen Raum (Gotland) ins östliche Mitteleuropa eingewandert und innerhalb weniger Jahrzehnte bis zum Schwarzen Meer vorgedrungen. Von der Mitte des 3. Jahrhunderts an unternahmen sie mehrfach Raubzüge ins Römische Reich, was schließlich zu kriegerischen Auseinandersetzungen führte. Den Germanen gelang es in diesen Jahren, tief ins Imperium Romanum einzudringen. Einige Gruppen beschränkten sich auf kürzere Beutezüge und zogen sich danach wieder zurück, andere versuchten hingegen, sich auf römischem Gebiet niederzulassen.

Im Osten hatten es die Römer mit einem ähnlich gefährlichen Kontrahenten zu tun: den Persern. Diese hatten sich zum Ziel gesetzt, ihr Reich nach Westen auszudehnen, und beanspruchten dazu auch Gebiete, die seit langem unter römischer Herrschaft standen. Zusätzlich wurden die Römer durch kleinere Gegner in verschiedenen Regionen Nordafrikas, Kleinasiens und dem nordwestlichen Europa in Anspruch genommen. Aber das Reich wurde auch durch die Usurpatoren aus den eigenen Reihen bedroht: In Gallien bildete sich nach einem Umsturz sogar ein Sonderreich heraus, das sich vom Imperium abspaltete.

Probleme im Inneren

Die massive äußere Bedrohung zog eine Reihe von Problemen im Inneren des Reiches nach sich: Die Feinde plünderten die Städte und verwüsteten die Felder. Besonders in den westlichen Provinzen wurden viele Regionen schwer getroffen. Die Verantwortung dafür lag nicht allein bei den externen Gegnern, sondern auch bei den eigenen Soldaten: Die beständigen Machtkämpfe zwischen den Kaisern bzw. Usurpatoren führten zu zahlreichen Bürgerkriegen, die dem Land und seinen Menschen ähnlich schwer zusetzten wie die äußeren Konflikte.

Viele Bürger des Römischen Reiches fielen den Auseinandersetzungen zum Opfer; es mangelte schließlich sowohl an Soldaten als auch an Bauern, die noch ihre Felder bestellten und damit in der Lage waren, die Abgaben zu leisten, die der Staat dringend brauchte, um die Kriege zu finanzieren. Der zunehmende Steuer- und Abgabendruck wie auch die häufigen Aushebungen neuer Truppen belasteten die Menschen nachhaltig. Da auch Zwangsrekrutierungen mit der Zeit nicht mehr ausreichten, um leistungsfähige Heere aufzustellen, suchte man sogar Germanen in die römische Armee einzubinden. Um den wachsenden Bedarf an finanziellen Mitteln zu decken, wurden immer wieder neue Münzen geprägt. Dies hatte zur Konsequenz, dass der Wert des Geldes erheblich sank. Der Staat suchte diesem Problem zu begegnen, indem er Steuern und Abgaben primär in Naturalien erhob. Aufgrund der geringen landwirtschaftlichen Erträge stellte aber auch das keine effiziente Lösung dar.

Zufluchtnahme bei den Göttern

Die Lage war so verzweifelt, dass man schließlich glaubte, die Götter hätten sich vom Imperium abgewandt. Die Römer waren von frührepublikanischer Zeit an davon überzeugt gewesen, dass das Wohlergehen des Reiches vom Wohlwollen ihrer Götter abhänge. Deuteten sich Misserfolge an, so brachten sie den Gottheiten Opfer dar, um sie wieder zu versöhnen. In dieser Situation nun schienen die Probleme so groß, dass man es zum ersten Mal in der römischen Geschichte für notwendig hielt, sämtliche Reichsbewohner zur Beteiligung an den Opfern aufzurufen. So erließ Kaiser Decius im Jahre 249 erstmalig ein allgemeines reichsweites Opferedikt.

2. Die Einrichtung der Tetrarchie

Einführung

Die Opfer führten nicht zum gewünschten Erfolg. Um die zahlreichen Probleme zu lösen, bemühten sich die Kaiser gegen Ende des 3. Jahrhunderts um nachhaltige Reformen des Gemeinwesens. Sie hatten dabei keineswegs die Absicht, etwas grundlegend Neues zu schaffen; eine solche Intention wäre für die Römer, die in ihrer Vergangenheit verwurzelt und gewohnt waren, mit Rekurs auf ihre Tradition zu argumentieren, gar nicht vorstellbar. Auch bei den Reformmaßnahmen, die nun in Angriff genommen wurden, berief man sich wieder auf die Vorfahren. Man wollte die alte Ordnung, wie sie – so glaubte man – bis zum Ausbruch der Krise bestanden hatte, wiederherstellen. Tatsächlich schuf man eine politische Ordnung, die neben altbekannten Bestandteilen auch wesentlich Neues enthielt. Ob dieser Umstand nicht doch dem einen oder anderen der verantwortlichen Akteure bewusst geworden ist, können wir nicht beantworten, unsere Quellen schweigen dazu. In der Repräsentation jedenfalls stellte man die traditionellen Elemente in den Vordergrund.

In der heutigen Forschung ist man sich nicht einig, wie man die Entwicklung des Römischen Reiches in dieser Zeit bewerten soll. Einige Historiker betonen – ähnlich wie die Römer selbst – das Moment der Kontinuität und halten es für nicht angemessen, hier eine Zäsur zu setzen. Die meisten Autoren vertreten jedoch die Auffassung, dass die Veränderungen, die im ausgehenden 3. Jahrhundert ihren Anfang genommen haben, so einschneidend gewesen seien, dass mit ihnen eine neue Phase in der römischen Geschichte beginne. Sie gliedern die römische Kaiserzeit in den Prinzipat, der durch Kaiser Augustus begründet wurde und bis zum Ende der severischen Dynastie im Jahre 235 reichte, und die Spätantike, die mit den Reformen Kaiser Diocletians einsetzte. Sie endete im Westen des Reiches mit der Abschaffung des Kaisertums 476 und im Osten in der ersten Hälfte des 7. Jahrhunderts, als Kaiser Herakleios im byzantinischen Staat grundlegende Reformen durchführte, die nicht mehr in der antiken Tradition standen. Zwischen Prinzipat und Spätantike setzt man die eben angesprochene Reichskrise an.

Das Herrschaftssystem der Spätantike wird gelegentlich auch als Dominat oder „spätantiker Zwangsstaat" bezeichnet. Ersteres hebt darauf ab, dass der Kaiser nun stärker herausgehoben war als im Prinzipat; letzteres rekurriert auf das Phänomen, dass der römische Staat in der Spätantike durch Verwaltung und Gesetzgebung bei weitem stärker in die verschiedensten Bereiche des Lebens eingriff und sie zu gestalten suchte als im Prinzipat. In den letzten Jahren ist man mit derartigen Charakterisierungen jedoch vorsichtig geworden: Man hat erkannt, dass zwischen Herrschaftsanspruch und -wirklichkeit in der Spätantike in vielen Bereichen ein erheblicher Unterschied bestand und die tatsächliche Macht des Kaisers wie des Staates geringer war, als Konzeption und Repräsentation der Herrschaft vermuten lassen.

Der Weg Diocletians zum Kaisertum

Die Reformen, die gegen Ende des 3. Jahrhunderts durchgeführt wurden, werden vor allem mit einer Person in Verbindung gebracht: Kaiser Diocletian. Er wurde am 20. November 284 in Nikomedien zum Kaiser (*Augustus*) ausgerufen. Ähnlich wie seine Vorgänger stammte er aus einfachen Verhältnissen, wobei detaillierte Informationen über seine Herkunft freilich fehlen. Er soll der Sohn eines Freigelassenen, also ein *libertinus*, oder selbst ein Freigelassener (*libertus*) gewesen sein. Sicher bezeugt ist außerdem, dass er aus der Donauprovinz Dalmatien stammte, ins Heer eintrat und eine bemerkenswerte militärische Karriere machte: Er wurde zum *dux* ernannt, erhielt also ein eigenes Kommando über einen Truppenteil und stieg damit in den Ritterstand (*ordo equester*), den zweiten Stand in der römischen Sozialordnung hinter dem Senatorenstand (*ordo senatorius*), auf. Schließlich wurde er Kommandant einer kaiserlichen Gardetruppe, der *protectores*, und gelangte so in die unmittelbare Nähe des Herrschers. Diocletian hieß ursprünglich Caius Valerius Diocles, änderte jedoch nach seiner Kaiserernennung den Namen – in Anknüpfung an den früheren Kaiser Mark Aurel – in Caius Aurelius Valerius Diocletianus.

Die Stellung Diocletians war anfänglich äußerst prekär. Auch wenn er von der Heeresversammlung einhellig zum *Augustus* erhoben worden war, so war er doch eigentlich ein Usurpator. Der rechtmäßige Kaiser war Carinus, der Sohn des Carus. Kaiser Carus war 283 auf einem Feldzug gegen die Perser vom Blitz erschlagen worden. Zuvor hatte er seinen Sohn Carinus zum Mitregenten (*Caesar*) erhoben und in Gallien eingesetzt. Nach dem Tode des Carus hatten die Truppen seinen jüngeren Sohn Numerianus zu seinem Nachfolger erkoren, denn sie wünschten sich einen Kaiser in ihrer Nähe – Carinus war weit entfernt. Auf dem Rückmarsch vom Perserfeldzug wurde er jedoch von seinem Schwiegervater, dem Prätorianerpräfekten Aper, ermordet.

In dieser Situation wäre zu erwarten gewesen, dass die Truppen sich für Aper als neuen Kaiser entschieden, da er dem bisherigen Regenten verwandtschaftlich am nächsten stand. Dazu kam es jedoch nicht: Aper wurde kurz zuvor von Diocletian niedergestochen, der mit dieser Aktion seine eigenen Chancen auf den Kaisertitel verbessern wollte. Diocletian hatte Erfolg, es gelang ihm, die Heeresversammlung davon zu überzeugen, dass er keinesfalls einen Mord begangen, sondern vielmehr den Tod eines Kaisers gerächt habe. Insbesondere dies qualifizierte ihn zum neuen Herrscher.

Diocletian hatte nun zwei Möglichkeiten: Er konnte sich um die Anerkennung durch Carinus bemühen. Dann aber müsste er sich mit der Herrschaft über einen Teil des Reiches zufrieden geben, höchstwahrscheinlich mit dem Ostteil, da Carinus bereits im Westen agierte. Die andere Möglichkeit bestand darin, sich auf einen militärischen Konflikt mit Carinus einzulassen, in dem er entweder die Regentschaft über das ganze Imperium gewinnen oder alles verlieren konnte. Diocletian entschied sich für den zweiten Weg.

Zunächst sah es für ihn nicht günstig aus. Wider Erwarten hatte er die entscheidende Schlacht gegen Carinus im Sommer 285 verloren. Dennoch gelang es ihm bald, zum legitimen Kaiser zu werden, da Carinus von einem Offizier seines eigenen Heeres ermordet wurde. Ob Diocletian an diesem Anschlag in irgendeiner Form beteiligt war, wissen wir nicht. Nach dem Tode des Carinus war er der einzige Regent im Reich und damit legitimer *Augustus*. Weitere Thronprätendenten traten in dieser Situation nicht auf.

Erhebung Maximians zum *Caesar*

Die Lage konnte sich jedoch schnell ändern, wenn der neue Kaiser nicht bald außenpolitische Erfolge vorzuweisen hatte und sich damit als würdiger Herrscher erwies. Andernfalls könnte es ihm ebenso ergehen wie seinen zahlreichen Vorgängern in den letzten Jahrzehnten. Der neue *Augustus* zeigte sich entschlossen, sich den Herausforderungen zu stellen. Er gelangte schnell zu der Einsicht, dass er als alleiniger Regent nicht in der Lage sein würde, die drängenden äußeren Probleme erfolgreich zu bewältigen. Folglich entschied er sich, Freunden, die sein Vertrauen genossen, militärische Kommandos zu übertragen.

Schwierig war die Situation im besonderen in Gallien: Hier revoltierten Bagauden, bäuerliche Gruppen, über deren Struktur und Interessen in der Forschung noch keine Einigkeit erzielt worden ist, gegen die römische Herrschaft. Seit 283 praktizierten sie immer wieder Aufstände. Um diese niederzuschlagen, sandte Diocletian seinen Freund Maximian in den Westen, während er selbst im Osten blieb. Um seinen Gefährten mit der nötigen Autorität auszustatten, ernannte Diocletian ihn am 13. Dezember 285 zum *Caesar*, d. h. zum Mitkaiser. Damit war er nun offiziell Mitregent des *Augustus*, blieb diesem aber strikt untergeordnet. Dass ein *Augustus* sich einen Mitkaiser erwählte, war grundsätzlich nichts Ungewöhnliches. Bereits in der frühen Kaiserzeit war das wiederholt vorgekommen. Meist hatte hier ein *Augustus* seinen Sohn und potentiellen Nachfolger mit der Würde eines *Caesar* ausgestattet. Auch in diesen Fällen hatte stets ein klares Macht- und Autoritätsgefälle zwischen den Regenten bestanden.

Ernennung Maximians zum *Augustus*

Nachdem es Maximian nach schweren Gefechten gelungen war, die Bagauden niederzuschlagen, und er sich damit als Heerführer bewährt hatte, ging Diocletian sogar noch einen Schritt weiter: Er ernannte ihn am 1. April 286 zum *Augustus*. Auch wenn beide nun den gleichen Herrschertitel führten, waren sie keineswegs gleichgestellt: Diocletian war der „dienstältere" Kaiser (*senior Augustus*), er war der *auctor imperii* des Maximian, d. h. der Mitkaiser verdankte allein ihm seine Herrscherwürde. Schließlich war Diocletian wahrscheinlich bereits zum dritten Male Konsul, als Maximian dieses Amt gerade zum ersten Mal bekleidete. Anders als in republikanischer Zeit war der Konsulat kaum mehr mit Macht verbunden; unter Prestigegesichtspunkten war diese Magistratur jedoch noch immer so wichtig, dass selbst die Kaiser Wert darauf legten, sie gelegentlich innezuhaben. Aus all den Gründen verfügte Diocletian über mehr *auctoritas*, überragte seinen Kollegen also an Ansehen und Herrschaftskompetenz.

Eine derartige Form des Mehrkaisertums, die aus zwei *Augusti* bestand, war kein Novum in der römischen Geschiche, man spricht hier von einer „Samtherrschaft" oder „Dyarchie". Bislang war es in solchen Fällen allerdings üblich gewesen, dass ein Kaiser einen nahen Verwandten, im Normalfall seinen leiblichen oder adoptierten Sohn, zum Mitkaiser erhob. Diocletian und Maximian aber standen in keinem Verwandtschaftsverhältnis. Man suchte hier aber im Sinne der Tradition eine Lösung herbeizuführen, indem Maximian nach seiner Ernennung zum *Augustus* den Familiennamen (*nomen gentile*) Diocletians annahm. Er hieß fortan Marcus Aurelius Valerius Maximianus. Von nun an wurden sie häufig als *fratres* (Brüder) tituliert und benannten sich auch gegenseitig so.

Außenpolitische Herausforderungen

In den folgenden Jahren hatten die Römer weitere schwierige militärische Herausforderungen zu bestehen: Maximian musste sich im Westen des Reiches mit mehreren germanischen Stämmen, den Alamannen am Oberrhein sowie den Franken und den Burgundern auseinandersetzen. Erschwert wurde seine Aufgabe noch, als es in Britannien zu einer Usurpation kam: Hier ließ sich Carausius von seinen Soldaten 286/7 zum *Augustus* ausrufen. Maximian selbst hatte ihn in Britannien eingesetzt, damit er die fränkischen und sächsischen Seeräuber bekämpfte, die das Land bedrohten. Carausius gelang es, die Germanen zu vertreiben, unterschlug jedoch die Beute, die er dabei gewonnen hatte. Als Maximian ihn dafür zur Verantwortung ziehen wollte, ließ er sich zum Kaiser erheben und begründete in Britannien ein Sonderreich. Daraufhin zog Maximian 289 mit seinen Einheiten nach Britannien, um Carausius abzusetzen, was jedoch misslang. Carausius konnte seine Stellung noch über mehrere Jahre halten, bis er 293 von seinem Gefolgsmann Allectus beseitigt wurde, der sich dann seinerseits zum *Augustus* ausrufen ließ, also ebenfalls die Macht usurpierte. Zur gleichen Zeit hatte Diocletian an der Donau mit Alamannen, Goten und Sarmaten zu tun. Hinzu kam, dass die Sarazenen, ein arabischer Stamm, 289 die Grenze nach Syrien überschritten und damit ins Reich vordrangen. 292 brach schließlich in Ägypten ein Aufstand aus.

Die Einrichtung einer Tetrarchie

Angesichts dieser vielfältigen militärischen Herausforderungen gelangte Diocletian zu dem Schluss, dass auch zwei *Augusti* nicht ausreichten, um der Lage Herr zu werden. Entsprechend erweiterte er 293 das Herrschaftssystem um zwei weitere Personen, die den Rang eines *Caesar* erhielten und jeweils einem der beiden *Augusti* als Helfer zur Seite gestellt wurden. Man bezeichnet dieses Herrschaftssystem als „Tetrarchie" (Vierherrschaft), da es nunmehr aus vier Kaisern bestand. Die beiden neuen Caesaren-

Stellen wurden mit erfahrenen Soldaten besetzt, die sich wie die *Augusti* in Donau-
einheiten bewährt hatten. Zum Mitkaiser Diocletians wurde Galerius ernannt, *Caesar*
Maximians wurde Constantius Chlorus.

Über die Herkunft der *Caesares* sind wir ähnlich schlecht informiert wie über den
familiären Hintergrund der beiden *Augusti*. Fest steht, dass Maximian und Constantius
Chlorus miteinander verschwägert waren, Maximian war der Schwiegervater des Constantius Chlorus. Zwischen Diocletian und Galerius bestand hingegen bislang keine familiäre Bindung, was Diocletian aber nun änderte: Er drängte Galerius, der bereits verheiratet war, sich von seiner Ehefrau zu trennen, und Valeria, die Tochter seines *Augustus*, zu heiraten. Auf diese Weise wurde Diocletian zum Schwiegervater des Galerius,
so dass nun zwischen den beiden *Augusti* und ihrem jeweiligen *Caesar* die gleiche
familiäre Relation bestand.

Die verwandtschaftlichen Bindungen wurden zudem noch dadurch gestärkt, dass
beide *Caesares* von ihren *Augusti* adoptiert wurden. Auf den ersten Blick handelte es
sich dabei um nichts Ungewöhnliches: Dass ein Kaiser, der keine leiblichen Söhne
hatte, einen präsumptiven Nachfolger adoptierte, kam häufig vor. Hier aber verhielt es
sich anders: Maximian hatte einen Sohn und damit nach herkömmlichem Verständnis
keine Veranlassung, eine Adoption vorzunehmen. Außerordentlich an diesem Fall war
auch, dass es sich bei den Adoptivsöhnen um erwachsene Männer handelte, die ihren
Adoptivvätern an Alter kaum nachstanden. Eine dritte Besonderheit ist schließlich darin
zu sehen, dass die Adoptierten primär die Funktion von Mitregenten zu erfüllen hatten.
Im Normalfall war die Rolle eines Adoptivsohnes vor allem die des Nachfolgers. Wenn
es sein Alter zuließ, wurden ihm zwar gelegentlich schon Herrschaftsaufgaben zugewiesen, insgesamt aber hielt er sich noch eher im Hintergrund. Auch Galerius und Constantius Chlorus sollten zwar zu einem späteren Zeitpunkt die Nachfolge der beiden
Augusti antreten, zunächst aber stand dieses Moment nicht im Vordergrund.

Die Verteilung der Macht unter den Tetrarchen

Höchst umstritten ist, ob jedem der Regenten ein Herrschaftsbereich zugewiesen
wurde. Glauben wir etwa der Darstellung des Aurelius Victor, eines Autors, der um die
Mitte des 4. Jahrhunderts schrieb, so war dies der Fall (*Caesares* 39,30). Demnach hätte
Diocletian für sich den Osten des Reiches (*Oriens*) beansprucht, der von Thrakien über
Kleinasien nach Ägypten und Libyen reichte. Sein *Caesar* Galerius hätte die Donaupro-
vinzen einschließlich Griechenlands erhalten. Dem *Augustus* Maximian wäre Italien
bis zur oberen Donau zugewiesen worden, außerdem Raetien, Spanien und Africa.
Sein *Caesar* Constantius Chlorus schließlich hätte die Zuständigkeit über Gallien und
Britannien erhalten.

Viele moderne Historiker gehen jedoch davon aus, dass es nicht zu einer derartigen „Vierteilung" des Reiches kam. Sie vermuten, dass Aurelius Victor sich hier von den
Erfahrungen seiner eigenen Zeit leiten ließ, als eine vergleichbare Gliederung des Reiches bestand. Wie die Aufgaben und Zuständigkeitsbereiche tatsächlich unter den vier
Kaisern verteilt wurden, ist ebenfalls noch nicht mit letzter Sicherheit geklärt. Wir wissen, dass es unter den *Augusti* eine grobe Zuweisung der östlichen und westlichen Provinzen gab: Diocletian war primär für den Osten zuständig, Maximian für den Westen.
Außerdem ist bekannt, dass die beiden *Augusti* bei Bedarf über ihren eigenen Zuständigkeitsbereich hinaus agieren durften: So hatten sie stets das Recht, in das Aufgaben-
gebiet ihres jeweiligen *Caesar* hineinzuwirken; dies ergab sich logisch aus ihrer Position gegenüber den Mitkaisern. Weiterhin lässt sich beobachten, dass der *senior*

Augustus, also Diocletian, gelegentlich in den westlichen Reichsteil eingriff, was aufgrund des Autoritätsgefälles zwischen den beiden *Augusti* gleichsam folgerichtig war.

Ganz entscheidend ist festzuhalten, dass – unabhängig davon, wie die Einflussbereiche der einzelnen Kaiser bestimmt wurden – die Einheit des Imperium Romanum gewahrt blieb. Wir haben es also nicht mit einer wirklichen Reichsteilung zu tun, die mehrere souveräne Staaten hervorgebracht hätte. In der Praxis manifestierte sich die Einheit des Reiches u. a. darin, dass die Stadt Rom als Kapitale weiterhin eine zentrale Rolle besaß, obwohl die Kaiser mittlerweile an verschiedenen anderen Orten residierten. Hinzu kommt, dass die vier Herrscher wichtige Probleme, die das gesamte Reich betrafen, gemeinsam regelten. Sie trafen sich mehrfach, um derartige Angelegenheiten zu besprechen. Auch reichsweite Feste veranstalteten sie gemeinschaftlich. Die Herrscher bemühten sich sehr, ihre Eintracht (*concordia*) demonstrativ herauszustreichen. Das Fünfsäulenmonument, das in Rom auf dem *Forum Romanum* in unmittelbarer Nähe zum *Concordia*-Tempel errichtet wurde, brachte dies augenfällig zum Ausdruck: die vier Kaiser bzw. ihre Genien standen hier einheitlich Jupiter gegenüber. Schließlich äußerte sich die Einheit des Reiches darin, dass Diocletian als der „führende" Kaiser im Namen des gesamten Reiches agieren konnte; insbesondere hatte er das Recht, Gesetze zu erlassen, die reichsweit Gültigkeit haben sollten.

3. Die theologische Begründung der Tetrarchie

Legitimationsprobleme

Wie gelang es Diocletian, das System der Tetrarchie zu etablieren? Um darauf eine Antwort zu geben, genügt es nicht, sich allein mit Fragen der Herrschaftsorganisation und ihrer machtpolitischen Bedeutung auseinanderzusetzen. Wir müssen zusätzlich betrachten, auf welche Weise die Herrschaftsordnung begründet und damit legitimiert wurde. Bei der Tetrarchie handelte es sich um eine neuartige Organisation kaiserlicher Herrschaft, die zwar etliche Gemeinsamkeiten mit der früheren Form des Kaisertums aufwies, aber insgesamt kein wirkliches Vorbild hatte. Trotz zahlreicher Verweise auf die Vergangenheit wirkte die Ordnung konstruiert und ein wenig „künstlich".

Ob ein solches System die Chance erhalten würden, sich zu bewähren und Reformen durchzusetzen, die die schwierige Lage verbesserten, oder ob auch hier wieder massive Gefahren durch Usurpatoren entstehen würden, war anfänglich keineswegs klar. Bedrohung konnte zum einen von außen kommen, also von Heerführern ausgehen, die selbst von der Partizipation an der kaiserlichen Herrschaft ausgeschlossen waren. Zum anderen war denkbar, dass die Angehörigen der Tetrarchie selbst das System in Gefahr brachten oder gar zerstörten. Dies konnte leicht geschehen, wenn sich der nachgeordnete *Augustus* oder die *Caesares* mit ihren Positionen nicht zufrieden geben würden, einen ungeplanten „Aufstieg" innerhalb des Systems anstrebten oder gar die alleinige Kaiserherrschaft beanspruchten. Um derartigen Bedrohungen vorbeugen zu können, bedurfte die Tetrarchie einer besonderen Form der Legitimation, die sie sowohl nach außen sicherte als auch im Inneren stabilisierte. Es war notwendig, das System als ganzes wie auch seine innere Differenzierung zu begründen.

Die theologische Begründung der Stellung Diocletians und Maximians

Zu diesem Zweck entwickelte Diocletian – wir haben zu vermuten, dass er dabei die entscheidene Rolle spielte – eine besondere Form der Legitimation, die man als eine theologische bezeichnen darf. Sie sah wie folgt aus: Die beiden *Augusti* erhielten jeweils einen göttlichen Beinamen: Diocletian das *cognomen* Iovius, Maximian das Epitheton Herculius. Iovius meint einen Sohn des Jupiter, Herculius einen Sohn des Hercules. Durch die Verleihung dieser Attribute wurden die beiden *Augusti* zu Söhnen von Göttern erhoben.

Gottkaisertum oder Gottesgnadentum?

Umstritten ist, ob Diocletian und Maximian sich fortan selbst als Götter verstanden bzw. so verstanden wissen wollten, oder ob sie sich eher als ‚besondere' Menschen begriffen, die in einer außerordentlichen Beziehung zu Göttern standen und sich dadurch von den übrigen Menschen unterschieden. Diese Frage ist von zentraler Bedeutung, um das Herrschaftssystem näher charakterisieren zu können. Handelte es sich bei den Kaisern um Götter, so dürften wir von einem Gottkaisertum sprechen; waren die Kaiser aber Menschen, die im Auftrage von Göttern herrschten und deren Willen auf Erden realisierten, so hätten wir es mit einem Gottesgnadentum zu tun.

Das Gottkaisertum hatte in der römischen Geschichte eine lange Tradition, auch die Vergöttlichung noch lebender Kaiser hatte sich mittlerweile sowohl im Osten wie im Westen des Imperium durchgesetzt. Das Gottesgnadentum war in „Reinform" bislang nicht vorgekommen, wir finden aber insbesondere im 3. Jahrhundert Beispiele, die als Mischformen von Gottkaisertum und Gottesgnadentum bezeichnet werden dürfen. Derartige Herrschaftskonzeptionen lassen sich vornehmlich bei solchen Kaisern beobachten, die über keine ausreichende dynastische Legitimation verfügten.

Letzteres galt auch für die Tetrarchen. Keiner von ihnen konnte sich überzeugend auf eine irdische Dynastie berufen, das System als ganzes ließ sich erst recht nicht dynastisch begründen. Viele Historiker sehen auch in der Tetrarchie eine Mischform aus Gottkaisertum und Gottesgnadentum, wobei allerdings die Tendenz zum Gottesgnadentum stärker ausgeprägt zu sein scheint als bei den früheren Beispielen: Die beiden Kaiser präsentierten sich nicht als Jupiter und Hercules persönlich, sondern als deren Söhne. Als solche verfügten sie über keine originäre Autorität, sondern erhielten diese erst von ihren Vätern und agierten infolge dessen auch in deren Namen.

In Analogie dazu beanspruchten die Kaiser, ausgestattet mit göttlicher Macht und in göttlichem Auftrag zu herrschen. Man stellte sich sogar vor, dass die göttliche Wirkkraft (*numen*) in den Aktionen der Kaiser zum Ausdruck kam. Die Regenten waren gewissermaßen ein „Instrument", mit dessen Hilfe die Götter auf Erden herrschten. Die Kaiser konnten sich stets auf ihre Gottheiten berufen und ihren Schutz reklamieren. Diocletian und Maximian forderten für sich damit keinesfalls eine geringere Position als die eigentlichen Gottkaiser, die sich selbst als Götter präsentierten. Das Gegenteil trifft zu: Insbesondere Diocletian beanspruchte als Stellvertreter Jupiters, also des höchsten Gottes, für sich eine weitaus höhere Stellung als ein Kaiser, der sich selbst als Gott propagierte. Letzterer nämlich stand in Konkurrenz zu vielen anderen Göttern, denen mehrheitlich eine größere Macht zugeschrieben wurde als ihm selbst. Bezeichnend ist, dass Diocletian für sich den Bezug auf Jupiter wählte, während Maximian sich lediglich auf dessen Sohn Hercules berufen durfte: Auf diese Weise spiegelte sich das Autoritätsgefälle zwischen den beiden *Augusti* auch auf der Ebene der ihnen übergeordneten Götter wider und erfuhr damit seinerseits eine religiöse Legitimation: Wie Hercules seine Autorität von Jupiter ableitete, so auch Maximian von Diocletian.

Indem die *Augusti* zu Söhnen von Göttern wurden, traten sie in die göttliche Familie ein, blieben aber zugleich Mitglieder ihrer irdischen Familie. Bemerkenswert ist, dass nur die beiden Kaiser der göttlichen Familie zugerechnet wurden, nicht etwa ihre irdischen Angehörigen. Auf diese Weise sollte verhindert werden, dass traditionelles dynastisches Denken in das System einzog und die Familienmitglieder der Kaiser, insbesondere ihre leiblichen Söhne (Maximian war bereits Vater eines Jungen), künftig Ansprüche auf den Thron erhoben.

Die theologische Begründung der gesamten Tetrarchie

Konsequenterweise beriefen sich nicht nur die *Augusti* auf Götter, auch den *Caesares* wurden Gottheiten zugewiesen: Constantius Chlorus wurde dem Sonnengott Sol beigeordnet und Galerius dem Kriegsgott Mars. Damit also erfuhr das Herrschaftssystem als ganzes eine theologische Begründung. Mars wurde in einigen Zweigen der mythischen Tradition als Sohn des Jupiter bzw. in Gestalt seines griechischen Pendants Ares als Sohn des Zeus verstanden. Auch Sol konnte als Nachkomme des Jupiter/Zeus begriffen werden, besonders wenn man ihn mit Apollon identifizierte, was in dieser Zeit sehr häufig vorkam. Ebenso wie Mars und Sol mit Jupiter in Verbindung gebracht werden konnten, so sollten die beiden *Caesares* mit Diocletian verbunden werden.

Eine solche theologische Legitimation kaiserlicher Herrschaft stellte in der römischen Geschichte ein Novum dar. Bereits seit republikanischer Zeit waren die Römer zwar davon überzeugt, dass die Götter von entscheidender Bedeutung für das Wohlergehen des Reiches seien, dennoch wurde bislang nicht versucht, die politische Ordnung mit ihren Strukturelementen auf den Willen von Gottheiten zurückzuführen. Die Römer waren zwar seit langem der Auffassung, auf die Gunst der Götter angewiesen zu sein, um politische Erfolge erzielen zu können, die Einrichtung und Begründung einer politischen Ordnung aber war bislang eine innerweltliche Angelegenheit.

Die neue Konzeption des Kaisertums führte auch zu Veränderungen in der monarchischen Repräsentation und der Hofhaltung. Wir werden darauf in Kapitel VII eingehen.

4.   Maßnahmen zur Konsolidierung des Reiches

4.1 Die Außenpolitik der Tetrarchie

Von Beginn ihrer Regentschaft an waren die Kaiser bestrebt, das Imperium zu sichern und soweit möglich auch den Frieden im Reich wiederherzustellen. Dazu hatten sie sich mit äußeren Feinden wie mit Konkurrenten im Inneren auseinanderzusetzen.

Die Konflikte in Gallien, die mit dem Aufstand der Bagauden ihren Anfang genommen hatten, waren noch immer nicht beendet. Hier kam es schließlich sogar zur Usurpation und zur Ernennung eines Gegenkaisers. Diesen konnte Maximian 286 niederschlagen und damit die Verhältnisse in Gallien eine Zeitlang befrieden.

Auseinandersetzungen mit den Germanen

Schwere Auseinandersetzungen waren außerdem mit den Germanen zu bestehen. Besonders problematisch war für die Römer der Umgang mit den sächsischen und fränkischen Seeräubern, die Britannien bedrohten. Diese wurden schließlich, wie im zweiten Abschnitt schon angesprochen, von Carausius geschlagen, der sich daraufhin 286 zum *Augustus* ausrufen ließ und ein „britannisches Sonderreich" begründete, das sich vom Gesamtreich abspaltete. Vergeblich bemühte er sich um Anerkennung durch Diocletian und Maximian. Wir haben in literarischen Quellen Nachrichten darüber, dass es Carausius gelungen sei, einen Friedensvertrag mit den beiden *Augusti* zu schließen; in der neueren Forschung wird diese Information jedoch für nicht authentisch gehalten.Tatsächlich wurde wohl nur ein Waffenstillstand vereinbart, der zudem nicht lange anhielt. Nachdem Carausius 293 von seinem ehemaligen Gefährten Allectus gestürzt worden war und dieser sich zum neuen *Augustus* in Britannien erhoben hatte, begannen die Römer, sich zu einem erneuten Feldzug zu rüsten, diesmal unter Führung des Constantius Chlorus, in dessen Zuständigkeitsbereich die Region fiel. Im Jahre 296 gelang es ihm, Allectus zu schlagen und Britannien seinem Machtbereich einzuverleiben. Die Phase des Sonderreiches war damit beendet, Britannien wurde wieder in das Imperium Romanum integriert.

Eine große Gefahr stellten auch die Franken für die Römer dar, die sich 286 mit den Burgundern verbündeten und mit ihnen zusammen den Oberrhein überschritten. Diocletian und Maximian traten ihnen gemeinsam mit ihren Truppen entgegen und drängten sie schließlich zurück. Am Niederrhein hatte Constantius Chlorus ebenfalls mit fränkischen Gruppen zu tun. Im Jahre 288 gelang es den Römern, mit dem Frankenkönig Frieden zu schließen. Sie vereinbarten u. a., dass fränkische Bauern als *laeti* auf römischem Reichsgebiet an der Mosel sowie in der Region des späteren Burgund ansässig werden durften. 294 schließlich unterwarf Constantius Chlorus das Bataverland, in dem sich ebenfalls Franken niedergelassen hatten. Damit war die Gefahr, die für das Römische Reich von dieser germanischen Ethnie ausging, für eine Weile gebannt.

> Mit dem Begriff *laeti* wurden verschiedene germanische Gruppen bezeichnet, die von den Römern aufgrund freiwilliger vertraglicher Vereinbarung oder nach Gefangennahme auf Reichsgebiet angesiedelt wurden (meist im gallischen Raum). Sie wurden als Soldaten im römischen Heer eingesetzt.

Konflikte mit den Sarmaten

Im mittleren Donauraum führte Diocletian 294 Krieg gegen die Sarmaten, die ursprünglich aus dem iranischen Raum stammten, von dort gen Westen gezogen waren und seit längerem durch Einfälle und Plünderungszüge das Imperium Romanum beunruhigten. Sie dürfen als der Hauptgegner des Reiches in dieser Zeit betrachtet werden. Bereits im ersten Kriegsjahr gelang den Römern ein bemerkenswerter Sieg, der überschwänglich gefeiert wurde. Bis heute ist nicht sicher geklärt, ob Diocletian oder aber sein *Caesar* Galerius den Sieg errungen hat. Da dieser militärische Erfolg in ganz außerordentlichem Maße für die kaiserliche Repräsentation genutzt wurde, hält man es in letzter Zeit für wahrscheinlicher, dass Diocletian selbst den Feldzug geleitet hat: Nahezu alle Prägestätten des Reiches gaben Münzen heraus, die den Sieg über die Sarmaten (*victoria Sarmatica*) priesen. In der Panegyrik heißt es dazu sogar, die Sarmaten seien fast vollständig vernichtet worden. Dies jedoch muss als übertrieben angesehen werden, da die Römer bereits wenige Jahre später wiederum einen Kriegszug gegen diese Ethnie unternahmen.

Probleme mit den Persern

Mit den Persern hatte das Imperium zu Beginn der Tetrarchie kaum Schwierigkeiten. Die Lage hatte sich entspannt, da die Mitglieder des Königshauses der Sasaniden, die das Römische Reich zuvor mehrfach bedroht hatten, mit innerfamiliären Auseinandersetzungen beschäftigt waren. Im Jahre 288 einigten sich Römer und Perser sogar auf einen Friedensvertrag, in dem der Euphrat als Grenzlinie zwischen den beiden Reichen festgeschrieben wurde. Der Frieden währte jedoch nicht lange. Ab 293 drohte den Römern erneute Gefahr seitens der Perser. Deren neuer König Narses, der erst kurz zuvor inthronisiert worden war, besetzte Armenien und vertrieb dort König Tiridates III., den die Römer als Regent installiert hatten. Danach fiel er in Syrien ein und bedrohte damit das Römische Reich direkt. Der *Caesar* Diocletians Galerius rüstete daraufhin zum Krieg und unternahm 296 einen Feldzug gegen die Perser. Zunächst erlitten die Römer bei Carrhae, dem heutigen Harran, eine schwere Niederlage und zogen sich wieder zurück. Als Galerius jedoch im folgenden Jahr mit einer größeren Armee zurückkehrte, mussten die Perser ihm weichen. In einem neuerlichen Friedensvertrag (Friede von Nisibis) wurde 298 festgelegt, dass Armenien unter römischer Oberherrschaft verbleiben und die Perser Gebiete jenseits des Tigris abtreten sollten, so dass die Grenze zugunsten der Römer verschoben wurde. Dieser Vertrag hatte über mehrere Jahrzehnte Bestand.

Aufstände in Nordafrika

Weitere Gefahren drohten in Ägypten. 293/4 unternahmen mehrere ägyptische Städte einen ersten Aufstand, der von Diocletian niedergeschlagen werden konnte. Schon 297 aber kam es zu einer erneuten Erhebung, die von dem Usurpator Domitius Domitianus initiiert wurde. Diocletian zog also wiederum nach Ägypten. Nach achtmonatiger Belagerung konnte er Alexandria, wo sich Domitius verschanzt hatte, einnehmen und damit den Aufstand niederschlagen. Schließlich traten auch in der Provinz *Africa* Schwierigkeiten auf: Der Statthalter Mauretaniens Aurelius Litua hatte hier mit mehreren Stämmen Gefechte auszutragen. Am gefährlichsten waren die Quinquegentanei, die mit dem Römer Julianus kooperierten, der sich 297 zum Gegenkaiser hatte ausrufen lassen. Maximian gelang es 297/8, den Usurpator zu überwinden und damit auch diesem Aufstand ein Ende zu setzen.

Zur Einschätzung der Außenpolitik der Tetrarchen

Trotz insgesamt immenser militärischer Herausforderungen vermochten es die Tetrarchen, alle Konflikte mit für die Römer akzeptablen Ergebnissen zu beenden und damit das Reich und ihre eigene Herrschaft zumindest für gewisse Zeit vor äußeren wie inneren Gegnern zu schützen. In militärischer Hinsicht erwies sich die Kooperation der vier Kaiser damit als erfolgreich.

4.2 Die militärischen Reformen

Grenzbefestigungen

Um die äußere Situation des Imperium nachhaltig zu verbessern, wurden die Grenzsicherungen unter Diocletian in vielen Gegenden des Reiches ausgebaut. Die Befestigungsanlagen wurden verstärkt, die Zahl der Kastelle wesentlich erhöht. So hat man beispielsweise den Oberrhein bis zum Bodensee durch eine Reihe neuer Kastelle gesichert, um das Übergreifen germanischer Gruppen zu verhindern. Wahrscheinlich wurden in diesem Kontext auch Konstanz und Kaiseraugst gegründet. Auch der Limes, d.h. die Grenzbefestigung, in den Donauprovinzen Noricum und Pannonien wurde verstärkt, um die beständig gefährdete Donaugrenze besser zu schützen. Schließlich wurde auch der Limes im Orient verbessert, um das Reich zuverlässiger gegen die Perser zu sichern. Ähnlich wie an Rhein und Donau wurden hier neue Kastelle errichtet bzw. bereits vorhandene ausgebaut. In vielen Regionen des Reiches wurde zudem das Straßennetz erweitert, um Bewegungen des Heeres zu erleichtern.

Vermehrung der Truppen

Zusätzlich wurde die Zahl der Truppeneinheiten deutlich erhöht. Man schätzt, dass sich ihre Anzahl gegenüber der ausgehenden Prinzipatszeit etwa verdoppelt hat. Der zeitgenössische christliche Autor Laktanz behauptet sogar, Diocletian habe das Heer mehr als vervierfacht (*De mortibus persecutorum* 7). Das allerdings scheint stark übertrieben, möglicherweise hat ihn die Vierzahl der Kaiser zu dieser Annahme veranlasst.

Einführung eines Feldheeres

Überdies wurde in tetrarchischer Zeit deutlich, dass die an den Reichsgrenzen stationierten Truppen allein nicht mehr genügten, um das Imperium zuverlässig zu verteidigen. Unter den gegenwärtigen außenpolitischen Bedingungen wäre es notwendig gewesen, an vielen Grenzen über weite Strecken Truppeneinheiten aufzustellen. Das aber hätte man nicht finanzieren können, auch standen nicht genügend Soldaten zur Verfügung, um mit den herkömmlichen Mitteln eine effektive Grenzsicherung zu gewährleisten. Daher ging man wahrscheinlich zu Beginn des vierten Jahrhunderts – über den genauen Zeitpunkt haben wir keine sicheren Informationen – dazu über, zusätzlich zu den bisherigen stationierten Grenztruppen ein Feld- oder Bewegungsheer (*comitatus*) zu schaffen, dessen Einheiten keine festen Stand- und Aktionsorte hatten, sondern je nach Bedarf an unterschiedlichen Stellen eingesetzt werden konnten. Sie sollten an den Grenzabschnitten tätig werden, an denen keine festen Truppen standen, oder aber in besonders schwierigen Situationen das Grenzheer unterstützen. Diese Verbände waren zudem in der Lage, Feinde zu verfolgen, die bereits ins Reich eingedrungen waren. Bislang war auch das eine Aufgabe der Grenztruppen gewesen, was sich als problematisch erwiesen hatte, da die Grenzen in solchen Situationen ungesichert waren. Außerdem konnten sie bei Konflikten im Inneren, etwa bei Usurpationen, zum Einsatz gebracht werden. In der Vergangenheit mussten hingegen bei Bürgerkriegen Grenztruppen abgezogen werden, was nicht selten Angriffe der äußeren Gegner provoziert hatte. Wie viele dieser mobilen Einheiten unter den Tetrarchen eingesetzt wurden und welche strategische Bedeutung sie in dieser Zeit erlangten, ist noch nicht sicher geklärt.

Integration von Germanen ins römische Heer

Eine weitere Neuerung der Verteidigungsorganisation der Tetrarchen bestand darin, dass sie neben den Reichsangehörigen verstärkt Barbaren zum Kriegsdienst heranzogen. Hier gab es verschiedene Modelle: In einigen Fällen wurde ihnen als *laeti* gestattet, auf dem Gebiet des Imperium Romanum zu siedeln, wenn sie im Gegenzug im römischen Heer dienten. In anderen Fällen siedelten sie außerhalb des Reiches auf eigenem Hoheitsgebiet meist unweit der Grenze und unterstützten das römische Heer, während die Römer ihnen im Gegenzug ebenfalls militärischen Schutz zusagten. Zugleich wurden auch immer mehr römische Bürger verpflichtet, ins Heer einzutreten. Insbesondere Söhne von Veteranen mussten den Beruf des Soldaten ergreifen, aber auch Personen, die keiner Handwerker-Korporation angehörten oder über keinen festen Wohnsitz verfügten, konnten zwangsverpflichtet werden.

4.3 Die Neugliederung der Provinzen

Vermehrung der Zahl der Provinzen

Auch in der Provinzverwaltung wurden unter den Tetrarchen verschiedene Reformen durchgeführt. So hat man die Zahl der Provinzen deutlich erhöht. Derartige Maßnahmen waren bereits im Prinzipat mehrfach vorgekommen: Der Grund dafür war weniger die Integration neu erworbener Gebiete gewesen, als vielmehr die Teilung bereits bestehender Provinzen. Diocletian beschritt hier also keinesfalls neue Wege, allerdings war seine Reform sehr viel einschneidender als die seiner Vorgänger: Vor der Einrichtung der Tetrarchie umfasste das Reich etwa fünfzig Provinzen, zu Beginn des 4. Jahrhunderts waren es nach Angaben des *Laterculus Veronensis*, einer Quelle, die ein Verzeichnis der römischen Provinzen enthält und wahrscheinlich aus dem frühen 4. Jahrhundert stammt, 95; die Tetrarchen haben ihre Zahl damit also nahezu verdoppelt. Über die näheren Umstände der Provinzteilung haben wir nur wenige Informationen. Wir wissen nicht genau, zu welchem Zweck Diocletian sie vorgenommen hat. Auch ist bislang nicht sicher geklärt, ob er dabei nach einem bestimmten System vorgegangen ist oder eher situativ gehandelt hat.

Zuweilen wird angenommen, Diocletian habe auf diese Weise das Risiko minimieren wollen, dass Provinzstatthalter die Macht usurpierten. Infolge der Teilung hatten sie weniger Ressourcen zur Verfügung und damit geringere Chancen, sich gegen die legitimen *Augusti* zu erheben. Für diese These könnte sprechen, dass der Kaiser einige Provinzteilungen unmittelbar nach der Überwindung von Usurpatoren durchführte, so in Britannien nach der Niederwerfung des Allectus oder in Ägypten nach dem Sieg über Domitius Domitianus. Gegen eine solche Vermutung lässt sich einwenden, dass diese Maßnahme schwerlich ausreichen dürfte, um der Gefahr der Usurpation entgegenzuwirken. Um dieser wirksam vorzubeugen, hätten zusammen mit den Provinzen auch die Heereskommanden geteilt werden müssen, da die Usurpatoren sich primär auf die Truppen in ihrer Provinz stützten. Überdies ist zu beachten, dass in den meisten Fällen keine derartigen politischen Gründe als Anlass für die Teilungen auszumachen sind. Der Hauptzweck der Reform ist wohl eher darin zu sehen, dass Diocletian die Verwaltung der Provinzen intensivieren und damit besonders die Eintreibung der Steuern effektiver gestalten wollte. In diesem Sinne wurde die Maßnahme auch von seinen Zeitgenossen beurteilt.

Nivellierung der Unterschiede unter den Provinzen

Diocletian bemühte sich überdies um eine stärkere Vereinheitlichung der Provinzen. Viele Verschiedenheiten, die bislang im Status und in der Behandlung der einzelnen Provinzen bestanden hatten, wurden gemindert oder gar aufgehoben. In einigen Fällen wurde sogar mit langen Traditionen gebrochen: So verlor Italien seinen Sonderstatus. Als Kernland des Imperium Romanum war es bislang gar nicht als Provinz betrachtet worden. Nun wurde es in das Provinzialsystem einbezogen und zerfiel fortan in zwei Provinzen, *Italia annonaria* im Norden und *Italia suburbicaria* im Süden. Für die Bewohner Italiens bedeutete das praktisch, dass auch sie künftig verpflichtet waren, die Grundsteuer zu entrichten.

Aufhebung der Einteilung in kaiserliche und senatorische Provinzen

Hinzu kam eine weitere Regelung, die eine wesentliche Änderung gegenüber der Vergangenheit herbeiführte: Die Trennung in kaiserliche und senatorische Provinzen, die für die Provinzverwaltung im Prinzipat charakteristisch gewesen war, wurde weitestgehend aufgehoben. Nur die inzwischen durch Teilungen wesentlich geschrumpfte Provinz *Asia* und eventuell *Achaia* wurden auch weiterhin von senatorischen Prokonsuln verwaltet. Alle anderen unterstanden von nun an sog. *praesides* („Vorsteher"), die vom Kaiser selbst eingesetzt wurden und sich den höheren Ebenen der Regionalverwaltung konsequent unterzuordnen hatten.

Verdrängung der Senatoren aus der Provinzverwaltung
Diocletian ging hier sogar noch einen Schritt weiter: Er entzog den Senatoren nicht nur die alleinige Verantwortung für die Provinzen, sondern verdrängte sie fast vollständig aus der Provinzverwaltung. Bereits um die Mitte des 3. Jahrhunderts waren neben den Senatoren auch Ritter in der Verwaltung der Provinzen tätig gewesen, selbst für das Amt des Provinzstatthalters waren gelegentlich schon Ritter ausgewählt worden. Dieser Trend setzte sich nun unter den Tetrarchen fort: Das Amt des *praeses (provinciae)* wie auch die ihm unterstellten Funktionen wurden systematisch mit Angehörigen des Ritterstandes besetzt. Die Ritter leiteten ihren Status sehr viel stärker als die Senatoren vom Kaiser ab und begriffen sich in höherem Maße als Amtsträger, die im Auftrage des Kaisers handelten.

Trennung von ziviler und militärischer Administration
Eine weitere Verwaltungsreform der Tetrarchie, die in diesem Zusammenhang von Bedeutung ist, ist die Trennung von ziviler Verwaltung und militärischen Kommandos. Im Prinzipat gab es keine grundsätzliche Unterscheidung zwischen Zivil- und Militärdienst, zwischen zivilen und militärischen Ämtern und Rangstufen. Der wichtigste Grund für diese Maßnahme ist in der Teilung der Provinzen zu sehen: Hätte man zivile und militärische Funktionen weiterhin in einer Hand belassen wollen, so wäre es notwendig gewesen, auch die militärischen Kommandos zu teilen. Das aber schien strategisch nicht sinnvoll. Viele der neu entstandenen Provinzen waren zu klein, als dass sie sinnvolle militärische Einheiten hätten bilden können. Überhaupt verlor die Provinz als militärische Größe zunehmend an Bedeutung, denn das neue mobile Feldheer musste vielfach provinzübergreifend agieren. Insofern war es auch nötig, den militärischen Befehlshabern mehrere Provinzen zuzuweisen. Ein weiterer Grund für diese Maßnahme ist darin zu sehen, dass die Verwaltungsaufgaben in den Provinzen infolge der diocletianischen Reformen zunahmen und damit Amtsträger erforderten, die sich allein darauf konzentrieren konnten. Die Trennung von zivilen und militärischen Funktionen scheint in diocletianischer Zeit allerdings noch nicht vollständig durchgeführt worden zu sein: Neben *duces*, Kommandeuren ohne zivile Zuständigkeiten, die Einheiten befehligten, welche mehrere Provinzen umfassten, hören wir von *praesides*, die militärische wie zivile Aufgaben verrichteten und auf die Ebene einer Provinz beschränkt waren.

Schließlich wurden weitere Reformen in der Ausgestaltung der kaiserlichen Zentrale und der Regionalverwaltung in Angriff genommen. Sie sollen im Kapitel VII im Zusammenhang mit der Organisation des Staates in konstantinischer Zeit behandelt werden, da sie von Konstantin unmittelbar fortgesetzt wurden und erst in seiner Regentschaft ihre spätere Form fanden.

4.4 Die Steuerreform Diocletians

1. Die Verhältnisse vor Diocletian
Die Bewohner des Römischen Reiches hatten in der ausgehenden Prinzipatszeit verschiedene Steuern und Abgaben zu zahlen sowie praktische Dienste für den Staat zu erbringen:

Bodensteuer und Kopfsteuer
Bis hin zu Diocletian war zunächst einmal eine Bodensteuer zu entrichten, die meist als *tributum soli* bezeichnet wurde. Sie konnte monetär oder in Naturalien beglichen werden. Hinzu kam in vielen Regionen des Reiches eine Kopfsteuer (*tributum capitis*), die sich nicht am Grundbesitz, sondern an der Zahl der Personen orientierte, die auf einem bestimmten Stück Land lebten. Sowohl beim *tributum soli* als auch beim *tributum capitis* handelte es sich um regelmäßige Steuern. Daneben konnten zusätzliche Abgaben erhoben und Dienstleistungen verlangt werden, die sich am jeweiligen Bedarf des Staates orientierten und damit stark schwankten.

annona
Von großer Bedeutung war dabei die *annona*, eine Naturalabgabe, die vor allem für die Versorgung des Heeres gedacht war und daher auch als *annona militaris* bezeichnet wurde. Im 3. Jahrhundert fühlten sich die Bewohner des Reiches besonders durch diese Abgabe belastet, da sie wegen der zahlreichen militärischen Aufgaben sehr häufig und in großer Höhe erhoben wurde. Der Staat bevorzugte sie in dieser Zeit außerdem deshalb, weil sie regelmäßig in Naturalien gezahlt wurde, was in Phasen mit hoher Inflation von Vorteil war. Der Staat ging sogar dazu über, seine eigenen Zahlungen (Sold, Gehälter etc.) in Sachleistungen zu erbringen.

munera
Überdies gab es die *munera*, Dienstleistungen, die die Reichsbewohner im Interesse des Staates zu erbringen hatten. Auch diese wurden nicht regelmäßig, sondern nach Bedarf gefordert. Die Bürger hatten beispielsweise Transportdienste für das Heer zu übernehmen oder sich am Bau einer Straße zu beteiligen. Derartige Aufgaben mussten von der Reichsbevölkerung übernommen werden, weil der Staat nicht über die notwendigen Ressourcen und die organisatorische Kompetenz verfügte, um diese Tätigkeiten ohne die aktive Beteiligung der Bürger zu bewältigen. Die *munera* waren schon in der Republik und frühen Kaiserzeit gefordert worden. Aufgrund der wachsenden staatlichen Herausforderungen, insbesondere der zahlreichen Kriege, mussten sie im 3. Jahrhundert in steigendem Maße geleistet werden.

Höhe und Ungleichheit der steuerlichen Belastung
Die steuerliche Belastung der Bewohner des Imperium Romanum war in vordiocletianischer Zeit sehr verschieden. Das galt nicht nur für die unregelmäßigen Abgaben und Dienstleistungen, die je nach regionalen Bedürfnissen unterschiedlich ausfallen konnten, sondern traf auch auf die regelmäßigen Steuern zu, denn im Reich galten keine einheitlichen Steuersätze. Der Grund dafür ist vor allem darin zu sehen, dass es in den einzelnen Provinzen differierende Traditionen in der Steuererhebung gab. Diese rührten zum Teil schon aus der Zeit vor ihrer Eingliederung in das Imperium her. Die Römer behielten die herkömmlichen Regelungen zumeist bei, um keinen Anlass für

Widerstand gegen ihre Herrschaft zu geben. Hinzu kam, dass auch die Höhe der regelmäßigen Steuern nicht fix war, sondern je nach Bedarf des Staates immer wieder neu bemessen wurde. Zudem wurden die Belastungen nicht gleichmäßig auf das gesamte Reich verteilt, sondern die Provinzen einzeln veranschlagt. So waren die Steuern in den Provinzen, in denen über längere Zeit Kriege geführt wurden, besonders hoch. Bei der *annona* und den *munera*, die noch rascher dem aktuellen Bedarf angepasst werden konnten, waren die Unterschiede in den Belastungen zwischen Kriegs- und Friedenszeiten um so deutlicher zu spüren.

2. Die Neuerungen unter Diocletian

Einführung des *caput* und des *iugum*

Um diesen Problemen zu begegnen, nahm Diocletian eine systematische Steuerpolitik in Angriff. Ihr Hauptziel war es, die Einkünfte des Staates zu erhöhen und damit die Leistungsfähigkeit von Militär und Verwaltung zu verbessern. Zu diesem Zweck bemühte sich Diocletian um eine stärkere Vereinheitlichung der Besteuerung. Er betrachtete das Reich auch in steuerpolitischer Hinsicht als Einheit und wollte regionalen Besonderheiten entgegenwirken. Die Nivellierung der Besteuerung suchte er vor allem dadurch voranzutreiben, dass er neue Bemessungseinheiten schuf, die im gesamten Reich in gleicher Weise angewendet werden sollten. Es handelte sich um zwei Größen: das *caput* und das *iugum*. Das *caput* war die Einheit für Mensch und Vieh, das *iugum* die Bemessungsgröße für den Landbesitz. Um die Steuerhöhe zu bestimmen, wurden *capita* und *iuga* addiert. *Capita* konnten in *iuga* umgerechnet werden und umgekehrt, so dass die Gesamtsumme in beiden Einheiten auszudrücken war. Um die nötigen Daten für die Erhebung zu ermitteln, schickte Diocletian Steuerschätzer durch das Land, die die Zahl der Köpfe und die Größe des Landes feststellen sollten. Regelmäßig alle fünf Jahre wurde eine Steuerveranlagung (*indictio*) durchgeführt. Das System wirkt im Vergleich zur bisherigen Praxis der Steuererhebung außerordentlich abstrakt. Dies aber schien offenbar notwendig, um die Besteuerung reichsweit zu vereinheitlichen und die Steuerverwaltung zu zentralisieren.

Die Steuer, die nach der entsprechenden Veranschlagung berechnet wurde, trug unterschiedliche Namen: Sie hieß entweder *capitatio-iugatio*, wurde also nach den Bemessungsgrößen tituliert, oder in Anlehnung an die alte Abgabe als *annona* bezeichnet. Diese Steuer konnte ebenso wie die früheren regelmäßigen Steuern entweder in Münzgeld oder in Naturalien gezahlt werden. Die *munera* blieben von der Reform im Wesentlichen unangetastet, sie mussten weiterhin in der bisherigen Form erbracht werden.

Die Höhe der Steuern richtete sich allerdings nach wie vor nach den aktuellen Bedürfnissen des Staates, es gab damit auch jetzt noch keine festen Steuersätze, die den Bürgern Steuersicherheit garantiert hätten. Der Bedarf des Staates wurde jährlich ermittelt und auf die Provinzen umgeschlagen. Die Statthalter der einzelnen Provinzen mussten dann die Gesamtsumme auf *capita* und *iuga* umrechnen und so die genauen Steuerforderungen für die einzelnen Bemessungseinheiten ermitteln.

Probleme des diocletianischen Systems

Die Zentralisierung, die das System auszeichnet, war jedoch nicht vollständig umgesetzt. So waren für die Einziehung der Steuern wie in der Vergangenheit die Städte zuständig und nicht etwa Amtsträger, die von der Zentrale eingesetzt wurden. Letzteres hätte den Staat vermutlich überfordert. Auch das Ziel, eine möglichst gleichmäßige Erfassung aller Steuerpflichtigen herbeizuführen, wurde nur bedingt erreicht. Eine besonders auffällige Ungleichheit des Systems ist darin zu sehen, dass es sich schwerpunktmäßig an die ländliche Bevölkerung richtete. Die Besteuerung der Stadtbewohner war dagegen unterschiedlich geregelt: Die landbesitzende Stadtbevölkerung wurde zum Teil ebenfalls zur *annona* herangezogen. Die übrigen Städter zahlten in den meisten Provinzen eine Kopfsteuer. Die Bewohner der Stadt Rom wurden nach wie vor völlig ausgenommen. Hinzu kam das Problem, dass die Bodenqualität und damit die landwirtschaftlichen Erträge in den Regionen sehr unterschiedlich waren. Man versuchte, dem Rechnung zu tragen, indem man die *iuga* unterschiedlich bemaß: In einer Gegend mit schlechter Bodenbeschaffenheit war ein *iugum* größer als in einer fruchtbaren Region. Inwieweit es gelang, regionale Besonderheiten angemessen zu berücksichtigen, ist im Einzelfall sehr schwer zu klären. Zudem wurden Frauen unterschiedlich veranschlagt, in einigen Gegenden zählten sie als ganzes *caput*, in anderen beispielsweise nur als halbes.

Bei der Einschätzung dieser Maßnahme muss man berücksichtigen, dass es Diocletian nicht vorrangig darum ging, Steuergerechtigkeit zu schaffen, das wäre zu modern gedacht. Für ihn stand die Steigerung und Sicherung der Staatseinkünfte im Vordergrund. Um dieses Ziel zu erreichen, gebrauchte er auch Mittel, die die Interessen der Reichsbewohner wenig berücksichtigten: So wurde bestimmt, dass Bauern ihr Land nicht verlassen durften, bevor sie nicht ihre Steuern entrichtet hatten. Zudem wurden Strafgesetze erlassen, mit denen juristisch verfolgt werden sollte, wer seiner Steuerpflicht nicht nachkam. In nachdiocletianischer Zeit ging man sogar so weit, Bauern prinzipiell an ihre Scholle zu binden, um die Steuerzahlungen sicherzustellen.

4.5 Währungsreform und Maximaltarif

Probleme der Inflation

Neben den genannten steuerpolitischen Reformen initiierte Diocletian auch grundlegende Veränderungen im Bereich der Währung. Auch diese dienten letztlich dem Ziel, die Einnahmen des Staates zu erhöhen und auf hohem Niveau festzuschreiben. Ganz besonders bemühte sich der Kaiser, die Währung zu stabilisieren, die sich im Zuge der Krise des 3. Jahrhunderts erheblich verschlechtert hatte. Die immensen Ausgaben hatten den Staat veranlasst, verstärkt Münzen zu prägen, was zu einer Minderung des Geldwertes und massiven Preissteigerungen geführt hatte. Diese mit der Zeit verheerende Entwicklung wurde noch dadurch verstärkt, dass Münzen mit erheblichem materiellen Wert, also Goldmünzen und Münzen mit hohem Silbergehalt, kaum noch für Zahlungen verwendet, sondern lieber gehortet wurden. Ihr Materialwert war mittlerweile deutlich höher als ihr Nominalwert, was sie als Zahlungsmittel unattraktiv machte. Gezahlt wurde hingegen mit Münzen, die einen geringen Silbergehalt aufwiesen, mit Kupfermünzen und verstärkt mit Naturalien. Der Staat reagierte auf diese Entwicklung zunächst damit, dass er selbst den Umgang mit Münzgeld soweit wie möglich vermied und Naturalabgaben bevorzugte. Längerfristig aber konnte das keine Lösung sein. Sich damit zufrieden zu geben, hätte einen erheblichen Rückschritt in der wirtschaftlichen Entwicklung des Reiches bedeutet.

Währungsreformen

Diocletian entschied sich daher, eine Währungsreform vorzunehmen, die in zwei Schritten erfolgte: Zunächst führte er im Jahre 294 neue Münzeinheiten ein, die wieder einen hohen Edelmetallgehalt hatten, und gab ihnen einen fixen Wert. Im zweiten Schritt ließ er dann 301 den Nominalwert der Silbermünzen noch einmal erhöhen, um ihre Verbreitung zu fördern. Damit sollte verhindert werden, dass auch diese Geldstücke wegen ihres vergleichsweise hohen Materialwertes wieder aus dem Zahlungsverkehr gezogen und gehortet wurden. Möglicherweise spielte hier auch die Tatsache eine Rolle, dass das Reich nur über beschränkte Silbervorkommen verfügte und entsprechend sparsam damit verfahren musste. Diese Maßnahmen zielten darauf, den Geldwert zu stabilisieren und damit auch die Preise konstant zu halten. Um die unkontrollierte Vermehrung des Geldes zu verhindern, reglementierte Diocletian überdies die Münzprägung, indem er etwa Sonderprägungen in den Provinzen einschränkte und die Zahl der Prägestätten reduzierte.

Maximaltarif

Trotz dieser Reformen aber stiegen die Preise weiter. Mit währungspolitischen Schritten allein war dem offensichtlich nicht beizukommen. Diocletian griff nun zu einem anderen Mittel: Er erließ im Jahre 301 ein Edikt, das als „Maximaltarif" oder „Preisedikt" bezeichnet wird, in dem Höchstpreise für die wichtigsten Waren und Dienstleistungen festgeschrieben wurden. Der Text ist uns nicht geschlossen überliefert, man hat jedoch zahlreiche Fragmente gefunden, die eine nahezu vollständige Rekonstruktion erlauben.

Das Edikt besteht aus zwei Teilen: es beginnt mit einem langen Einleitungsteil, in dem Diocletian und seine Mitkaiser wiederum ihre göttliche Legitimation und ihre umfassende Verantwortung für das Reich zum Ausdruck bringen. Darauf folgt eine Preisliste, die unter wirtschafts- wie sozialgeschichtlichen Gesichtspunkten höchste Aufmerksamkeit verdient. Hier erfahren wir beispielsweise, dass ein Scheffel Getreide noch maximal 100 Denare kosten durfte, die gleiche Menge Gerste höchstens 60 Denare; ein Schreiner oder ein Zimmermann konnte pro Tag nicht mehr als 50 Denare an Arbeitslohn verlangen, ein Lehrer sollte höchstens 200 Denare täglich einnehmen, ein Anwalt durfte pro Verhandlungstermin bis zu 1000 Denare verlangen. Ein jüngerer Sklave sollte für maximal 30 000 Denare verkauft werden.

Diese Maßnahme wirkt unter modernen Gesichtspunkten äußerst dirigistisch. Für uns ist es schwer vorstellbar, dass ein derartiges Mittel geeignet sein konnte, um einer Inflation Einhalt zu gebieten; man schätzt, dass die Preissteigerungsrate zwischen 293 und 301 über zwanzig Prozent jährlich betrug. Aus Papyri wissen wir jedoch, dass die Preise in den Folgejahren wenigstens in einigen Regionen tatsächlich deutlich sanken. Welches die Ursachen dafür waren, ist schwer zu ermessen. Man darf vermuten, dass das Preisedikt und die Währungsreformen Diocletians daran einen nicht unerheblichen Anteil hatten.

4.6 Rechtsreformen

Diocletian bediente sich in hohem Maße gesetzlicher Mittel, um das Reich zu konsolidieren. Wir wissen von etwa 1200 Konstitutionen. Die meisten sind im **Codex Iustinianus** erhalten, die anderen in weiteren antiken Gesetzessammlungen. Bei einem Großteil dieser Gesetze handelt es sich um privatrechtliche Reskripte, d. h. rechtsgültige Bescheide, mit denen der Kaiser bzw. seine Kanzlei auf Anfragen rechtsuchender Personen reagierte. Sie sollten zunächst den konkreten Fall regeln und gewannen darüber hinaus allgemeine Gesetzeskraft.

> Der **Codex Iustinianus** stellt eine Sammlung von Konstitutionen (Kaisererlassen) dar, die im Auftrage des Kaisers Justinian in der ersten Hälfte des 6. Jahrhunderts angefertigt wurde. Hier wurden all die Erlasse zusammengestellt, die noch Geltungskraft haben sollten. Ergänzt wurden sie durch die „Institutiones", ein Lehrbuch für Anfänger in der Juristerei, und die „Digesten" (von *digerere* = ordnen) bzw. „Pandekten" (von *pan dechesthai* = alles aufnehmen), die eine Sammlung des Juristenrechts darstellten. Seit dem 16. Jahrhundert werden diese drei Werke unter dem Begriff *Corpus Iuris Civilis* zusammengefasst.

Bereits in diocletianischer Zeit, im letzten Jahrzehnt des 3. Jahrhunderts, wurden vermutlich im Auftrage des Regenten zwei Sammlungen von Kaisergesetzen angefertigt: der *Codex Gregorianus*, der bei den Gesetzen Kaiser Hadrians ansetzte und bis 291 reichte, also bis in die ersten Regierungsjahre Diocletians, und der *Codex Hermogenianus*, der die vorherige Sammlung ergänzte, indem er die Konstitutionen zusammenstellte, die Diocletian in den Jahren 293/4 erließ. Die beiden *Codices* sind uns nicht direkt überliefert, Teile von ihnen sind jedoch in verschiedene spätere Gesetzessammlungen eingeflossen und uns daher bekannt. Über die beiden Herausgeber der Sammlung sind wir nicht näher informiert; man vermutet, dass sie wichtige Funktionen in der kaiserlichen Kanzlei innehatten.

Die beiden *Codices* markierten den Anfang einer Kodifizierungsbewegung, die in der Folgezeit zu einem zentralen Merkmal der Spätantike wurde und ihren Höhepunkt im eben erwähnten *Codex Iustinianus* fand. Die Kaiser nutzten ihr alleiniges Recht zur Gesetzgebung, um die Konzeption ihrer Herrschaft zu vermitteln und die Verhältnisse im Reich dementsprechend zu gestalten. Die Gesetze waren seit jeher von zentraler Bedeutung für das römische Gemeinwesen. Marcus Tullius Cicero hat in der ausgehenden Republik in seiner Schrift „Über die Gesetze" (*De legibus*), sogar den Versuch unternommen, die *res publica* insgesamt als Gesetzesordnung zu charakterisieren. Im Prinzipat war der Rekurs auf die Gesetze für die Kaiser wichtig, um die Senatoren zu überzeugen, dass sie, die Kaiser, sich zuverlässig ins Gemeinwesen integrierten und somit die angestammten Herrschaftsrechte des Senatorenstandes respektierten. Bei neuen Gesetzen verwiesen die Herrscher vielfach auf die Vergangenheit, um ihre Übereinstimmung mit der Tradition zum Ausdruck zu bringen. Auch Diocletian berief sich in seinen Konstitutionen in mehreren Fällen ausdrücklich auf die Vergangenheit und erhob den Anspruch, durch seine Erlasse die traditionellen Werte der Römer wieder zu stärken. So heißt es beispielsweise in der Einleitung zu seinem Ehegesetz von 295: *Unserer ehrfürchtigen und religiösen Gesinnung scheint das in höchstem Maße verehrens- und für uns befolgenswert zu sein, was durch die römischen Gesetze rein und heilig bestimmt ist. […] Nur in diesem Falle kann kein Zweifel daran bestehen, dass die unsterblichen Götter selbst auch in Zukunft günstig und versöhnlich sein werden, wie sie es in der Vergangenheit waren, wenn wir überzeugt sind, dass alle, die unter unserer Herrschaft leben, in jeder Hinsicht ein pietätvolles, religiöses, ruhiges und frommes Leben nach dem Brauch der Vorfahren führen* (Vatikanische Fragmente, p. 157 Krüger).

Trotz dieses expliziten Verweises auf den „Brauch der Vorfahren" (*mos maiorum*), der sich auch bei anderen seiner Erlasse findet, lässt sich zeigen, dass viele der diocletianischen Gesetze sich in ihrem Gehalt keineswegs an der Vergangenheit orientierten. Ein herausragendes Beispiel, an dem dies deutlich wird, ist das Familiengesetz aus dem Jahre 295. Hier wurde u. a. festgeschrieben, dass Kinder nicht mehr durch das Oberhaupt der Familie, den *pater familias*, verkauft oder verpfändet werden durften. Ein solcher Eingriff in die Familie, der einzelne Familienmitglieder vor Entscheidungen des *pater familias* schützte und damit dessen Kompetenzen schwächte, stand ausdrücklich im Gegensatz zur Tradition. Vergleichbare Regelungen, die die Rechte von Einzelnen stärkten und sie mehr als bislang als Individuen denn als Angehörige sozialer Gruppen behandelten, gab es unter den diocletianischen Gesetzen mehrere. Sie wurden zum Teil mit Hinweis auf ethische Prinzipien begründet, die aus der Populärphilosophie stammten und mit den traditionellen sozialen Normen nicht mehr viel zu tun hatten.

Gelegentlich erhielten die Edikte auch theologische Begründungen, wie wir sie schon bei der Legitimation der Tetrarchie kennengelernt haben. Hier lag die Vorstellung zugrunde, dass die Götter selbst die Normen aufgestellt hätten, die sich in den Gesetzen des Römischen Reiches konkretisierten. Dies bedeutete nicht in jedem Fall eine Absage an die althergebrachten Normen im inhaltlichen Sinne. Die Besonderheit lag vielmehr darin, dass diese Normen nun vom Willen der Götter abgeleitet wurden. Ein berühmtes Beispiel, an dem sich dieses Phänomen beobachten läßt, ist das Manichäeredikt aus dem Jahre 297. Die Manichäer waren eine religiöse Gemeinschaft, die ihre Ursprünge im Perserreich hatten und sich in die Gruppe der Erlösungsreligionen einreihen lassen (vgl. dazu unten Kap. VIII). In dem Edikt wurde angeordnet, dass ihre Anhänger hinzurichten und ihre Schriften zu verbrennen seien. Ihr Besitz sollte zugunsten des Staates konfisziert werden. Dieses ungewöhnlich harte Vorgehen wurde in zweifacher Weise begründet: Zum einen wurde darauf verwiesen, dass die Manichäer mit den Persern und damit mit einem der entschiedensten Gegner des Imperium Romanum in Verbindung standen. Wichtiger noch aber war der Vorwurf, dass sie für eine neue Religion einträten, die von der römischen abweiche. Damit verstießen sie zugleich gegen die politische Ordnung des Römischen Reiches und seine Normen, da diese ja nun aus dem Willen der römischen Götter deduziert wurden.

5. Die Christenverfolgung

Während der Krise des 3. Jahrhunderts kam es zu einer der schwersten Christenverfolgungen im Römischen Reich. Anders als beispielsweise das Judentum hatte das Christentum im Imperium Romanum nicht den Status einer „erlaubten Religion", einer *religio licita*. Das bedeutete allerdings nicht, dass die Christen beständiger Verfolgung ausgesetzt waren, vielmehr wurden sie in der Regel stillschweigend geduldet.

Die Situation der Christen bis zur Mitte des 3. Jahrhunderts
Insbesondere seitens des Staates drohten den Anhängern der christlichen Religion bis zur Mitte des 3. Jahrhunderts kaum Gefahren. Die berühmte staatlich initiierte Christenverfolgung unter Kaiser Nero im 1. Jahrhundert stellte eine seltene Ausnahme dar. Der Staat verhielt sich gegenüber den verschiedenen Religionen, die im Reich praktiziert wurden, im Normalfall tolerant. Zu Problemen kam es nur dann, wenn Religionsgemeinschaften in den Verdacht gerieten, eine Gefahr für das Gemeinwesen darzustellen.

Die Schwierigkeiten, mit denen sich die Christen im Römischen Reich konfrontiert sahen, waren vor allem darauf zurückzuführen, dass sie sich in vielfacher Hinsicht vom sozialen Leben distanzierten. Sie beteiligten sich mehrheitlich nicht an den städtischen Festen und gingen nicht ins Amphitheater, weil sie diese Einrichtungen mit den paganen Göttern in Zusammenhang brachten. Aufgrund ihres Lebensstils waren sie der Gesellschaft suspekt. Dies konnte zu Anzeigen und in brisanten Situationen sogar zu Pogromen führen. Der Staat tat sich mit Anklagen gegen Christen allerdings schwer, so untersagte Kaiser Trajan seinen Amtsträgern, Christen aufzuspüren. Wenn es zu Anzeigen kam, sollten sie diese aber annehmen, die Beschuldigten vorladen und sie zum Opfern veranlassen. Wer sich dem verweigerte, sollte zum Tode verurteilt werden. War er aber bereit, das Opfer zu vollziehen, sollte er freigesprochen werden – selbst wenn allgemein bekannt war, dass er der christlichen Gemeinde angehörte. An dieser eigentümlichen Praxis, die im römischen Rechtswesen keine Parallele hat, wird deutlich, dass der Staat an der Verfolgung und Verurteilung der Christen nicht eigentlich interessiert war. Er praktizierte diese aber, wenn in der Gesellschaft ein entsprechender Druck entstand, um Unruhen zu vermeiden.

Grundsätzlich favorisierte der römische Staat keine Religion und verpflichtete auch niemanden, sich an bestimmten Kulten zu beteiligen. Selbst der Kaiserkult stellte hier keine Ausnahme dar (vgl. dazu unten Kap. VIII). Damit blieben auch die Christen, die sich stärker als alle anderen den paganen Kulten verweigerten, von wenigen Ausnahmen abgesehen, von staatlichen Übergriffen verschont und konnten ihren Glauben im Reich verbreiten.

Die Lage der Christen um die Mitte des 3. Jahrhunderts
Die Lage änderte sich um die Mitte des 3. Jahrhunderts grundlegend. Wie wir im ersten Abschnitt gesehen haben, erließ Kaiser Decius 249 zum ersten Mal in der römischen Geschichte ein allgemeines Opferedikt, um die Gunst der Götter zurückzugewinnen. Alle Reichsbewohner wurden nun verpflichtet, zum Wohle des Gemeinwesens zu opfern. Sie mussten ein Weihrauchopfer und eine Trankspende vollziehen sowie Opferfleisch erwerben und verzehren. Auf Anfrage wurde dafür eine schriftliche Bescheinigung (*libellus*) ausgestellt, mit der man nachweisen konnte, dass man seiner Pflicht nachgekommen war. Das Edikt wandte sich gleichermaßen an alle Bürger des Reiches, es sah für niemanden spezielle Regelungen vor und zielte nicht darauf, bestimmte Gruppen zu diskriminieren. Decius hatte also keineswegs die Absicht, eine Christenverfolgung auszulösen.

Dennoch gerieten die Christen nun in Konflikt mit dem Staat, da sie sich mehrheitlich weigerten, dem Opfergebot nachzukommen. Das Edikt enthielt keine konkreten Strafbestimmungen für Personen, die die Anordnung ignorierten. Wenn Zweifel aufkamen, ob eine bestimmte Person geopfert hatte, konnte sie jedoch einer staatlichen Behörde vorgeführt und von dieser zum Opfer gezwungen werden. Wer sich dann noch immer verweigerte, hatte mit Folter, der Konfiszierung seines Vermögens, Verbannung oder sogar mit der Hinrichtung zu rechnen.

Viele Christen fielen diesen Maßnahmen zum Opfer, nicht weil sie Christen waren, sondern weil sie nicht opferten und damit – aus Sicht des Staates – zum Ausdruck brachten, dass sie sich dem Wohle des Gemeinwesens entgegenstellten. Sie machten sich also in politischer Hinsicht schuldig, nicht in religiöser. Es gab allerdings auch Christen, die dem Opfergebot nachkamen oder sich *libelli* verschafften, ohne tatsächlich geopfert zu haben. Letztere wurden von den standhaften Christen als *libellatici* bezeichnet, diejenigen, die den Göttern ein Tier opferten, als *sacrificati* und die, die vor den Bildnissen der Götter oder Kaiserstatuen Weihrauchkörner verbrannten, als *thurificati*. Alle drei Gruppen wurden von der Kirche als „Abgefallene" (*lapsi*) tituliert. Ihre Zahl war vermutlich groß, genaue Angaben haben wir dazu freilich nicht. In der Kirche gab es unterschiedliche Positionen, wie man mit ihnen umgehen solle. In den meisten Fällen wurden sie nach dem Ende der Verfolgungen, nachdem sie Buße geleistet hatten, wieder in die christlichen Gemeinden aufgenommen.

Bereits ein Jahr nach seiner Bekanntmachung scheint das Edikt des Decius kaum mehr angewendet worden zu sein. Unter seinen Nachfolgern kam es zu weiteren Verfolgungen, die in ihrem Ausmaße allerdings geringer waren. Im Jahre 260 wurde den Maßnahmen gegen die Christen ein Ende gesetzt.

Die Probleme der Christen unter Diocletian

Unter Diocletian wurden die Christen nach einigen Jahrzehnten weitgehender Ruhe erneut von Staats wegen verfolgt. Auslöser dafür war ein böses Omen: Kurz nach Beendigung des Krieges gegen die Perser 299/300 misslang Diocletian in Antiochia eine Eingeweideschau. Nach Darstellung des Laktanz begründete man dies damit, dass bei den heiligen Handlungen gottlose Menschen zugegen gewesen und die Götter dadurch erzürnt worden seien (*De mortibus persecutorum* 10f.). Um die Gottheiten wieder zu versöhnen, verpflichtete Diocletian zunächst alle Angehörigen des Palastes und sämtliche Soldaten zu opfern. Wer sich weigerte, wurde ausgepeitscht.

Darauf folgten weitere Maßnahmen, die sich nun gezielt gegen die Christen richteten. Das Apollon-Orakel von Milet soll Diocletian darauf hingewiesen haben, dass speziell Christen für das Misslingen des Opfers verantwortlich gewesen seien. Infolgedessen ließ Diocletian am 23. Februar 303 in Nikomedien die Kirche, die dem Kaiserpalast gegenüber lag, einreißen und ihre heiligen Schriften verbrennen. Unmittelbar darauf veröffentlichte er ein Edikt, das verschiedene Anordnungen enthielt: Kirchen seien zu zerstören und christliche Schriften zu verbrennen. Christen sollten aus öffentlichen Ämtern und Würden entfernt werden und ggf. die Privilegien verlieren, die ihnen aufgrund ihres sozialen Status zugestanden worden waren. Hier war besonders an die Befreiung von der Folter gedacht, die den oberen sozialen Schichten gewährt wurde. Freigelassene, die sich zum Christentum bekannten und im kaiserlichen Dienst tätig waren, sollten ihre Freiheit verlieren, wenn sie sich nicht von der christlichen Religion distanzierten. Sämtliche Christen sollten ihre Rechtsfähigkeit verlieren, d. h. sie konnten keine Prozesse mehr anstrengen und durften sich auch nicht mehr als Beklagte vor Gericht verteidigen.

Als bald darauf im Palast Diocletians in Nikomedien ein Brand ausbrach, vermutete man die Schuldigen unter den Christen im Hofpersonal. Zunächst wurden Untersuchungen durchgeführt, um die Verantwortlichen auszumachen. Als diese zu keinem positiven Ergebnis führten, wurden sämtliche Palastangehörige verpflichtet zu opfern; wer sich weigerte, wurde hingerichtet.

Wenig später schon wurden weitere Maßnahmen angeordnet, die die Christen insgesamt treffen sollten. Den Anlass bildeten höchstwahrscheinlich Unruhen, die in den östlichen Provinzen ausgebrochen waren und für die man die Christen verantwortlich machte. Diocletian reagierte darauf mit zwei Edikten. Sie sahen u. a. vor, dass alle christlichen Kleriker zu inhaftieren und zum Opfer zu verpflichten seien. Diejenigen, die sich dem Opfergebot widersetzten, sollten mit schwerer Folter bestraft werden. Indem dieses Edikt sich gegen die Kleriker richtete, wandte es sich gegen die Kirche als Institution und damit *de facto* gegen alle Christen. Dadurch, dass es die Bischöfe, Presbyter und Diakone ausschaltete, störte es das christliche Gemeindeleben aufs Empfindlichste. Im Frühjahr 304 schließlich wurde, wenn wir Eusebius folgen, in ähnlicher Weise wie unter Decius ein allgemeines Opferedikt erlassen, das sich an die gesamte Reichsbevölkerung richtete („Über die Märtyrer in Palästina" 3,1). In jeder Stadt sollten die Bewohner geschlossen den Götterbildern Tier- und Trankopfer darbringen.

Auch wenn diese Edikte mit reichsweiter Gültigkeit erlassen worden waren, wurden sie in der Praxis doch mit unterschiedlicher Intensität durchgeführt. Genaue Daten haben wir dazu freilich nicht. Bekannt ist, dass sie im Osten entschiedener umgesetzt wurden als in den westlichen Provinzen. Der Hauptgrund dafür ist darin zu sehen, dass das Christentum im Westen bei weitem weniger verbreitet war als im Osten. Gemäß der Darstellung des Eusebius sollen Britannien und Gallien, wo Constantius Chlorus herrschte, weitestgehend von den Verfolgungen verschont geblieben sein (vgl. *Vita Constantini* 1,13. 15–17). Wie zuverlässig diese Angabe ist, ist schwer zu beurteilen, da Eusebius die Tendenz hat, Constantius Chlorus als dem Vater des späteren Kaisers Konstantin Affinitäten zum Christentum zuzuschreiben, die er wohl tatsächlich nicht hatte. Nach der Abdankung Diocletians und Maximians 305 ließen die Christenverfolgungen nach. Die Auseinandersetzungen um die Nachfolge dominierten nun das politische Geschehen. Im Westen kamen die Verfolgungen in den meisten Regionen gänzlich zum Stehen, im Osten dauerten sie noch einige Jahre an, bis schließlich Kaiser Galerius 311 ein Toleranzedikt erließ (siehe dazu Kap. III).

Vergleich der decischen mit der diocletianischen Christenverfolgung
Sowohl bei Decius und seinen Nachfolgern wie auch bei Diocletian und seinen Mitkaisern haben wir es mit staatlich initiierter Verfolgung von Christen zu tun. In beiden Fällen spielte der Umstand, dass Christen sich weigerten, Opfergeboten Folge zu leisten, eine entscheidende Rolle. Neben diesen Gemeinsamkeiten können wir aber auch wesentliche Unterschiede zwischen den beiden Phasen der Verfolgung konstatieren: Decius ging es vor allem darum, alle Reichsbewohner zum Opfer zu veranlassen. Wenn Christen bereit waren, dem zu entsprechen, hatten sie nichts zu befürchten. Decius forderte politische Loyalität, an religiösen Fragen im engeren Sinne war er wohl nicht interessiert. Bei Diocletian verhielt es sich anders. Sowohl die Fülle wie auch die Art seiner Maßnahmen machen deutlich, dass er sich gezielt gegen die Christen wandte. Durch seine Regelungen gegen die Kleriker versuchte er, die Organisation der Gemeinde zu zerstören und die Christen damit an der Ausübung ihrer Religion zu hindern. Außerdem bemühte er sich, die Christen aus dem öffentlichen Leben zu verdrängen und ihren sozialen Status zu mindern.

Man hat sich vielfach gefragt, welches der Grund dafür gewesen sein mochte, dass sich die Haltung der Kaiser gegenüber den Christen von Decius bis Diocletian so wesentlich geändert hat. Die Intention des Decius lässt sich unschwer erschließen, schwieriger ist es hingegen, die Motivation Diocletians zu begründen. Die Quellen geben auf diese Frage keine eindeutige Antwort, in der Forschung werden sehr unterschiedliche Thesen diskutiert. Ein Erklärungsversuch, der in den letzten Jahren viele Anhänger gefunden hat, sieht die Ursachen für die Verfolgung unter Diocletian und seinen Mitkaisern in der theologischen Legitimation der Tetrarchie begründet: Indem die Christen sich weigerten, den römischen Göttern zu opfern, auf die die politische Ordnung nun zurückgeführt wurde, vergingen sie sich sowohl gegen den Staat als auch gegen dessen Götter. Sie machten sich eines politischen Vergehens schuldig und begingen zugleich ein Sakrileg. Ersteres traf bereits auf die Zeit unter Decius zu, letzteres aber stellte ein Novum in der römischen Geschichte dar, das erst aufgrund der neuartigen Herrschaftskonzeption der Tetrarchie und ihrer spezifischen Begründung möglich war: Indem die politische Ordnung und ihre sozialen wie rechtlichen Normen nun religiös begründet wurden, durfte der Staat in religiöser Hinsicht nicht mehr tolerant sein. Er konnte es nicht mehr zulassen, dass andere Götter verehrt wurden als diejenigen, auf die er sich selbst berief. Die Christen wurden daher verfolgt, weil sie Christen waren.

Dieser Umstand war sogar weitaus bedeutender als die Tatsache, dass sie nicht opferten. Das Opfergebot diente jetzt vor allem dazu, Christen zu identifizieren.

6. Das Ende der Tetrarchie

Die Einrichtung des Herrschaftssystems der Tetrarchie stellte einen wesentlichen Schritt in der Neuorganisation des Römischen Reiches dar. Besonders Diocletian war daran interessiert, dieses System auch für die Zukunft beizubehalten. Er konzipierte eine entsprechende Nachfolgeordnung, die zunächst auch erfolgreich realisiert wurde: Am 20. November 304 beging Diocletian noch sein zwanzigjähriges Regierungsjubiläum (Vicennalien), im darauffolgenden Jahr aber legte er am 1. Mai 305 in einem Staatsakt, der in seiner Residenz in Nikomedien stattfand, sein Amt nieder. Auch Maximian verzichtete am gleichen Tag auf Drängen Diocletians auf die Kaiserwürde. Von nun an waren sie *privati principes*. Diocletian verbrachte seine letzten Lebensjahre in seinem Palast in Spalato (Split) – er starb höchstwahrscheinlich im Jahre 316. Nach seinem Tode wurde er wie seine Vorgänger unter die Götter erhoben; er war nebenbei bemerkt der einzige, der zum Zeitpunkt seines Todes nicht mehr Kaiser war. Maximian ließ sich zunächst auf seinen Gütern in Lukanien nieder. Anders als Diocletian war er mit seiner Situation keineswegs zufrieden und versuchte später in die Politik zurückzukehren. Die Tatsache, dass Maximian gemeinsam mit Diocletian abdankte, obwohl er dazu keinerlei persönliche Veranlassung hatte, legt die Vermutung nahe, dass der Herrscherwechsel vor allem von Diocletian gewollt war. Nach Angaben unserer Quellen hat er Maximian bei seiner Erhebung zum *Augustus* veranlasst, ihm einen entsprechenden Eid zu leisten. Auch der Umstand, dass sich Diocletian offenbar als Alterssitz in Spalato einen Palast erbauen ließ, spricht dafür, dass er seit langem die Absicht hatte, vorzeitig zurückzutreten und die Nachfolger noch zu seinen Lebzeiten fest zu installieren.

Nachfolger Diocletians wurde sein bisheriger *Caesar* Galerius, *Augustus* im Westen wurde Constantius Chlorus, der bisherige *Caesar* Maximians. Constantius Chlorus wurde überdies zum ranghöchsten *Augustus* erhoben. Dass diese Ehre ihm zuteil wurde und nicht seinem Kollegen Galerius, scheint unverständlich: Beide waren zur gleichen Zeit *Caesar* geworden, insofern konnte es keinen „dienstälteren" unter ihnen geben. Da Galerius aber dem höheren *Augustus* zugeordnet war, hätte man erwarten können, dass er diesem nun in die „Spitzenposition" folgte. Warum anders entschieden wurde, ist nicht sicher geklärt.

Mit der „Beförderung" der *Caesares* zu *Augusti* wurden die Stellen der *Caesares* frei. Wollte man das System der Tetrarchie fortsetzen, musste man diese nun neu besetzen. Genau das war konsequenterweise der nächste Schritt. Zum neuen *Caesar* im Westen wurde Severus ernannt, *Caesar* im Osten wurde Maximinus Daia. Auch die neuen *Caesares* stammten aus dem illyrischen Raum, waren einfacher sozialer Herkunft und hatten sich im Heer bewährt. Damit also war die zweite Tetrarchie vollständig und das System zunächst gesichert. Ob den Kaisern genaue Einflussbereiche zugewiesen wurden, ist auch in diesem Fall umstritten.

Bereits im folgenden Jahr, 306, aber zerbrach das System: Als der *Augustus* Constantius Chlorus in Britannien starb, riefen dessen Truppen seinen Sohn Konstantin zum neuen Kaiser aus. Die Soldaten also kümmerten sich nicht um die Konzeption der Tetrarchie, sondern handelten gemäß dem dynastischen Prinzip, wie es in der Vergangenheit üblich gewesen war. Dem tetrarchischen Modell entsprechend hätte Severus, der bisherige *Caesar* im Westteil des Reiches, hier nun neuer *Augustus* werden müssen.

7. Zur Gesamteinschätzung der Tetrarchie

Die Einschätzung in den antiken Quellen
Eine Einschätzung der Tetrarchie zu geben, ist nicht ganz einfach. Betrachten wir, wie dieses Regime in den zeitgenössischen Quellen beurteilt wurde, so stoßen wir auf recht unterschiedliche Wertungen. Viele Zeugnisse stammen von christlichen Autoren, Laktanz und Eusebius stehen dabei im Vordergrund. Sie lassen sich in ihrer Beurteilung stark von der Christenverfolgung unter Diocletian leiten und gelangen davon ausgehend zu einer ungünstigen Gesamtbewertung. Gut schneidet bei ihnen lediglich Constantius Chlorus ab, da sie ihm als dem Vater des späteren Kaisers Konstantin eine christenfreundliche Haltung zuschreiben.

Die Darstellungen paganer Autoren sind mehrheitlich positiv. Am wichtigsten sind hier die zeitgenössischen Panegyriker, hinzu kommen u. a. Aurelius Victor und Eutropius. Sie charakterisieren die vier Kaiser im wesentlichen günstig, verweisen etwa auf ihre Tapferkeit, ihren Großmut, ihre Achtung des Senats, ihre Beliebtheit beim Volk und ihren Respekt gegenüber der Religion. Besonders wichtig ist ihr Hinweis auf die Eintracht (*concordia*) der Kaiser, die, wie wir oben gesehen haben, in der Selbstdarstellung der Regenten ebenfalls eine zentrale Rolle spielte. Auch das Moment der Orientierung an der Tradition, das die Herrscher selbst immer wieder herausgestrichen haben, wird von den paganen Autoren aufgenommen. Ihr Hauptaugenmerk legen sie auf den unbestreitbar wichtigsten der Kaiser, Diocletian. An ihm loben sie nicht zuletzt seinen Thronverzicht, den sie als ein Zeichen der Absage an persönliches Machtstreben und Ausdruck der Verantwortung gegenüber dem Reich verstehen. Wir kennen dazu aber auch Gegenstimmen, die seinen Schritt zumindest als unverständlich, wenn nicht gar als verantwortungslos bewerten. Sehr unterschiedlich fällt bei den heidnischen Autoren die Einschätzung des Verhaltens Maximians nach dem Ende der Tetrarchie aus (vgl. dazu Kap. II).

Die Bewertung in der modernen Forschung
Bei den heutigen Forschern fällt die Einschätzung der Tetrarchie ebenfalls sehr gemischt aus. Religiöse Standpunkte spielen in ihren Überlegungen mittlerweile eine untergeordnete Rolle, ihr Urteil ist zumeist davon abhängig, wie sie zum nachfolgenden Kaiser Konstantin stehen. Die entscheidende Frage ist hier, ob die wichtigsten Reformmaßnahmen, die Staat, Gesellschaft und Kultur der Spätantike prägen sollten, bereits in tetrarchischer oder erst in konstantinischer Zeit durchgeführt wurden. Im Detail werden wir uns damit erst auseinandersetzen können, wenn wir uns mit Konstantin beschäftigt haben.

Positiv gewürdigt wird vielfach das Modell der Tetrarchie einschließlich seiner theologischen Begründung, die als eine außerordentliche Abstraktionsleistung herausgestrichen wird. Man schätzt das System allerdings nicht nur unter konzeptionellen Gesichtspunkten, sondern betont auch seine politische Dimension. Die praktische Bedeutung seiner spezifischen Legitimation sieht man vorrangig darin, dass sie Usurpationen erschwerte. Es war zwar immer noch möglich, dass sich ein Heerführer zum Gegenkaiser ausrufen ließ und sich mit militärischen Mitteln gegen die Tetrarchen erhob – wie wir gesehen haben, ist das mehrfach geschehen. Ein Usurpator hatte aber dem Prinzip nach kaum eine Chance, seine Herrschaft zu legitimieren und damit zu befestigen.

Daneben betont man, dass die vier Regenten auch faktisch besser als ein einzelner in der Lage waren, die Kaiserherrschaft gegen äußere und innere Gegner zu sichern.

Eine entscheidende Schwäche des Systems macht man hingegen in dem Umstand aus, dass sie hohe Anforderungen an die beteiligten Herrscher stellte. Die Regenten mussten sich außerordentlich kooperativ und diszipliniert verhalten, hatten sich mit der ihnen jeweils zugewiesenen Rolle zufriedenzugeben und mussten sich von dynastischen Vorstellungen herkömmlicher Art distanzieren. Insbesondere letzteres erwies sich in der Praxis als Problem.

Insgesamt zeichnet sich in der Forschung der Trend ab, sich differenziert mit der Tetrarchie zu befassen und Pauschalurteile, seien sie affirmativer oder negierender Natur, zu vermeiden. Unstrittig ist, dass sich die Situation des Römischen Reiches unter den Tetrarchen in vielfacher Hinsicht günstig entwickelt und gegenüber den fünf vorausgegangenen Jahrzehnten wesentlich verbessert hat.

II. Die politischen Anfänge Konstantins

1. Die Jugend Konstantins

Quellenlage

Konstantin, mit vollem Namen wahrscheinlich Flavius Valerius Constantinus, wurde, wie wir im sechsten Abschnitt des vorangegangenen Kapitels gesehen haben, entgegen den Regeln des tetrarchischen Systems von den Truppen seines verstorbenen Vaters zum *Augustus* ausgerufen. Über sein Leben vor der Kaisererhebung haben wir nur wenige zuverlässige Informationen. Die Angaben, die Eusebius von Caesara in seiner Konstantinbiographie (*Vita Constantini*) in diesem Zusammenhang macht, sind wenig aussagekräftig. Sie zeugen von dem Wunsch, Konstantin so früh wie möglich als Christen zu zeichnen und von seinen Vorgängern, die nicht nur als Anhänger der paganen Religion, sondern darüber hinaus als Tyrannen geschildert werden, positiv abzugrenzen.

Der familiäre Hintergrund Konstantins

Will man mit gesicherten Fakten operieren, wird es sehr schwierig, Konstantins Jugend nachzuzeichnen. Wir kennen nicht einmal sein Geburtsdatum; genannt werden Daten zwischen 270 und 288, die meisten Autoren setzen seine Geburt um das Jahr 275 herum an. Der Geburtsort steht mit Naissus (Nis) in Moesien, im heutigen Serbien gelegen, fest. Konstantins Vater Constantius, dem die Byzantiner später den Beinamen „Chlorus" (= der Blasse) gaben, war damals noch Offizier. Über seine Mutter Helena erfahren wir, dass sie niederer sozialer Herkunft gewesen sei, der Kirchenvater Ambrosius nennt sie eine „Stallmagd" (*De obitu Theodosii oratio* 42). Ob Constantius und Helena in einer rechtsgültigen Ehe verheiratet waren, ist nicht geklärt. In einigen Quellen wird dies behauptet, zumeist aber wird berichtet, sie hätten in einem Konkubinat gelebt. Einige Jahre nach der Geburt Konstantins trennte sich Constantius von Helena und ging eine Ehe mit Theodora, der Tochter Maximians, ein. Von Helena hören wir über lange Zeit nichts, erst

Jahrzehnte später berichten die Quellen wieder über sie: Sie trat wieder mit Konstantin in Kontakt, wurde zum Christentum bekehrt und stiftete zahlreiche Kirchen.

Erziehung und Bildung Konstantins

Welche Erziehung Konstantin in seiner Jugend erfahren hat, wissen wir nicht sicher. Nach Eusebius wurde ihm eine höhere Bildung zuteil (vgl. *Vita Constantini* 1,19). Wir haben aber Mitteilungen darüber, dass Konstantin sich später eines Dolmetschers bediente, wenn er in den östlichen Provinzen zu tun hatte. Damit können seine Griechischkenntnisse nicht sehr fundiert gewesen sein, was allerdings nicht *per se* als Indiz für geringe Bildung genommen werden darf. Selbst viele Rhetoren und Juristen beherrschten die griechische Sprache in dieser Zeit im lateinischen Westen nicht einmal mehr passiv. Dass Konstantin in seinen Jugendjahren eine philosophische Unterweisung erfahren hat, ist höchst unwahrscheinlich: Dagegen spricht sein geringes Verständnis für theologische Kontroversen mit hohem philosophischen Gehalt; wir werden im Zusammenhang mit seiner Kirchenpolitik darauf eingehen. Unterstützt wird diese These auch durch die Aussage des Aurelius Victor, der angibt, sämtliche illyrische Kaiser seien nur wenig gebildet gewesen (*Epitome de Caesaribus* 39,26; vgl. 40,13).

Umstritten ist, ob Konstantin in seiner Jugend mit der christlichen Religion in Berührung kam. Nach Darstellung des Eusebius soll sich sein Vater in der Christenverfolgung äußerst zurückhaltend gezeigt haben (vgl. Kap. I). Diese Angaben sind jedoch, wie schon angedeutet, schwer zu beurteilen. Selbst wenn sie zutreffend sein sollten, ist daraus nicht unbedingt zu folgern, dass Constantius Chlorus ausgeprägte Affinitäten zum Christentum hatte; wir wissen von ihm vielmehr, dass er ein Anhänger des Sonnenkultes war. Durch seine Mutter kam Konstantin in jungen Jahren vermutlich ebenfalls nicht mit dem Christentum in Kontakt, denn sie wendete sich erst Jahrzehnte später dieser Religion zu; möglicherweise wurde sie von ihrem Sohn in diesem Sinne motiviert, der umgekehrte Fall ist nicht anzunehmen. Gelegentlich wird diskutiert, ob andere Angehörige der Familie Konstantins sich zum Christentum bekannten; selbst wenn dies zutreffen sollte, lassen sich daraus keine Rückschlüsse auf Konstantin ziehen.

Was wir zuverlässig wissen, ist, dass Konstantin eine militärische Ausbildung erhielt. Von Laktanz erfahren wir, dass er als *tribunus primi ordinis* in der Reiterei des Galerius diente (*De mortibus persecutorum* 18,10). Möglicherweise hat er sich auch einige Jahre am Hofe Diocletians in Nikomedien aufgehalten; diesbezügliche Angaben des Eusebius sind aber wieder problematisch. Nach dem Rücktritt Diocletians zog Konstantin zu seinem Vater nach Britannien. Vater und Sohn unternahmen hier noch einen gemeinsamen Feldzug, der sich gegen die Picten und Scoten richtete. Nach Abschluss dieses Unternehmens erkrankte Constantius und starb am 25. Juli 306 in Eboracum (York).

2. Die Anfänge Konstantins als Kaiser

Mit seiner Ausrufung zum *Augustus* wurde Konstantin faktisch zum Usurpator und geriet somit in eine prekäre Situation. Wollte er seine Herrschaft etablieren, so musste er sich um Anerkennung durch die legitimen Kaiser bemühen. Andernfalls hätte er – wie Diocletian es getan hat – sogleich eine militärische Auseinandersetzung mit ihnen riskieren müssen, was er aber offenbar vermeiden wollte. So warb Konstantin um die Akzeptanz des Galerius, des *Augustus* im Osten, der nach dem Tode des Constantius

Chlorus dem System der Tetrarchie entsprechend zum ranghöchsten *Augustus* geworden war. Um seinen Herrschaftsanspruch zu dokumentieren, übersandte Konstantin ihm sein mit Lorbeer umkränztes Porträt. Galerius zeigte sich bereit, Konstantin anzuerkennen, allerdings nicht als *Augustus*, sondern lediglich als *Caesar*. Zum *Augustus* sollte nach seinem Willen dem tetrarchischen Prinzip gemäß Severus erhoben werden, was kurz darauf auch geschah. Damit war die dritte Tetrarchie eingerichtet.

Konstantin war mit dieser Entscheidung allerdings keineswegs zufrieden, er bestand weiterhin auf den *Augustus*-Titel. Er war im übrigen nicht der einzige, der den Plan des Galerius unterlief: Auch in Italien wurde ein Versuch unternommen, das dynastische Prinzip gegenüber der Tetrarchie durchzusetzen. Hier ließ sich Maxentius, der Sohn Maximians, von den Prätorianern, dem Senat und dem Volk von Rom zum Kaiser ausrufen. Die Prätorianer waren mit Galerius wie mit Severus höchst unzufrieden, weil diese ihre Kohorten, die bislang als kaiserliche Leibwache fungiert hatten, verringern wollten. Als Galerius überdies plante, die Steuerfreiheit der Stadt Rom abzuschaffen, brachte er große Teile der Bevölkerung gegen sich auf. Maxentius hatte keine Schwierigkeiten, sie für sich einzunehmen. Galerius war jedoch nicht gewillt, ihn als Regenten zu akzeptieren, sondern erklärte ihn zum Staatsfeind.

3. Der Kampf der Kaiser um die Macht im Reich

Infolge dieser Ereignisse kam es zu langwierigen Auseinandersetzungen um die Verteilung der Macht im Reich. Das System der Tetrarchie schien endgültig keine realistische Option mehr darzustellen. Die ungünstigste Ausgangslage in dem nun folgenden Konflikt hatte Maxentius in Italien, er verfügte über die schwächste Legitimation, wurde von keinem der anderen Kaiser anerkannt, sondern galt allen als Usurpator. Er konnte sich allein auf seine eigenen Untertanen stützen. Wie wir gerade gesehen haben, erfuhr er hier große Zustimmung. Um diese auch für die Zukunft zu sichern, betrieb er in Rom eine ausgedehnte Baupolitik. Mit der gleichen Intention setzte er in Italien die Christenverfolgung aus. Von entscheidender Bedeutung war für ihn auch, dass sein Vater, der gemeinsam mit Diocletian bereits *Augustus* gewesen war, diesen Rang wieder für sich beanspruchte. Maximian war damit in der Lage, seinem Sohn die Legitimation zu geben, die Galerius ihm nicht zugestehen wollte.

Für Galerius waren diese Schritte gänzlich inakzeptabel, gleiches galt für Severus, den legitimen *Augustus* im Westen, dem die Herrschaft über Italien eigentlich zustand. Severus zog daher im Sommer 307 von seiner Residenz in Mailand mit seinen Truppen nach Rom, um Maximian und Maxentius zu überwinden. Zu einer militärischen Auseinandersetzung kam es jedoch nicht, da Teile des Heeres bereits auf dem Marsch gegen ihn rebellierten. Es handelte sich um maurische Einheiten, die ebenfalls für die Herrschaft des Maxentius und des Maximian eintraten – auch die nordafrikanischen Provinzen gehörten zu dem von ihnen beanspruchten Herrschaftsgebiet. Severus floh darauf nach Ravenna, wo Maximian ihn verhaften ließ und er wenig später unter mysteriösen Umständen ums Leben kam.

Der gefährlichste Kontrahent der beiden italischen Usurpatoren war jetzt Galerius; eine militärische Auseinandersetzung mit ihm schien unvermeidbar. Für Maxentius und Maximian kam es nunmehr darauf an, weitere Konflikte soweit als möglich auszuschließen. Insbesondere mussten sie sich vor Konstantin schützen, der ja ebenfalls den *Augustus*-Titel für den Westen beanspruchte und damit auch die Herrschaft über Italien für sich reklamierte. Um Konstantin für sich zu gewinnen, reiste Maximian zu ihm nach Trier, gab ihm seine Tochter Fausta, die Schwester des Maxentius, zur Frau und erhob Konstantin zum *Augustus*. Insbesondere letzteres war für Konstantin attraktiv, da er damit die Legitimation erhielt, die Galerius ihm verweigert hatte.

Galerius marschierte im Sommer 307 mit seinen Truppen gegen Maxentius in Rom, musste aber wieder abziehen, ohne sein Ziel erreicht zu haben. Kurz darauf schon drohte Maxentius ein anderer Gegner, mit dem er vermutlich nicht gerechnet hatte: sein eigener Vater. Maximian wollte nicht länger mit seinem Sohn gemeinsam herrschen, sondern beanspruchte die Regentschaft über Italien für sich allein. Er scheiterte am Widerstand des Heeres, das seinem Sohn treu blieb; der Erfolg über Galerius hatte sie offenbar zusammengeschweißt. Maximian musste Italien verlassen und zog sich an den Hof seines Schwiegersohnes Konstantin nach Trier zurück.

Galerius wollte sich mit dieser Situation nicht arrangieren. Nachdem er mit militärischen Mitteln nichts hatte bewirken können, entschied er sich für den Weg der Diplomatie: Er wandte sich noch im selben Jahr an Diocletian und bat ihn, unter Einsatz seiner Autorität einen letzten Versuch zu unternehmen, das System der Tetrarchie wiederherzustellen.

4. Die Konferenz in Carnuntum

Diocletian nahm die Aufgabe an, weigerte sich jedoch, selbst noch einmal die Kaiserfunktion zu übernehmen. Er erklärte sich allerdings bereit, ein weiteres Mal den Konsulat zu bekleiden, und berief für das Folgejahr (308) eine Kaiserkonferenz in Carnuntum an der Donau ein, wo man gemeinsam die verworrene Lage klären wollte. Diocletian gelang es hier, Maximian zum zweiten Mal zu bewegen, auf den Kaisertitel zu verzichten. Galerius konnte seine Position durchsetzen: Maxentius wurde die Anerkennung völlig versagt und Konstantin lediglich als *Caesar* für den Westen akzeptiert. Zum neuen *Augustus* erwählte man Licinius, der dem verstorbenen Severus nachfolgen sollte. Licinius hatte noch nicht die Funktion eines *Caesar* bekleidet, so dass die Entscheidung für seine Person streng genommen nicht mit den Prinzipien der Tetrarchie zu vereinbaren war. Wie die übrigen Kaiser stammte auch er aus einfachen Verhältnissen und hatte eine militärische Karriere in Illyrien gemacht. Licinius wurde wohl Rätien und Pannonien zugewiesen, außerdem hat man ihm wahrscheinlich Italien in Verbindung mit *Africa* in Aussicht gestellt, wo allerdings zur Zeit noch Maxentius herrschte. Angesichts der schwierigen außen- wie innenpolitischen Lage verzichtete er zunächst darauf, Maxentius anzugreifen und das ihm zustehende Land in Besitz zu nehmen. Galerius blieb *Augustus* im Osten, Maximinus Daia behielt seinen Rang als *Caesar*, gleichfalls für den Osten.

Damit glückte es in Carnuntum tatsächlich, mit Galerius, Licinius, Maximinus Daia und Konstantin erneut eine Tetrarchie zu konstruieren, mittlerweile die vierte. Allerdings erwies sich diese bereits nach kurzer Zeit als ebenso instabil wie die vorherige. Die erste Bedrohung ging von Maximinus Daia aus, der sich mit dem *Caesar*-Rang nicht mehr begnügen wollte, sondern nach dem Vorbild Konstantins den *Augustus*-Titel beanspruchte. Galerius schlug daraufhin Konstantin und Maximinus Daia einen Kompromiss vor, bot beiden den Titel *filii Augustorum* (Söhne von *Augusti*) an, was ihnen jedoch nicht genügte.

5. Der Konflikt zwischen Konstantin und Maximian

Usurpationsversuch Maximians

Bedrohlicher noch als diese Rangstreitigkeiten innerhalb des Herrschaftssystems war das Verhalten der Machthaber, die an der neuen Tetrarchie nicht beteiligt worden waren: Maximian und Maxentius waren keineswegs bereit, ihren Herrschaftsanspruch aufzugeben. Maxentius gelang es, seine Stellung in Rom – gegen den Anspruch des Licinius – zu behaupten. Sein Vater Maximian ließ sich, trotz seines ausdrücklichen Verzichts auf den Purpur, in Gallien und damit im Einflussgebiet seines Schwiegersohnes zum dritten Mal zum Kaiser erheben. Konstantin war in dieser Zeit mit den Franken am Rhein beschäftigt, er konnte sie zurückschlagen und Frieden schließen. In der Folge verstärkte er die Kastelle am Rhein und ließ von Köln nach Deutz eine Brücke errichten. Als er jedoch von der Erhebung Maximians erfuhr, brach er seine Aktivitäten am Rhein sogleich ab, zog mit dem Heer in Eilmärschen nach Arles und zwang Maximian zur Kapitulation. Dieser beging daraufhin Selbstmord, Konstantin erklärte ihn zum Staatsfeind und ließ ihn der ***damnatio memoriae*** anheimfallen.

> Mit der ***damnatio memoriae*** sollte die Erinnerung an Kaiser, die sich in besonderem Maße vergangen hatten, ausgelöscht werden. Ihre Statuen und Porträts wurden zerstört, ihre Namen auf Inschriften eradiert und zum Teil auch ihre Gesetze aufgehoben.

Legitimationsprobleme Konstantins nach dem Tode Maximians

Damit stellte sich für Konstantin allerdings ein neues Problem: Er hatte seine Position bislang mit Rekurs auf Maximian begründet, der ihn ja zum *Augustus* ernannt hatte. Nun musste er sich um eine neue Legitimation bemühen. Er entschied sich für den Rückgriff auf eine Gottheit, nahm jedoch nicht die Götter, auf die sich die *Augusti* in der Tetrarchie berufen hatten, also Jupiter und Hercules, sondern wählte sich *Sol invictus*, den Sonnengott, den schon sein Vater Constantius Chlorus als seinen Schutzgott betrachtet hatte. Mit dieser Wahl gab er wiederum dem dynastischen Prinzip gegenüber dem der Tetrarchie den Vorzug.

Der Sonnengott hatte noch einen weiteren Vorteil: Er erfreute sich im Reich außerordentlich großer Beliebtheit und wurde in verschiedensten Formen verehrt. Viele Menschen identifizierten ihn mit Apollon, der traditionell häufig als Sonnengott verstanden wurde. Konstantins Selbstverständnis gemäß wählte allerdings nicht er sich den Sonnengott, vielmehr setzte sich der Gott mit ihm in Verbindung und zeichnete ihn damit in besonderer Weise aus. In einer Lobrede (*Panegyricus*) auf Kaiser Konstantin aus dem Jahre 310 heißt es dazu, Konstantin habe nach dem Tode des Maximian, als er sich auf dem Rückzug an den Rhein befand, in einem Heiligtum eine Begegnung mit Apollon gehabt. Apollon erschien ihm gemeinsam mit der Siegesgöttin Victoria und überreichte ihm dreißig Lorbeerkränze. Dies interpretierte man als Prophezeiung einer dreißigjährigen Regentschaft Konstantins.

Derartige Begegnungen zwischen Menschen und Göttern waren nach antikem Verständnis nichts Ungewöhnliches. In der Spätantike, als man politische Macht immer weniger innerweltlich begründete, sondern sie von göttlichen Mächten außerhalb der menschlichen Lebenswelt ableitete, erfreuten sie sich besonderer Beliebtheit. Vor allem entsprechenden Visionen oder Träumen von Kaisern maß man große Bedeutung bei; sie wurden zu wichtigen Elementen im politischen Leben.

III. Das Toleranzedikt des Galerius

1. Das Toleranzedikt des Galerius

Galerius war in den vergangenen Jahren derjenige Kaiser, der sich nach Diocletian am stärksten für die Konzeption der Tetrarchie eingesetzt hatte. Die Vereinbarung von Carnuntum war für ihn ein großer Erfolg, auch wenn sie nur durch Vermittlung des ehemaligen *Augustus* hatte zustande kommen können. Wie wir im letzten Kapitel gesehen haben, wurde aber sehr bald deutlich, dass die in der Konferenz erarbeitete Lösung in der Praxis nicht tragfähig war. Galerius sah sich gegen Ende seines Lebens politisch gescheitert. Er musste nicht nur einsehen, dass das Modell der Tetrarchie nicht mehr durchsetzbar war, er hatte auch zu realisieren, dass die Christenverfolgung, die ein integraler Bestandteil der Politik Diocletians gewesen war und die auch er selbst entschieden betrieben hatte, nicht zum Erfolg geführt hatte. Kurz vor seinem Tod distanzierte er sich auch von diesem Teil seiner Politik und erließ in Serdica (Sofia) ein Toleranzedikt, das am 30. April 311 in Nikomedien veröffentlicht wurde. Hier ist es in der Fassung des Laktanz zitiert (er überliefert den lateinischen Originaltext, während Eusebius in seiner *Historia ecclesiastica* eine griechische Übersetzung präsentiert):

Toleranzedikt des Galerius

Neben dem übrigen, was wir zum Wohle und Nutzen des Staates angeordnet hatten, wollten wir bislang alles gemäß den alten Gesetzen und der öffentlichen Ordnung der Römer verbessern und dafür sorgen, dass auch die Christen, die die Lehre ihrer Vorfahren verlassen hatten, zur Vernunft zurückkehrten. Denn aus irgendeinem Grund hatte diese Christen ein solcher Eigenwille und eine solche Dummheit ergriffen, dass sie den Einrichtungen der Alten nicht mehr folgten, die möglicherweise ihre eigenen Vorfahren eingeführt hatten, sondern sich nach ihrem eigenen Willen und nach Belieben Gesetze gaben, um sie zu befolgen, und in verschiedenen Gegenden verschiedene Völker zu einer Gemeinschaft zusammenbrachten. Als wir schließlich befohlen hatten, dass sie zu den Einrichtungen der Alten zurückkehren sollten, wurden viele von ihnen in Gerichtsprozesse verwickelt, viele wurden auch vertrieben. Und da die meisten auf ihrem Vorsatz bestanden und wir sahen, dass sie weder den Göttern die angemessene Verehrung zukommen ließen, noch den Gott der Christen verehrten, so haben wir es in unserer außerordentlichen Milde und beständigen Gewohnheit, sämtlichen Menschen zu verzeihen, für notwendig gehalten, auch diesen unsere freimütigste Nachsicht zu gewähren, damit sie wieder Christen sein und ihre Versammlungsstätten wieder aufbauen könnten, allerdings so, dass sie nichts gegen die öffentliche Ordnung unternehmen. Durch ein anderes Schreiben aber werden wir den Gerichtsbeamten mitteilen, was sie zu beachten haben. Daher wird es unserer Nachsicht entsprechend die Pflicht der Christen sein, zu ihrem Gott für unser Wohl, für das Wohl des Staates und für ihr eigenes zu beten, damit der Staat in jeder Hinsicht vor Schaden bewahrt bleibt und sie sicher in ihren Wohnungen leben können.

(Laktanz, *De mortibus persecutorum* 34)

Mit diesem Edikt wurde der Christenverfolgung reichsweit ein Ende gesetzt. Das Christentum erhielt nun erstmals in der Geschichte des Römischen Reiches den Rang einer „erlaubten Religion" (*religio licita*). Das meint nicht nur, dass die Christen sich jetzt frei versammeln und ihren Glauben offen leben durften, es verschaffte ihrer Kirche als Institution auch einen legalen Status. Sie wurde nunmehr zur „Körperschaft öffentlichen Rechts" erhoben und fiel damit unter das *ius publicum* (öffentliche Recht). Das bedeutete in der Praxis u. a., dass sie als Institution Vermögen besitzen konnte und dieses gesetzlich geschützt war. Ihre Gemeinden hatten nun die Möglichkeit, legal Grund und Boden zu erwerben und Kirchenbauten zu errichten, die ebenfalls zu Kircheneigentum wurden. Bislang hatten die Gottesdienste meist in Privathäusern stattfinden müssen.

Galerius wurde mit dieser Maßnahme keineswegs zum Förderer der Christen. Die vielfach abschätzigen Formulierungen des Textes machen unmissverständlich deutlich, dass er von persönlichen Affinitäten zur christlichen Religion weit entfernt war. Sein Verständnis für die Situation der Christen im Reich scheint gering. So war ihm offensichtlich nicht bekannt, weshalb die Christen den herkömmlichen Göttern nicht opferten. Er konnte ihr Verhalten nur als ein Abweichen von den Traditionen des Römischen Reiches beschreiben. Die religiöse Dimension der Problematik blieb ihm weitestgehend verborgen. Sowohl in der Auseinandersetzung mit dem Christentum wie auch mit der paganen Religion konzentrierte er sich auf die politische Ebene. Ähnlich wie Kaiser Decius ein halbes Jahrhundert zuvor war er vorrangig daran interessiert, dass sämtliche Reichsbewohner die Götter verehrten, um das Wohlergehen des Reiches zu garantieren.

Das Scheitern der Verfolgungen hatte ihn aber – im Gegensatz zu seinen Vorgängern – gewahr werden lassen, dass es unmöglich war, die Christen zu motivieren, sich an den paganen Opfern zu beteiligen. Er verstand, dass sie sich unter keinen Umständen davon abbringen lassen wollten, sich exklusiv auf ihren Gott zu beziehen. Daraus zog Galerius eine Konsequenz, die geradezu einfach scheint und doch grundsätzlich neu war: Er verlangte von den Christen nicht mehr, dass sie den paganen Göttern opferten, sondern gestattete ihnen, allein ihren Gott zu verehren, so wie es ihren Regeln entsprach. Im Gegenzug forderte er aber, dass sie auch für Kaiser und Reich beteten, damit auch ihr Gott veranlasst werde, dem Römischen Reich Schutz zu gewähren. Das Christentum sollte damit in die Vielzahl der Kulte des Reiches integriert und der Christengott, wenn man so möchte, ins römische Pantheon aufgenommen werden.

Das andere Schreiben an die Gerichtsbeamten, das der Kaiser im Schlussteil des Ediktes ankündigte, wurde aufgrund des baldigen Todes des Galerius nicht mehr verfertigt. Man nimmt an, dass hier Ausführungsbestimmungen gemeint waren, die an die Statthalter geschickt werden sollten, um die Modalitäten der Rückgabe des konfiszierten Kirchenbesitzes zu regeln.

Was Galerius zu diesem Edikt, das von fundamentaler Bedeutung für die nachfolgende Geschichte des Christentums wie des Römischen Reiches war, bewogen hat, ist nicht ganz klar. Seine offenkundige Resignation, die mit dem Misserfolg der bisherigen Verfolgungspolitik, aber möglicherweise auch mit seiner todbringenden Erkrankung zusammenhing, spielte sicherlich eine Rolle. Warum aber beschränkte er sich dann nicht auf eine Beendigung der Verfolgungen? Warum war es notwendig, das Verhältnis zwischen römischem Staat und Christentum seitens des Staates grundsätzlich neu zu bestimmen? Man kann hier unterschiedliche Antworten geben. Eine mögliche Lösung bietet Galerius selber: Er hielt es aus politischen Gründen für notwendig, dass alle Bürger im Interesse des Reiches an Kulten partizipierten. Angesichts der politischen Lage schien es ihm unverantwortlich, eine Gruppe von Bürgern davon auszuschließen. Neben dieser grundsätzlichen Haltung aber lassen sich konkrete politische Motive vermuten: Das Edikt war vor allem im Osten von praktischer Bedeutung. Hier hatten die Verfolgungen zu erheblichen Wirren in den Städten geführt, denen nun ein Ende gesetzt wurde. Gelegentlich wird die These vertreten, die Beendigung dieser Unruhen sei das eigentliche Ziel der Maßnahme des Galerius oder auch des Licinius gewesen, der den *senior Augustus* möglicherweise zu diesem Edikt motiviert hat. Zuweilen wird sogar angeführt, dass Licinius durch die Toleranzpolitik die Christen gezielt auf seine Seite bringen wollte.

Diese Thesen sind in der Forschung unterschiedlich aufgenommen worden: Wir wissen, dass die Verfolgungen in einigen Städten in den östlichen Provinzen zu Unruhen geführt haben. Welche Ursache diese allerdings hatten, ist schwer zu entscheiden. Bekannt ist auch, dass religionspolitische Maßnahmen in den Machtkämpfen, die bald folgen sollten, eine größere Rolle spielten als in der Vergangenheit. Dennoch muss man bedenken, dass die Christen auch im Osten noch immer eine Minderheit darstellten. Insbesondere in der politischen Elite, um die ein Kaiser besonders werben musste, waren sie kaum vertreten. Die Frage nach der Motivation des Galerius wird sich letztendlich nicht befriedigend beantworten lassen. Man wird sich hüten müssen, zu viel in seine Regelung hineinzuinterpretieren. Insbesondere sollte man bei ihm kein allzu hohes Abstraktionsniveau voraussetzen, Galerius war ein Pragmatiker mit sehr traditionellen Vorstellungen.

2. Die Kämpfe nach dem Tode des Galerius

Kehren wir zunächst zu den politischen Ereignissen zurück. Galerius starb kurz nach Veröffentlichung des Ediktes Anfang Mai 311. Die Machtverteilung im Reich, insbesondere im Osten, war damit wieder ungeklärt. Sowohl Maximinus Daia als auch Licinius marschierten sogleich ins Gebiet des Galerius ein, um es in Besitz zu nehmen. Zunächst gelang ihnen eine Einigung: Auf ihrem Zug begegneten sie einander am Marmara-Meer und legten dieses als Grenze zwischen ihren Herrschaftsbereichen fest. Das konnte jedoch nur eine vorübergehende Lösung darstellen. Keiner von beiden wollte sich auf die Dauer mit nur einem Teil des ehemaligen Einflussbereiches des Galerius zufriedengeben, beide beanspruchten das ganze Gebiet.

Die Angehörigen des Galerius fühlten sich angesichts dieser Ereignisse bedroht. Insbesondere vor Licinius suchten sie sich in Sicherheit zu bringen, Maximinus Daia gewährte ihnen Unterschlupf. Durch eine Verlobung zwischen einem Sohn des Galerius mit der Tochter des Maximinus Daia suchte man die Bindung zwischen den Familien zu festigen. Maximinus Daia war nun der ranghöchste *Augustus*. Um diese Position zu sichern, musste er sich bemühen, die Machtgelüste seiner Kaiserkollegen, speziell die des Licinius, in Grenzen zu halten. Maximinus Daia wandte sich in dieser Situation an Maxentius in Italien und vereinbarte mit ihm eine Kooperation, deren Grundlage die gemeinsame Gegnerschaft gegen Licinius war.

Maxentius selbst befand sich zu dieser Zeit in einer ungünstigen Lage. Die Auseinandersetzung mit seinem Vater war von den Truppen in *Africa* schlecht aufgenommen worden. Um sich vor diesen zu schützen, forderte er den Sohn des *vicarius Africae* Lucius Domitius Alexander als Geisel. Der aber reagierte mit einer Usurpation und ließ sich zum *Augustus* erheben. Bald jedoch wurde Alexander deutlich, dass er sich in dieser Position ohne starke Unterstützung nicht lange würde halten können. Folglich bat er Konstantin, der ebenfalls ein erklärter Gegner des Maxentius war, um Hilfe. Zugleich suchte er Maxentius empfindlich zu treffen, indem er die Getreidelieferungen von Nordafrika nach Italien stoppte, woraufhin in der italischen Bevölkerung, speziell in der Hauptstadt, Unruhen ausbrachen. Maxentius ging zunächst gewaltsam gegen den Aufruhr vor, was freilich keine Lösung darstellte. Er versuchte dann, sein Land über Spanien zu versorgen, was aber misslang, da Konstantin diese Provinz mittlerweile in Besitz genommen hatte. Damit hatte Maxentius keine andere Wahl, als Alexander zu überwinden und *Africa* für sich zurückzugewinnen, was 310 auch gelang.

In Italien kam es bald zu neuerlichen Auseinandersetzungen, diesmal in der römischen Kirche. 308 ließ Maxentius zu, dass die römische Gemeinde sich einen neuen Bischof wählte, was er zuvor über mehrere Jahre verboten hatte. Diese Entscheidung wurde von der Kirche zunächst positiv aufgenommen, nach kurzer Zeit aber brach ein innergemeindlicher Konflikt aus, als der neue Bischof die sog. *lapsi*, die während der diocletianischen Verfolgung vom Christentum abgefallen waren, von der Kommunion ausschloss. Es soll auf beiden Seiten zur Gewaltanwendung gekommen sein. Um die Ruhe wiederherzustellen, schickte Maxentius den Bischof 309 in die Verbannung. Als die Auseinandersetzung auch unter seinem Nachfolger wieder ausbrach, enthob ihn der Kaiser des Amtes. Diese Maßnahmen haben Maxentius – zu Unrecht – den Namen eines Christenverfolgers eingebracht und sein Ansehen in Italien weiter beschädigt.

Licinius blieb unterdessen nicht untätig. Die Verbindung zwischen Maximinus Daia und Maxentius veranlasste ihn, sich nun seinerseits Konstantin anzunähern. Die neuentstandene Beziehung zwischen ihnen wurde durch die Verlobung des Licinius mit Constantia, einer Halbschwester Konstantins, bekräftigt. Zu einer Eheschließung kam es jedoch nicht. Man vermutet, Konstantin wollte noch keine allzu feste Liaison mit Licinius eingehen. Maxentius reagierte darauf, indem er zum einen Konstantin des Mordes an seinem Vater (Maximian) bezichtigte, zum anderen den Vater unter die Götter erheben ließ, um sich selbst als Sohn eines Gottes eine höhere Legitimation zu verschaffen. Schließlich ließ er die Statuen Konstantins in Rom umstürzen, was einer Kriegserklärung gleichkam.

IV. Der Sieg Konstantins über Maxentius – die „Bekehrung" Konstantins

Der Konflikt zwischen Konstantin und Maxentius

Konstantin reagierte auf diese faktische Kriegserklärung des Maxentius, indem er 312 mit seinen Truppen die Alpen überschritt und in Italien einmarschierte. Obwohl er über die geringeren militärischen Ressourcen verfügte, vermochte er es, Norditalien für sich zu gewinnen. Er stieß dabei allerdings auf nicht unerhebliche Probleme, da die meisten norditalienischen Städte gut befestigt waren. Susa (Segusio), Turin und Verona mussten belagert werden. Aquileia soll sich allerdings freiwillig ergeben haben. Schließlich gelang es Konstantin, nach Rom vorzudringen. Auch hier schien die Lage schwierig. Die Stadt verfügte über ausgezeichnete Befestigungsanlagen, vor kurzem erst war die Aurelianische Stadtmauer verstärkt worden. Zudem hatte Maxentius große Getreidevorräte in die Stadt schaffen lassen, so dass sie selbst einer längeren Belagerung unschwer hätte standhalten können.

Es kam jedoch anders als erwartet: Maxentius verließ mit seinen Truppen die Stadt, um Konstantin vor den Toren zu erwarten. Ein Orakel soll ihm geweissagt haben, die Feinde Roms würden hier den Tod finden. Eventuell war er auch der Ansicht, Konstantin so sehr überlegen zu sein, dass er meinte, auf den Schutz der Stadt verzichten zu können. Möglich ist aber auch, dass Maxentius sich in der Hauptstadt nicht mehr sicher fühlte, da er in den vergangenen Jahren einen Großteil der Bewohner gegen sich aufgebracht hatte. Mangels Quellenzeugnissen wird sich diese Frage nicht mehr sicher beantworten lassen. Zu einem ersten Gefecht kam es nördlich Roms bei dem Ort *Saxa Rubra* (Roter Fels). Konstantin siegte und rückte daraufhin gegen Rom vor. Der entscheidende Kampf, bei dem Maxentius endgültig unterlag, fand am 28. Oktober 312 an der Milvischen Brücke am Tiber statt. Über den genauen Verlauf der Schlacht haben wir keine präzisen Informationen. Unsere Quellen konzentrieren sich mehrheitlich auf das Ende des Gefechtes: Die Truppen des Maxentius versuchten vor den heranstürmenden Einheiten Konstantins in die Stadt zu fliehen. In dem dabei entstandenen Tumult stürzte Maxentius in den Tiber und ertrank.

Die Bedeutung des Sieges Konstantins

Der Sieg Konstantins über Maxentius ist nicht allein unter militärischen Gesichtspunkten wichtig, sondern markiert noch in anderer Hinsicht einen Einschnitt in der römischen Geschichte. Vielen seiner Zeitgenossen ist das vermutlich gar nicht bewusst geworden, seine große Bedeutung erkannte man erst im Nachhinein. Worum ging es? Die beiden christlichen Autoren **Laktanz** und **Eusebius** berichteten einige Jahre später, dass Konstanin vor der Schlacht eine Vision bzw. einen Traum gehabt habe, wodurch er veranlasst worden sei, seine Truppen unter einem neuen Zeichen kämpfen zu lassen: dem Christogramm XP (Chi Rho), das für die Initialen Christi stehen sollte.

Laktanz (ca. 250–325) lehrte zunächst lateinische Rhetorik, wurde von Diocletian nach Nikomedien berufen und lernte dort wohl den späteren Kaiser Konstantin kennen. Nach dem Ausbruch der Christenverfolgung gab er seine Lehrtätigkeit (freiwillig oder gezwungenermaßen) auf und vertrat die Belange der christlichen Religion fortan als Autor. Sein Werk ist stark geprägt durch die Erfahrung der Verfolgungen. Neben verschiedenen eher theologischen Schriften verfasste er *De mortibus persecutorum* („Über die Todesarten der Verfolger"), trotz ihrer prochristlichen Tendenz eine unserer wichtigsten Quellen für die Tetrarchen wie für Konstantin.

Eusebius (geb. vor 294/5, gest. um 340), Bischof von Caesarea, verfasste zahlreiche Schriften, u. a. die erste Kirchengeschichte (*Historia ecclesiastica*), die von den Anfängen der christlichen Kirche bis zur Errichtung der Alleinherrschaft Konstantins reicht. Er versuchte aufzuzeigen, wie der göttliche Logos römische und christliche Geschichte zusammenführte und der christlichen Religion durch Konstantin zum Sieg verhalf. Seine Konstantinbiographie *Vita Constantini* ist unverkennbar durch seine Konzeption eines christlichen Kaisertums geprägt, die ihn an einigen Stellen verleitete, die Affinitäten des Kaisers zum Christentum zu überzeichnen. Dennoch hat sie einen hohen Quellenwert, der insbesondere darin begründet liegt, dass Eusebius hier zahlreiche Dokumente, etwa Edikte und Briefe Konstantins, eingearbeitet hat, die heute mehrheitlich als echt angesehen werden.

Zu den genauen Umständen machen Laktanz und Eusebius unterschiedliche Angaben. Laktanz schreibt dazu folgendes: *Konstantin wurde im Schlaf ermahnt, das himmlische Zeichen Gottes auf den Schilden anzubringen und so die Schlacht zu beginnen. Er tat, wie ihm befohlen war, und indem er den Buchstaben X zur Seite drehte und die Spitze umbog, stellte er Christus auf den Schilden dar* (Laktanz, *De mortibus persecutorum* 44,5).

Eusebius überliefert hingegen, Konstantin habe bereits vor dem Feldzug den Gott seines Vaters – nach dem Verständnis Konstantins war das *Sol invictus* – in mehreren Gebeten angerufen, sich ihm zu erkennen zu geben. Außerdem habe er den Gott angefleht, ihn in der bevorstehenden Auseinandersetzung zu unterstützen. Bald darauf sei ihm und dem Heer auf dem Marsch ein Kreuzeszeichen am Himmel erschienen, verbunden mit den Worten „hierdurch siege". In der folgenden Nacht habe Christus sich Konstantin im Traume gezeigt und ihn angewiesen, ein Kreuzeszeichen anzufertigen. Über die nachfolgenden Ereignisse heißt es: *Gleich bei Tagesanbruch, nachdem der Kaiser aufgestanden war, erzählte er seinen Freunden von dem geheimnisvollen Vorfall. Anschließend beorderte er Künstler zu sich, die in der Bearbeitung von Gold und Edelsteinen erfahren waren, setzte sich mitten unter sie, beschrieb ihnen die Gestalt des Zeichens und gab ihnen den Auftrag, dieses in Gold und Edelsteinen genau nachzubilden. [...] Das Zeichen war auf folgende Weise gefertigt: ein langer goldüberzogener Lanzenschaft trug eine Querstange und hatte damit die Gestalt des Kreuzes. Am oberen Rande des Lanzenschaftes war ein Kranz befestigt, der aus Edelsteinen und Gold hergestellt war und in dem das Zeichen für den Namen des Erlösers angebracht war: zwei Buchstaben, die als Anfangsbuchstaben den Namen Christi bezeichneten, indem das Rho in der Mitte durch das Chi gekreuzt wurde. Diese Buchstaben pflegte der Kaiser in der Folgezeit auch auf seinem Helm zu tragen* (Eusebius, *Vita Constantini* 1,30f.).

Auch die zeitgenössischen paganen Autoren, besonders die Lobredner, die sich Konstantin widmeten, wussten, dass der Kaiser seinen außerordentlichen Sieg auf eine bestimmte Gottheit zurückführte, die ihm zuvor in einer Vision erschienen war und sich ihm hier zu erkennen gegeben hatte. Ihnen war allerdings nicht bekannt, um welchen Gott es sich handelte. Entsprechend heißt es in einer panegyrischen Rede aus dem

Jahre 313: *Denn welcher Gott, welche Majestät, die Dir erschienen ist, hat Dich so er-mahnt, dass Du, obwohl fast alle Deiner Begleiter und Führer nicht nur leise murrten, sondern ihre Furcht sogar offen zum Ausdruck brachten, gegen die Ratschläge der Men-schen und gegen die Warnungen der Opferschauer für Dich selbst erkannt hast, dass die Zeit für die Befreiung der Stadt gekommen war? Du hast, Konstantin, in der Tat irgendein Geheimnis mit dem göttlichen Geist, der, nachdem er alle Sorge um uns den niederen Göttern überlassen hat, allein Dich gewürdigt hat, sich Dir direkt zu zeigen. Andernfalls, tapferster Kaiser, gib Rechenschaft darüber, womit du gesiegt hast!* (Pane-gyrici Latini 9,2,4f.).

Auswertung der Quellenzeugnisse zur sog. „Bekehrung" Konstantins
Konzentrieren wir uns zunächst auf die Darstellungen der beiden christlichen Auto-ren. Über diese Texte gibt es seit langem zahlreiche Kontroversen. Als gesichert darf gel-ten, dass Konstantin vor der Schlacht in Form einer Vision oder eines Traumes eine Begegnung mit einem Gott hatte bzw. von einer solchen Begegnung überzeugt war. Unklar ist, wie der Kaiser diesen Gott verstan-den hat. Nach Eusebius war er sich zunächst nicht sicher, wer der Gott sei. Er wusste ledig-lich, dass es sich um den Gott handelte, auf den sich schon sein Vater berufen hatte. Erst in dem Traum kurz vor der Schlacht erfuhr er, dass er es mit dem Christengott zu tun hatte. Laktanz ver-mutet hingegen, dass Konstantin ihn von Beginn an als den Gott der Christen gesehen habe.

Silbermedaillon von Ticinum, Vorderseite

Einige Forscher folgen den Darstellungen der beiden antiken Autoren und nehmen an, dass Kon-stantin sich (spätestens) seit diesem Zeitpunkt als Christ verstanden habe. Als weiterer Beleg für diese These führen sie ein Medaillon an, das sog. Silber-medaillon von Ticinum, das im Jahre 315 im Auftrage Konstantins angefertigt wurde.

Auf diesem Medaillon findet sich das Christusmonogramm in der von Eusebius be-schriebenen Form am Helm des Kaisers dargestellt, außerdem ein Szepter über dem Schild Konstantins, das gelegentlich als Kreuzszepter und damit als christliches Symbol gedeutet wird. Zudem verweisen sie darauf, dass der Kaiser nach seinem Einzug in Rom nicht über die *via triumphalis* zum Kapitol ging, um den Göttern ein Dankopfer darzubringen und sich als Sieger zu präsentieren. Inbesondere letzteres begreifen sie als ein zuverlässiges Indiz dafür, dass Konstantin sich dem Christentum zugewandt und gleichzeitig der paganen Religion eine Absage erteilt habe.

Andere Historiker zeigen sich hier skeptischer. Sie interpretieren die Abbildungen auf dem Medaillon anders. So betonen sie, dass das Zeichen am Helm Konstantins nicht mit Sicherheit als christliches Symbol identifiziert werden könne. Das vermeint-liche Kreuzszepter deuten sie als einen Speer mit zwei Kugeln an der Spitze. Weiterhin verweisen sie darauf, dass auf der Rückseite des Medaillons neben Konstantin und sei-nem Heer die (pagane) Siegesgöttin Victoria abgebildet sei. Zudem heben sie hervor, dass dieses Medaillon nur eine außerordentlich geringe Verbreitung erfuhr, wir kennen lediglich drei Exemplare. Es kann daher in der Repräsentation des Kaisers keine zentra-le Rolle gespielt haben. Die Tatsache, dass Konstantin nicht zum Kapitol zog, begründen sie damit, dass es sich bei seinem Erfolg über Maxentius nicht um einen Triumph über einen äußeren Feind handelte, sondern um den Sieg in einem Bürgerkrieg, der traditionell nicht mit einem Triumphzug gefeiert wurde.

Eine wichtige Quelle, die in diesem Zusammenhang weiterhelfen kann, ist der Konstantinsbogen, der 315 anläßlich der Decennalien, des zehnjährigen Regierungsjubiläums des Kaisers, auf Initiative des Senats und Volkes von Rom in der Hauptstadt für den Kaiser errichtet wurde. Für unsere Fragestellung sind sowohl die Inschriften auf dem Monument wie auch sein Bildschmuck aufschlussreich. Von den Inschriften ist insbesondere diejenige, die sich auf den beiden Attiken des Bogens befindet, informativ.

Inschrift auf dem Konstantinsbogen

Für den Imperator Caesar Flavius Constantinus, den größten, frommen und glückbringenden *Augustus*, haben Senat und Volk von Rom diesen durch Triumphe ausgezeichneten Bogen geweiht, weil er durch die Eingebung einer Gottheit (*instinctu divinitatis*) mit der Größe seines Geistes und seinem Heer den Staat sowohl an dem Tyrannen als auch zugleich an dessen gesamter Anhängerschaft mit gerechten Waffen gerächt hat.

(Dessau, *Inscriptiones Latinae Selectae* 694)

In dem Text wird also von einer göttlichen Macht gesprochen, der Konstantin seinen Sieg verdanke. Bezeichnenderweise ist ihr kein Name gegeben, ein klares Bekenntnis zum Christengott ist hier demnach nicht zu erkennen. Die Formulierung *instinctu divinitatis* ist vielmehr so abstrakt gewählt, dass man die Gottheit durch verschiedene Götter konkretisieren konnte. Die Christen hatten die Möglichkeit, hier einen Verweis auf ihren Gott zu sehen, Anhänger anderer Kulte konnten je nach Interesse eine andere Gottheit einsetzen. Diese Offenheit war höchstwahrscheinlich intendiert.

Der Bilderschmuck am Konstantinsbogen trägt hingegen unzweifelhaft pagane Züge. Bei seiner Beurteilung ergibt sich allerdings ein Problem: Der Bogen wurde nicht vollständig neu gestaltet, sondern aus Elementen früherer Bauwerke zusammengesetzt. Auch der Bilderschmuck enthält ältere Bestandteile. Dennoch können wir aufgrund der Ergebnisse archäologischer Forschung sicher sein, dass einige der eindeutig paganen Szenen aus konstantinischer Zeit stammen. Es handelt sich dabei um die Abbildungen verschiedener Gottheiten, darunter des Sonnengottes Sol, sowie um die Darstellung von Opferszenen. Diese Bildnisse lassen keinerlei christliche Deutung zu. Nun mag man kritisch einwenden, der Bogen sei im Auftrag des Senats errichtet worden und könne damit nicht als Ausdruck des Selbstverständnisses Konstantins interpretiert werden. Dass die Initiative zu diesem Monument beim Senat lag, ist unstrittig. Allerdings ist nicht denkbar, dass bei einem so herausragenden Monument Darstellungen und Formulierungen verwendet wurden, die nicht mit dem Kaiser abgestimmt waren. Pagane Elemente finden sich in dieser Zeit auch in anderen Quellen, auf deren Gestaltung Konstantin zweifellos Einfluss hatte: Auf den Münzen wurde beispielsweise der Sonnengott *Sol invictus* bis 324/25 noch vielfach dargestellt.

Sowohl der Konstantinsbogen als auch die Münzen lassen sich als Selbstzeugnisse des Kaisers auffassen. Aus diesen Quellen können wir nicht zuverlässig ablesen, wie Konstantin persönlich über die göttliche Vision gedacht hat. Wir bekommen aber gute Informationen darüber, welches Bild er von diesem Phänomen vermitteln wollte. Dabei fällt auf, dass der Kaiser Symbole und Begriffe wählte, die sowohl für die Anhänger der paganen Religion als auch für die Christen akzeptabel waren. Warum verfuhr er so? Zu dieser Frage werden unterschiedliche Positionen vertreten. Die Forscher, die Konstantin eine eindeutig christliche Haltung zuschreiben, nehmen zumeist an, er habe hier gezwungenermaßen gegen seine persönliche Überzeugung gehandelt, da er den Erwartungen der mehrheitlich paganen Reichsbevölkerung entsprechen musste. Den meisten aber scheint dies für die hier zur Debatte stehende Phase der konstantinischen Herrschaft zu christlich gedacht.

Dass Konstantin in dieser Zeit in irgendeiner Form mit dem Christengott in Berührung gekommen ist, darf als gesichert gelten. Dafür spricht insbesondere die Tatsache, dass nunmehr auch christliche Elemente in seiner Selbstdarstellung auftraten. Mit dem Begriff „Bekehrung" sollte man jedoch vorsichtig sein. Die christlichen Zeugnisse reichen nicht aus, um von einer ausdrücklichen Hinwendung zum Christentum zu sprechen. Um das Verhältnis des Kaisers zur Religion der Christen zu erfassen, ist es lohnend zu betrachten, wie er den Christengott anfänglich verstand. Viele Forscher halten es für wahrscheinlich, dass er ihn zunächst als Konkretisierung des Sonnengottes auffasste, den er ja bereits als den Gott seines Vaters kennengelernt und dem er sich selbst schon zugewandt hatte. Diese Deutung ist auch deshalb überzeugend, weil *Sol invictus* in den Folgejahren noch eine entscheidende Rolle in der Repräsentation des Kaisers spielte. Das Bedürfnis, den abstrakten Sonnengott mit einer anderen Gottheit zu identifizieren und damit konkreter zu fassen, ist uns bereits zwei Jahre zuvor begegnet, als der Kaiser in ähnlicher Weise Apollon mit dem Sonnengott gleichsetzte. Damit hätte Konstantin – zumindest in dieser frühen Phase – ein synkretistisches Verständnis des Christengottes gehabt, d. h., er hätte ihn mit einer anderen Gottheit „vermischt". Eine solche Auffassung wäre nichts Ungewöhnliches, wir kennen eine ganze Reihe ähnlicher Beispiele aus konstantinischer Zeit.

Entscheidend ist, dass Konstantin wie auch seine Soldaten den Gott, unter dessen Symbol sie in die Schlacht gezogen waren, als denjenigen erfuhren, der ihnen den Sieg geschenkt hat. Er hat sich damit als stärker erwiesen als die Gottheiten, auf die sich die Gegenseite berief. Uns mag das profan erscheinen, in der Antike aber war eine solche Haltung gegenüber Göttern insbesondere in politischen Kontexten nicht ungewöhnlich.

Selbst ein so ausdrücklich christlich geprägter Autor wie Eusebius betrachtete eine solche Auffassung geradezu als selbstverständlich, wie seine Schilderung der Szene verdeutlicht, die der Vision vorausging. Der Bischof beschreibt, wie Konstantin hier gezielt nach einer Gottheit suchte, die sich als Schlachtenhelfer eignete: *Konstantin sann darüber nach, dass er einer mächtigeren Hilfe bedurfte, als Heere sie bieten könnten, da der Tyrann (Maxentius) sich intensiv um schlimme Künste und trügerische Zaubereien bemühte. Aus diesem Grunde suchte er in Gott einen Helfer und setzte erst in zweiter Linie auf seine Ausrüstung und die Größe seines Heeres, weil er davon überzeugt war, dass all dies nichts zu leisten imstande war, wenn ihm Gottes Hilfe fehlte. Die göttliche Unterstützung hielt er demgegenüber für gänzlich unbesiegbar. Als er sich nun ernstlich Gedanken darüber machte, welchen Gott er denn annehmen solle, da fiel ihm ein, dass in der Vergangenheit, als mehrere Männer die Macht ergriffen hatten, die einen von ihnen, die ihre Hoffnung auf mehrere Götter gesetzt und diese mit Weinspenden, Opfern und Weihegeschenken geehrt hatten, erst durch gefällige Weissagungen und glückverheißende Orakelsprüche getäuscht worden waren und dann ein unglückliches Ende gefunden hatten, ohne dass einer von ihren Göttern sie unterstützt hätte, um sie vor dem vom Himmel bestimmten Untergang zu bewahren. Lediglich sein Vater habe den entgegengesetzten Weg eingeschlagen, ihren Irrtum verworfen und den über der Welt*

thronenden Gott während seines ganzen Lebens verehrt und ihn als Retter und Schüt-
zer des Reiches sowie Gewährer alles Guten betrachtet. Dies überlegte Konstantin bei
sich und erinnerte sich, dass jene auf eine große Zahl von Göttern vertraut hatten und
dafür in um so größeres Verderben gestürzt waren, so dass von ihrem Geschlechte und
Stamm keine Wurzel, weder ihr Name noch die Erinnerung an sie unter den Menschen
erhalten geblieben war, während der Gott seines Vaters diesem zahlreiche und deut-
liche Zeichen seiner Macht gegeben hatte (Eusebius, *Vita Constantini* 1,27).

Der Erfolg an der Milvischen Brücke überzeugte Konstantin davon, dass er sich für
den richtigen Gott entschieden hatte. Die gute Erfahrung, die er hier machte, war der
entscheidende Grund dafür, weshalb er sich auch in den Folgejahren immer wieder
dieser Gottheit zuwandte. Spätere Ausführungen des Eusebius machen dies unmissverständlich deutlich.

V. Die Mailänder Vereinbarung und der Konflikt zwischen Konstantin und Licinius um die Macht im Osten

1. Die Mailänder Vereinbarung zwischen Konstantin und Licinius

Konstantins Politik in Rom

Nach seinem Sieg über Maxentius zog Konstantin, wie wir im vorangegangenen Kapitel gesehen haben, in Rom ein. Wie schon erwähnt, zog er nicht zum Kapitol und brachte auch keine Opfer dar – ein Triumphzug schien aus dem genannten Grunde nicht geboten. Der Kaiser agierte in Italien insgesamt sehr bedächtig: Er verzichtete auf Rache und bemühte sich um Kooperation mit der bisherigen Führungsschicht: Zahlreiche Amtsträger aus dem Stab des Licinius beließ er in ihren Funktionen. Der Senat nahm ihn voll Zustimmung an, proklamierte ihn sogleich zum *Maximus Augustus*, also zum ranghöchsten der *Augusti* im Reich. Hier können wir wieder einen Verstoß gegen das tetrarchische System konstatieren, denn eigentlich hätte diese Stellung Maximinus Daia zugestanden.

Um seine Herrschaft zu repräsentieren und die hauptstädtische Bevölkerung für sich einzunehmen, stiftete Konstantin in Rom außerdem eine ganze Reihe von Bauwerken. Die Christen profitierten dabei besonders: Sieht man von einer eher kleinen Therme ab, so ließ er vorrangig Kirchen erbauen, deren berühmteste die Laterans- und die Petrus-Basilika werden sollten (S. Giovanni in Laterano und die vatikanische Peterskirche). Diese Gotteshäuser sind auch unter architekturgeschichtlichen Gesichtspunkten bedeutsam: Die Baumeister rekurrierten hier auf den Typus der antiken Markt- oder Gerichtsbasilika und bestimmten damit die Form, die den Kirchenbau im lateinischen Westen über die nachfolgenden Jahrhunderte prägte. Schließlich ließ der Kaiser in Rom auch ein Mausoleum errichten, welches er möglicherweise zunächst für sich selbst bestimmt hatte, das aber später als Grablege für seine Mutter Helena verwendet wurde.

Die Mailänder Vereinbarung

Konstantin übernahm mit dem Herrschaftsbereich des Maxentius ein Gebiet, das ursprünglich dem Licinius zugedacht war. Er musste sich daher um ein Arrangement mit Licinius bemühen, wollte er nicht sogleich einen militärischen Konflikt heraufbeschwören. Konstantin war sich bewusst, dass er Licinius einen Ausgleich anzubieten hatte, wenn er ihm schon einen Teil seines eigentlichen Herrschaftsgebietes vorenthielt. Da er dabei keine Einbußen an seinem eigenen Einflussbereich erleiden wollte, war dies nur auf Kosten eines der anderen Kaiser zu bewerkstelligen. Hier bot sich das Gebiet des Maximinus Daia an, da es bereits an den Machtbereich des Licinius angrenzte. Licinius erkannte die Chance und überschritt sogleich die Grenze. Konstantin signalisierte seine Zustimmung, indem er die Beziehungen zu Maximinus Daia abbrach; auf eine direkte militärische Unterstützung des Licinius verzichtete er allerdings.

Im Februar 313 kamen Konstantin und Licinius in Mailand zusammen, um wichtige Absprachen bezüglich ihrer zukünftigen Politik zu treffen. Wir wissen vor allem von den Vereinbarungen, die den Bereich der Religionspolitik betrafen. Nach Angabe des Laktanz sollen die beiden Kaiser sämtliche Angelegenheiten besprochen haben, die

---

Auszug aus der Mailänder Vereinbarung

Als ich, Kaiser Konstantin, und ich, Kaiser Licinius, bei Mailand glücklich zusammengekommen sind und alles, was sich auf die Wohlfahrt und öffentliche Sicherheit bezieht, beraten haben, meinten wir, neben dem übrigen, was wir für viele Menschen für nützlich hielten oder was zuerst geregelt werden musste, wobei die Frage nach der Verehrung der Gottheit enthalten war, sowohl den Christen als auch allen anderen die Freiheit gewähren zu müssen, die religiöse Macht zu verehren, die sie wollen, so dass sich jede Gottheit auf dem Thron des Himmels uns und allen, die unserer Herrschaft unterworfen sind, gnädig und gewogen erweist. Daher glaubten wir mit gesunder und äußerst vernünftiger Überlegung, diesen Entschluss fassen zu müssen, dass niemandem die Möglichkeit verweigert werden dürfe, sich der Religion der Christen oder der Religion, die jeder für sich selbst als die angemessenste betrachtet, zuzuwenden, so dass die höchste Gottheit (*summa divinitas*), deren Religion wir mit freiem Sinn folgen, in allem ihre gewohnte Güte und Gnade erweisen kann. [...] Und wir glaubten, dass darüber hinaus für die Rolle der Christen folgendes festgesetzt werden müsse, dass, wenn jemand die Stätten, wo früher Christen zusammenkamen, von unserem Staatsbesitz oder jemand anderem gekauft hat, er sie den Christen ohne Geldabgabe oder Entschädigung und ohne irgendwelche Verzögerungen und Umschweife zurückgeben soll. Und diejenigen, die durch Geschenk in den Besitz einer solchen Stätte gelangt sind, sollen sie ebenfalls den Christen möglichst bald zurückgeben. Und sowohl die, die eine solche Stätte gekauft haben, als auch die, die durch Geschenk in ihren Besitz gelangt sind, sollen, wenn sie etwas von unserer Güte erlangen wollen, sich an den *vicarius* wenden, damit auch ihnen durch unsere Güte geholfen wird. Dies alles soll durch Deine Vermittlung der Körperschaft der Christen sofort und ohne Verzögerung übergeben werden. Da ja die Christen nicht nur die Stätten besaßen, wo sie zusammenzukommen pflegten, sondern auch anderes, was ihrer Körperschaft, das heißt der Kirche gehörte, nicht aber Privatpersonen, sollst du befehlen, dass dies alles nach dem Gesetz, das wir oben dargelegt haben, ohne jede Zweideutigkeit und ohne jeden Widerspruch genau diesen Christen, d.h. ihrer Körperschaft und ihren Gemeinden, zurückgegeben wird. Darüber hinaus wird selbstverständlich das oben Gesagte auch in diesem Sinne beachtet, dass diejenigen, die, wie wir oben gesagt haben, diese Güter ohne Erstattung zurückgeben, auf einen Ausgleich von unserer Güte hoffen dürfen. In all diesen oben erwähnten Dingen sollst Du der Körperschaft der Christen Deine wirksame Vermittlung erweisen, damit unsere Vorschrift möglichst schnell umgesetzt und auch dadurch die öffentliche Ruhe durch unsere Milde bewahrt wird. So geschieht es, dass, wie oben zusammengefasst wurde, die göttliche Gnade uns gegenüber, die wir in so wichtigen Dingen erfahren haben, bei all unseren Unternehmungen und bei der öffentlichen Wohlfahrt für alle Zeit in günstiger Weise erhalten bleibt [...].

(Laktanz, *De mortibus persecutorum* 48, 2–3. 7–11)

mit der öffentlichen Wohlfahrt und Sicherheit zu tun hatten (*De mortibus persecutorum* 48,2). Eines der wichtigsten Resultate dieser Gespräche war die sog. Mailänder Vereinbarung, die lange Zeit als Mailänder Edikt bzw. Toleranzedikt bezeichnet worden ist. Heute geht man zumeist davon aus, dass es sich um kein kaiserliches Edikt im juristischen Sinne handelte. Die Vereinbarung ist nicht unmittelbar auf uns gekommen, jedoch liegen zwei literarisch überlieferte Fassungen vor. Die eine findet sich in Laktanz' *De mortibus persecutorum*, die andere in der *Historia ecclesiastica* des Eusebius. Die Autoren zitieren zwei Schreiben, die Licinius einige Wochen nach dem Treffen in Mailand an verschiedene Statthalter im Osten sandte, um sie anzuweisen, die gefassten Beschlüsse in ihren Provinzen umzusetzen. Die Texte sind nicht völlig identisch, stimmen aber in ihren inhaltlichen Aussagen weitgehend überein. Laktanz überliefert den Brief, den Licinius an den Statthalter von Bithynien schickte.

Diese Vereinbarung bewegt sich im Wesentlichen in dem Rahmen, der durch das Toleranzedikt des Galerius vorgegeben wurde. Auch hier wird wiederum bemerkt, dass all die Kulte zuzulassen seien, die dem Wohle des Imperium Romanum dienten. Daraus ergibt sich, dass jeder, der sich auch nur für einen dieser Kulte entscheidet, bereits seine Pflicht gegenüber dem Reich erfüllt. Ebenso wie im Galeriusedikt wird festgestellt, dass auch die Christen dem Reich dienen, indem sie ihren eigenen Kult pflegen. Wie im Toleranzedikt wird versucht, den Christengott zu den traditionellen römischen Göttern „hinzuzuaddieren", die Spezifika der christlichen Religion, ihre Besonderheiten, die sie von den anderen Religionsgemeinschaften unterscheiden, werden auch hier nicht in den Blick genommen.

Aus der Tatsache, dass die Toleranz gegenüber dem Christentum ausdrücklich hervorgehoben wird, darf nicht auf eine Bevorzugung dieser Religion geschlossen werden. Gleiches gilt für die Anweisung, konfisziertes Kirchengut zurückzuerstatten. Eine solche Anordnung wurde zwar im Edikt des Galerius noch nicht getroffen, sie stellt jedoch eine logische Konsequenz seines Gesetzes dar. Wir haben bei der Beschäftigung mit dem Galeriusedikt (Kap. III) gesehen, dass dort Ausführungsbestimmungen angekündigt wurden, die aber wegen des Todes des Kaisers nicht mehr erlassen wurden. Man vermutet, dass hier entsprechende Anordnungen zur Rückgabe des enteigneten Kirchenvermögens getroffen werden sollten. Dies war notwendig geworden, nachdem die christliche Kirche den anderen Kultgemeinschaften juristisch gleichgestellt worden war.

Im Sinne des Galeriusediktes sollten die Anhänger der verschiedensten akzeptierten Kulte gleich behandelt werden. Dass das Christentum hier keineswegs zu bevorzugen war, ergibt sich auch aus der Verwendung des Begriffs „höchste Gottheit" (*summa divinitas*), mit der sich Christen wie Nichtchristen arrangieren konnten. Diese Formulierung ist ähnlich geartet wie das „*instinctu divinitatis*", das wir schon vom Konstantinsbogen kennen, der etwa zwei Jahre nach dieser Vereinbarung eingeweiht wurde.

Wir dürfen insgesamt feststellen, dass mit dieser Absprache die notwendigen Konsequenzen aus dem Galeriusedikt gezogen und reichsweit verbindlich festgeschrieben wurden. Das frühere Edikt wurde damit bekräftigt und seine Umsetzung durch genaue Bestimmungen sichergestellt. Insbesondere für die christliche Kirche war dieser Schritt von entscheidender Bedeutung. Des weiteren bildeten die Gespräche in Mailand die Grundlage für eine friedliche Koexistenz der beiden *Augusti*, die einige Jahre andauerte. Durch die Eheschließung zwischen Licinius und Constantia, der Halbschwester Konstantins und ehemaligen Verlobten des Maxentius, die ebenfalls in Mailand verabredet wurde, sollte die neue Bindung überdies bestärkt werden.

2. Die Auseinandersetzung zwischen Licinius und Maximinus Daia

Wir haben oben gesehen, dass Konstantin und Licinius stillschweigend vereinbart hatten, dass letzterer mit Konstantins Billigung einen Übergriff auf das Gebiet des Maximinus Daia unternehmen konnte, um sich einen Ersatz für das in Italien an Konstantin verlorene Land zu verschaffen. Maximinus Daia musste also mit einem baldigen Angriff rechnen. Während die beiden *Augusti* noch in Mailand verhandelten, unternahm er einen erfolgreichen Feldzug gegen Byzanz und marschierte anschließend in Thrakien ein, um sich für den Konflikt mit Licinius eine bessere Ausgangsposition zu verschaffen. Als hier in den Städten Unruhen ausbrachen, milderte auch er seine Haltung gegenüber den Christen und verkündete Toleranz.

Wie erwartet griff Licinius ihn bald darauf an und besiegte ihn im April 313 nahe Adrianopel. Planmäßig übernahm Licinius daraufhin das Herrschaftsgebiet des Maximinus. Dieser floh zunächst nach Kappadokien und verkündete noch einmal Toleranz gegenüber den Christen, um bei der Bevölkerung für sich zu werben. Er erließ sogar ein Toleranzedikt, in dem er auch die Rückgabe beschlagnahmter Kirchengüter in Aussicht stellte. Aber vergeblich, Licinius blieb ihm dicht auf den Fersen. Maximinus Daia nahm sich schließlich im Juli 313 in Tarsos das Leben, nachdem Licinius bereits begonnen hatte, die Stadt zu belagern. Seine Familie wie auch seinen Helferstab ließ Licinius umbringen.

Von Laktanz erfahren wir, dass Licinius vor der Entscheidungsschlacht seine Soldaten ein Gebet habe sprechen lassen, das sich an einen *summus deus* gerichtet habe, während Maximinus und sein Heer sich in herkömmlicher Weise auf Jupiter als Schutzgott berufen hätten (*De mortibus persecutorum* 46). Als eine Hinwendung zum Christengott wird man die Entscheidung des Licinius, abweichend von der Darstellung des Laktanz, sicher nicht werten dürfen. Vielmehr ist anzunehmen, dass er *summus deus* im Sinne der *summa divinitas* der Mailänder Vereinbarung verstand: als eine höchste Gottheit, die unterschiedlich konkretisiert werden konnte und die andere Götter keineswegs ausschloss, sondern sie umfasste und sich an ihre Spitze setzte. Eine derartige göttliche Macht war für all seine Soldaten annehmbar. Licinius selbst scheint vor allem dem Sonnengott zugeneigt gewesen zu sein und dürfte die höchste Gottheit in dieser Weise verstanden haben. Von einem Krieg zwischen einem Christen und einem Anhänger der paganen Religion sollten wir demnach hier – anders als Laktanz es tut – nicht sprechen.

3. Der Konflikt zwischen Konstantin und Licinius

Im Jahre 315 beging Konstantin in Rom die Decennalien, sein zehnjähriges Regierungsjubiläum. Anläßlich dieses Festes stifteten ihm der Senat und das Volk von Rom den oben schon erwähnten Bogen auf dem *Forum Romanum*. Er selbst nutzte die Gelegenheit, um noch einmal seinen Sieg über Maxentius sowie die Erfolge, die er an der Rheingrenze in den Kämpfen gegen die Franken errungen hatte, herauszustreichen. Eine ganze Reihe von Münzen und Inschriften, die nun entstanden, zeugen von diesen Ereignissen. Auch dass der Kaiser für diese Festivität die Metropole Rom wählte und sie nicht etwa in einer seiner Residenzstädte abhielt, war sicher kein Zufall: Unmissverständlich brachte er damit seinen Anspruch auf die Vormachtstellung im Reich zum Ausdruck. Licinius dürfte die Zeichen wahrgenommen haben.

Noch aber kam es nicht zum Konflikt zwischen den beiden *Augusti*. Nach Licinius'

Sieg über Maximinus Daia vollzogen sie zunächst die mittlerweile üblich gewordene Aufgliederung des Reiches in östliche und westliche Provinzen: Konstantin dominierte den Westen, Licinius den Osten.

Versuche Konstantins, den eigenen Einflußbereich zu erweitern

Der *Augustus* des Westens machte jedoch bald deutlich, dass er mit dieser Regelung nicht wirklich zufrieden war. Auf die Dauer war er keineswegs bereit, sich mit einer Position zu arrangieren, die sich kaum von der des Licinius unterschied. Konstantin beanspruchte für sich die reale Vorherrschaft, der Titel eines *Maximus Augustus* genügte ihm nicht mehr.

Kurz darauf schon strebte er eine Neuverteilung der Herrschaftsbereiche zu seinen Gunsten an. Dazu unterbreitete er Licinius den Vorschlag, den ehemaligen Reichsteil des Maximianus wiederherzustellen. Dies mutet zunächst eigenartig an; betrachtet man aber das weitere Prozedere, so wird schnell deutlich, was Konstantin mit dem Schritt bezweckte. Voraussetzung für die Restauration des vormaligen Herrschaftsgebietes des Maximianus war, dass beide Regenten sich bereit erklärten, einen Teil ihres Bereiches dafür zur Verfügung zu stellen. Konstantin wollte verschiedene Gebiete in Italien und Nordafrika abtreten, Licinius sollte auf Pannonien verzichten. Dieser Vorschlag scheint auf den ersten Blick Licinius zu begünstigen, tatsächlich aber trügt der Eindruck: Konstantin hatte nämlich die Absicht, in dem neu einzurichtenden Reichsteil ein Mitglied seiner Familie als Herrscher einzusetzen. Bassianus, der Ehemann seiner Halbschwester Anastasia, sollte hier als Regent fungieren. Auf diese Weise also würde er seinen eigenen Einflussbereich auf Kosten des Licinius vergrößern, ohne sich dafür militärisch engagieren zu müssen. Bassianus war politisch unerfahren und wäre nicht viel mehr als eine Marionette Konstantins gewesen. Unter derartigen Bedingungen war die Maßnahme für Licinius völlig inakzeptabel, folgerichtig lehnte er ab. Kurz darauf soll er sogar den Versuch unternommen haben, Bassianus selbst gegen Konstantin aufzubringen. Dazu bediente er sich des Senecio, eines Bruders des Bassianus, der in seinem Herrschaftsbereich lebte. Der Plan wurde jedoch vorzeitig bekannt. Konstantin erfuhr davon, ließ Bassianus hinrichten und forderte von Licinius die Auslieferung des Senecio. Als Licinius dies verweigerte, konnte Konstantin schlussfolgern, dass der *Augustus* an der Angelegenheit nicht unbeteiligt war.

Die Zuspitzung des Konfliktes zwischen den beiden *Augusti*

Nach diesem Ereignis kam es 316 zum offenen Krieg zwischen den beiden Kaisern. Den entscheidenden Anlass bildete ein Affront des Licinius gegen Konstantin: Er ließ in seinem Reichsteil die Statuen des Mitkaisers umstürzen und entzog ihm so symbolisch die Anerkennung. Ein erster Sieg Konstantins bei Cibalae (Vinkovci) in Pannonien führte zu keiner Entscheidung, Licinius konnte sich noch einmal nach Thrakien zurückziehen. Nach einer Niederlage bei Mardia nahe Adrianopel (Edirne) musste Licinius einen Großteil seiner Gebiete im Westen an Konstantin abtreten, darunter auch seine Residenz Sirmium in Pannonien. Trotz dieser Verluste aber wollte er sich noch nicht geschlagen geben.

Konstantin ersann einen neuen Weg, seine Position zu erhöhen: Er erhob am 1. März 317 im Alleingang in Serdica drei neue *Caesares*: Licinianus, Crispus und Constantin II. Licinianus war der erst zweijährige Sohn aus der Ehe zwischen Licinius und Constantia, er sollte seinen Vater im Osten „unterstützen". Die beiden anderen *Caesares* hatten nach seinem Willen im Westen tätig zu werden. Crispus war ein zwölfjähri-

ger unehelicher Sohn Konstantins, Constantin II. der Sohn Konstantins mit seiner Ehefrau Fausta, der zu diesem Zeitpunkt erst wenige Tage alt war. Sowohl für den Osten als
auch für den Westen bestimmte er also die *Caesares* nach dem dynastischen Prinzip.
Dennoch wurden die beiden Reichsteile und damit Licinius und Konstantin keineswegs
gleich behandelt: Konstantin wies sich selbst zwei *Caesares* zu, Licinius hingegen nur
einen. Überdies bestimmte Konstantin, dass die *Caesares* in den folgenden drei Jahren
jeweils gemeinsam mit ihrem *Augustus* den Konsulat übernehmen sollten. Auch im
Hinblick auf die Bekleidung des Konsulnamtes war Konstantin damit wieder im Vorteil:
Er durfte diese Ehre faktisch zweimal für sich in Anspruch nehmen, Licinius nur einmal.

Zudem bemühte sich Konstantin in diesen Jahren, seine Legitimation zu stärken
und seine Repräsentation entsprechend umzugestalten. So pries er beispielsweise in
einer Münzserie von 318 seine kaiserlichen Vorfahren, die mittlerweile sämtlich ver-
göttlicht worden waren: seinen Vater Constantius Chlorus, seinen Schwiegervater Maximianus und Claudius II. Gothicus, einen Kaiser des 3. Jahrhunderts, zu dem er eine ver-
wandtschaftliche Bindung konstruiert hatte. Auf diese Weise betonte Konstantin seinen
Herrschaftsanspruch sowohl mit dynastischen wie auch mit religiösen Argumenten. Der
Verweis auf Maximianus muss in diesem Zusammenhang eigentlich erstaunen, wenn
man bedenkt, dass Konstantin ihn nach seinem Usurpationsversuch zum Staatsfeind erklärt hatte. Möglicherweise hatte man diese Ereignisse mit den Jahren verdrängt. Eventuell hat auch Konstantins Ehefrau Fausta, die Tochter Maximians, in dieser Angelegenheit auf ihren Gatten eingewirkt.

In den folgenden Jahren hatte Konstantin verschiedene militärische Herausforderungen zu bestehen: Sowohl an der Rheingrenze als auch an der Donau flackerten die
Kämpfe immer wieder auf. 323 schlugen sich Konstantins Truppen mit Sarmaten und
Goten. Diese Auseinandersetzung war vor allem deshalb von Bedeutung, weil Konstantin in ihrem Verlaufe auf das Gebiet des Licinius übergriff und damit die Spannungen
zwischen den beiden *Augusti* wieder verstärkte. Er selbst dürfte das Vorgehen damit begründet haben, dass Licinius sich nicht genügend gegen diese Gegner engagierte und
sein Eingreifen damit notwendig wurde. Dass Licinius dies aber als gezielte Provoka-
tion verstehen musste, wird Konstantin klar gewesen sein.

Nach kurzer Zeit kam es wieder zum offenen Konflikt zwischen den beiden
Augusti. Licinius ließ Münzen einschmelzen, die Konstantin anläßlich seiner verschiedenen Siege hatte prägen lassen. Auch übte er in seinem Reichsteil wieder Druck auf
die Christen aus und handelte damit der Mailänder Vereinbarung zuwider. Ähnlich wie
Diocletian versuchte er, die Kirche als Institution zu treffen. Sie durfte keine Synoden
abhalten und keine neuen Bischöfe ernennen. Außerdem entfernte er die Christen aus
der Verwaltung und dem Heer. Schließlich haben wir Anzeichen dafür, dass er die Verehrung des Sonnengottes in dieser Zeit besonders demonstrativ betrieb. Aus welchen
Gründen Licinius zu diesen Maßnahmen griff, kann nur vermutet werden. Möglicherweise wollte er sich damit gezielt gegen die Gruppe wenden, die Konstantin in seinem
Reichsteil mittlerweile entschieden förderte. So jedenfalls interpretiert Eusebius seine
Politik (*Vita Constantini* 1,56). Denkbar ist aber auch, dass er mit seinen Maßnahmen
gegen die Christen einen innerkirchlichen Konflikt, der sich in dieser Zeit im Osten verbreitete, den sog. Arianismusstreit (vgl. dazu Kap. IX), unterdrücken wollte, um so die
öffentliche Ordnung aufrechtzuerhalten.

Welches auch immer sein Motiv gewesen sein mag, es ist offenkundig, dass er religiöse Fragen verstärkt in den Mittelpunkt der politischen Auseinandersetzung mit Kon-

stantin rückte. Auch Konstantin verwendete ein Instrument mit religiöser Implikation, um seine Position in dem Konflikt zu stärken: Er führte ein neues Feldzeichen ein, das **Labarum**.

> Beim **Labarum** handelte es sich um einen goldenen Schaft, an dem eine Querstange befestigt war, an der wiederum ein quadratisches, purpurfarbenes, mit Goldfäden durchwirktes und mit Edelsteinen besetztes Fahnentuch hing. Über der Querstange befand sich das Christogramm in einem Lorbeerkranz. Dieses Zeichen trat nun an die Stelle des Adlers, der bislang als Feldzeichen (*vexillum*) gedient hat.

Das Labarum wurde allgemein als Sieges- und Triumphzeichen betrachtet. Es dokumentierte, dass das Heer unter dem Schutze des Christengottes stand. Man hat es in der Forschung als eine Synthese aus einem militärischen und einem religiösen Banner bezeichnet. Das Feldzeichen des römischen Heeres hatte traditionell nicht nur eine militärische Bedeutung, sondern immer auch eine religiöse Implikation. Es wurde sogar kultisch verehrt, in einem speziellen Raum aufbewahrt, bekränzt und gesalbt. Auch hatte es eine besondere Ehrenwache. Das Labarum erhielt nun eine ebensolche Bewachung. Aufgrund seiner Nähe zu den alten Feldzeichen war es trotz christlicher Symbolik für die nichtchristlichen Soldaten wahrscheinlich leichter anzunehmen als zuvor das Kreuzzepter: Von den herkömmlichen *vexilla* unterschied es sich nur durch das Christogramm.

Unsere wichtigsten Informationen über das Labarum stammen aus der Darstellung des Eusebius in der *Vita Constantini*. Er beschreibt es im Zusammenhang mit dem Traum, in dem Christus Konstantin vor der Schlacht an der Milvischen Brücke aufforderte, das Christogramm zu fertigen. Eusebius trennt damit nicht zwischen Kreuzzepter und Labarum, sondern bringt die beiden Zeichen von Beginn an zusammen. Sie ähnelten einander tatsächlich sehr, waren aber wohl nicht identisch: das Kreuzzepter verfügte nicht über das Fahnentuch, das für das Labarum wie für die meisten alten Feldzeichen charakteristisch war.

In der heutigen Forschung wird mehrheitlich die Auffassung vertreten, dass das Labarum erst in dem eben besprochenen Zusammenhang um 324 aufgetreten ist. Den ersten direkten Nachweis durch Münzabbildungen haben wir 327; dieses Jahr ist damit der spätestmögliche Zeitpunkt (*terminus ante quem*), an dem es entstanden sein kann. Die meisten Historiker sprechen sich für 324 aus und stellen es damit in den Kontext der Schlachten gegen Licinius.

Im Jahre 324 also kam es zu den Gefechten zwischen Konstantin und Licinius, die die Entscheidung brachten. Beide Kaiser setzten nun größere Armeen ein als in den bisherigen Auseinandersetzungen. Der Krieg wurde zu Lande wie zu Wasser geführt. Obwohl das Heer des Licinius dem Konstantins aufgrund seiner gotischen Hilfstruppen zahlenmäßig überlegen war, erlitt Licinius am 3. Juli bei Adrianopel eine schwere Niederlage. Seine Flotte wurde kurz darauf von Konstantins Flotte, die sein Sohn Crispus befehligte, vor den Dardanellen besiegt. Auch das strategisch wichtige Byzanz am Bosporos konnte Licinius nicht mehr halten. Nach einer zwei Monate andauernden Belagerung nahm Konstantin mit seinen Truppen die Stadt ein. Ähnlich wie vor der entscheidenden Schlacht gegen Maxentius soll Konstantin auch in dieser Situation wieder Instruktionen vom Christengott erhalten haben. Eusebius berichtet (*Vita Constantini* 2,12), dass Konstantin in einem Zelt entfernt vom Heerlager zu seinem Schutzgott gebetet habe. Dort seien ihm Erscheinungen zuteil geworden, die ihn veranlasst hätten, voll Begeisterung aus seinem Zelt herauszuspringen und das Heer anzuhalten, sofort aufzubrechen und den Kampf zu beginnen.

Am 18. September errang Konstantin den endgültigen Sieg über Licinius bei Chrysopolis, dem heutigen Üsküdar. Auch wenn in diesem Konflikt intensiver als in früheren Auseinandersetzungen mit religiösen Zeichen operiert wurde und verstärkt religionspolitische Maßnahmen durchgeführt wurden, darf man nicht von einem Religionskrieg sprechen. Von christlichen Autoren wie Eusebius sollte man sich bei der Einschätzung dieses Krieges nicht allzu sehr leiten lassen.

Trotz seiner schweren Niederlagen unternahm Licinius noch einen letzten Versuch, die Kaiserwürde zu wahren. Seine Frau Constantia, die Halbschwester Konstantins, soll sich bei ihm für ihren Gatten verwandt haben, allerdings ohne Erfolg. Es wird berichtet, Licinius habe geplant, den Kaiserthron gewaltsam mit Unterstützung barbarischer Hilfstruppen zurückzuerobern. Als sich ein entsprechendes Gerücht verbreitete, sollen Konstantins Soldaten ihren *Augustus* aufgefordert haben, Licinius zu töten. Ob die Initiative hier tatsächlich beim Heer oder nicht vielmehr bei Konstantin selbst lag, lässt sich nicht sicher entscheiden. Fest steht, dass der Kaiser Licinius hinrichten ließ, die *damnatio memoriae* über ihn verhängte und seine Gesetze aufhob. Zugleich enthob er Licinius' Sohn Licinianus seiner Caesaren-Stellung und ließ auch ihn töten. Nachfolger als *Caesar* im Osten wurde Konstantins Sohn Constantius. Zum ersten Male seit langem herrschte jetzt nur noch ein einzelner *Augustus* über das gesamte Römische Reich: Konstantin.

VI. Die Alleinherrschaft Konstantins

1. Die Übernahme der Herrschaft im Osten und die Selbstdarstellung Konstantins in den ersten Jahren seiner alleinigen Herrschaft

Konstantin war nun also alleiniger *Augustus*. Nach seinem Sieg über Licinius bemühte er sich zunächst, auch die Bewohner des östlichen Reichsteiles für sich zu gewinnen, was ihm ohne nennenswerte Schwierigkeiten gelang. Viele Menschen und ganz besonders die Christen, die in der letzten Phase der Herrschaft des Licinius sehr gelitten hatten, nahmen den neuen Regenten mit Begeisterung an. Sie hatten von seiner Toleranzpolitik im Westen (vgl. dazu Kap. IX) gehört und hofften nun auch für sich eine wesentliche Verbesserung ihrer Lebenssituation. Eusebius fasst die Stimmung unter den Christen folgendermaßen in Worte: *So lag Licinius besiegt am Boden. Konstantin aber, der mächtige Sieger, ausgezeichnet durch die Tugend der Gottesfurcht, nahm gemeinsam mit seinem Sohn Crispus, dem gottgeliebten Kaiser, der seinem Vater in allem ähnlich war, den ihm zustehenden Osten in Besitz und schuf so wieder in traditioneller Manier ein einziges und einheitliches Römisches Reich, indem sie alle Länder des Erdkreises ringsum vom Osten bis zum äußersten Westen, samt dem Norden und dem Süden ihrer friedlichen Herrschaft unterwarfen. Den Menschen war nun jede Furcht genommen, die sie bislang bedrängt hatte. In Glanz und Prunk begingen sie festliche Tage. Alles war von Licht erfüllt. Und die, die einander zuvor niedergeschlagen angeblickt hatten, sahen sich nun lächelnd und mit strahlenden Augen an. In den Städten wie auf dem Lande ließen sie Gott, dem König der Könige, in Reigen und Liedern die gebührende Ehre zuteil werden. Daraufhin ehrten sie den frommen Kaiser und seinen gottgeliebten Sohn. Die alten Leiden waren vergessen und jegliche Erinnerung an Gottlosigkeit ausgelöscht. Man freute sich über die gegenwärtigen Güter und erwartete sehnsüchtig die kommenden. Und an allen Orten wurden die Erlasse des siegreichen Kaisers, die voll von Menschenfreundlichkeit waren, sowie die Gesetze, die von seiner Freigebigkeit und wirklichen Gottesfurcht zeugten, angeschlagen* (Eusebius, *Historia ecclesiastica* 10,9,6–8).

Auch wenn dieser Text ganz offensichtlich durch die panegyrische Intention des Autors sowie seine Konzeption eines christlichen Imperium Romanum geprägt ist, gibt er die Stimmung einer Vielzahl von Christen in dieser Zeit doch anschaulich wieder. Er dokumentiert nicht nur ihre Freude über den Sieg Konstantins, sondern bringt auch treffend zum Ausdruck, wie stark sich viele von ihnen mittlerweile mit dem Römischen Reich identifizierten. Die vormaligen Probleme zwischen römischem Staat und christlicher Kirche schienen vergessen.

Wie Konstantin selbst seinen Sieg verstanden wissen und welches Bild seiner Herrschaft er vermitteln wollte, wird in verschiedenen Edikten und offiziellen Briefen des Kaisers deutlich, die kurz nach dem Ereignis entstanden sind. Aufschlussreich ist hier insbesondere ein Brief, der sich an die Bewohner der östlichen Provinzen richtete und im Jahre 324 verfasst wurde.

Auszug aus einem Brief Konstantins an die Bewohner der östlichen Provinzen

Schon seit langem war bei allen, die Gott richtig und besonnen einschätzten, zweifelsfrei klar, welch großer Unterschied zwischen denjenigen besteht, die die ehrwürdigste Orientierung an der christlichen Religion praktizieren, und denen, die sie anfeinden und verächtlich behandeln wollen. Nun aber wird durch glänzende Taten und strahlende Ereignisse noch deutlicher gezeigt, wie unvernünftig der Zweifel und wie groß die Macht Gottes ist, weil diejenigen, die treu und ehrfürchtig das heilige Gesetz erfüllen und keines der Gebote zu übertreten wagen, alles Gute im Überfluss haben und für ihre Unternehmungen mit vorzüglicher Kraft und besten Hoffnungen ausgestattet sind, wohingegen bei denjenigen, die eine gottlose Gesinnung hatten, die Folgen entsprechend waren. Wie sollte denn auch jemand etwas Gutes erlangen, der Gott, den Urheber alles Guten, weder anerkennt noch angemessen verehren will? Die Tatsachen bestätigen meine Worte. […] Als nun die Menschen von so großer und schwerer Gottlosigkeit ergriffen waren und der Staat in Gefahr war, wie von einer pestartigen Krankheit gänzlich zugrunde gerichtet zu werden, und rettende Hilfe notwendig war, welche Erleichterung, welche Rettung erdachte da die Gottheit? Für die Gottheit muss das gehalten werden, was einzig und wahrhaftig ist und über eine immerwährende Macht verfügt. Es ist keineswegs Prahlerei, die von Gott empfangenen Wohltaten zu bekennen und lobpreisend zu feiern. Meinen Dienst hat Gott gewollt und für geeignet gehalten, seinen Entschluss auszuführen, der ich am britannischen Meer und bei den Ländern, in denen die Sonne nach dem Gesetz der Natur untergeht, begonnen habe, die überall herrschenden Schrecken zu vertreiben und zu zerstreuen, damit das Menschengeschlecht, belehrt durch meine Vermittlung, zum Dienst des heiligsten Gesetzes zurückkehre und sich zugleich der seligste Glaube unter der göttlichen Leitung ausbreite.

(Eusebius, *Vita Constantini* 2,24. 28)

Im weiteren Verlauf des Textes ordnete der Kaiser an, dass die Benachteiligungen, die den Christen in der letzten Phase der Herrschaft des Licinius auferlegt worden waren, aufgehoben werden. Dazu bestimmte er auch wieder, dass die konfiszierten Güter der Christen zurückerstattet werden sollten. Selbst Privatpersonen sollten nun in diesen Genuss kommen, nicht nur die Kirche als Institution.

In dem Schreiben stoßen wir erneut auf den Umstand, dass der Kaiser seine Siege auf einen einzelnen Gott zurückführt. Anders als in früheren Zeugnissen wird dieser nun eindeutig als Christengott identifiziert. Beachtenswert ist auch, dass er nicht mehr allein als Schlachtenhelfer verstanden wird, der Konstantin zu militärischen Erfolgen verhilft. Ihm wird nun eine eigene spezifische Intention zugeschrieben, die er durchsetzen möchte, indem er Konstantin den Sieg gewährt: Konstantin soll für die Verbreitung der christlichen Religion und die Orientierung aller Reichsbürger am „heiligsten Gesetz" sorgen. Was mit letzterem Begriff genau gemeint ist, lässt sich nicht mit Sicherheit bestimmen. Er begegnet noch mehrfach in Schriften Konstantins, die ab 324 entstanden sind, wird aber an keiner Stelle exakt definiert. Höchstwahrscheinlich verbirgt sich dahinter die Vorstellung, dass sich alle Reichsbewohner den Maßnahmen Konstantins, die nun als Ausdruck des göttlichen Willens verstanden werden, unterzuordnen hatten. Auf diese Weise sollte das Reich in religiöser Hinsicht vereinheitlicht und zugleich die Herrschaft des Kaisers intensiviert werden.

Der Text zeigt deutlich, dass der Kaiser sich nun verstärkt als Beauftragten des Christengottes präsentierte. In anderen Zeugnissen Konstantins aus dem Jahre 324 wird dies ebenfalls unmissverständlich zum Ausdruck gebracht. Wie schon bei den Tetrarchen haben wir es hier also mit einer theologischen Begründung der Herrschaft zu tun. Bei Konstantin ist die Tendenz zum Gottesgnadentum sogar noch stärker ausgeprägt als bei Diocletian und seinen Mitkaisern: Diese hatten sich zum einen als von Göttern Beauftragte dargestellt, sich zum anderen aber auch als Söhne von Göttern verstanden. Auf Konstantin trifft nur noch ersteres zu.

Mit dem expliziten Rekurs auf den Christengott sollte auch eine noch entschiedenere Förderung der christlichen Religion einhergehen als bislang schon praktiziert. Ein Novum in diesem Zusammenhang ist, dass Konstantin sich von nun an an der Verbreitung des christlichen Glaubens beteiligen und damit die Anhänger der paganen Religion für das Christentum gewinnen wollte. Zum paganen Kult äußerte er sich ab 324 zunehmend despektierlich. Er bezeichnete seine Anhänger nunmehr als unvernünftig und warf ihnen vor, sich der Wahrheit zu verschließen. Das bedeutet allerdings nicht, dass er konkrete politische Maßnahmen gegen die Heiden ergriff. Am Ende eines weiteren Schreibens an die Bewohner der östlichen Provinzen, das ebenfalls aus dem Jahre 324 datiert, finden sich dazu interessante Äußerungen: *Niemand soll aber mit dem, was er selbst aus Überzeugung angenommen hat, einem anderen Schaden zufügen. Jeder soll nach Möglichkeit mit dem, was er gesehen und erkannt hat, dem Nächsten nützen. Wenn das aber nicht möglich ist, soll er es lassen. Denn es macht einen Unterschied, ob jemand den Kampf um die Unsterblichkeit freiwillig aufnimmt oder mit Strafen dazu gezwungen wird. Dies habe ich gesagt und ausführlicher dargelegt, als es das Ziel meiner Milde erfordert hätte. Ich möchte meinen Glauben an die Wahrheit nämlich nicht verbergen, insbesondere deshalb, weil einige, wie ich höre, sagen, die Bräuche der Tempel und die Macht der Finsternis seien beseitigt. Das hätte auch ich allen Menschen geraten, wenn sich nicht der gewaltsam auflehnende Irrtum zum Schaden für das gemeinsame Heil maßlos in den Herzen einiger festgesetzt hätte* (Eusebius, *Vita Constantini* 2,60,1).

Diese Ausführungen lassen darauf schließen, dass einige Christen in den östlichen Provinzen von ihrem neuen Kaiser offenbar nicht nur Toleranz gegenüber dem Christentum erwarteten, sondern zugleich die massive Unterdrückung der heidnischen Religion. Derartiges Ansinnen wies Konstantin mit Hinweis auf drei Argumente zurück:

Zum einen formulierte er, dass die Hinwendung zum Christentum nur freiwillig geschehen und nicht mit Zwangsmaßnahmen durchgesetzt werden könne. Diese These wurde auch im christlichen Diskurs der Zeit intensiv diskutiert. Das zweite Argument war nicht typisch christlich, sondern entsprach eher den Normen, denen Konstantin als Kaiser zu entsprechen hatte: Mit den Heiden Toleranz zu üben, war ein Gebot der Milde (*clementia*). Drittens schließlich deutet der Kaiser zu Recht an, dass er es sich gar nicht leisten konnte, eine massiv antiheidnische Politik zu betreiben, da die absolute Mehrheit der Reichsbewohner noch immer an den paganen Kulten teilhatte. Andernfalls hätte er höchstwahrscheinlich schwere Unruhen im Reich ausgelöst.

Nicht nur im religiösen Bereich bemühte sich der Kaiser demonstrativ um Milde. Insgesamt zeigte er sich bestrebt, sich von den Maßnahmen seines Vorgängers zu distanzieren und sich positiv von ihm abzugrenzen. So gewährte er vielen Personen, die unter der Herrschaft des Licinius verurteilt worden waren, Amnestie. Speziell Verurteilungen zur Zwangsarbeit machte er rückgängig. Diejenigen, die während des Regimes des Licinius in die Verbannung geschickt worden waren, durften nun zurückkehren. Wer in seinem gesellschaftlichen Status gemindert worden war und damit Privilegien eingebüßt hatte, wurde rehabilitiert. Diese Regelung kam vor allem den Christen zugute, die von Licinius sozial degradiert worden waren. Eine andere Bestimmung wandte sich ausschließlich an die Anhänger der christlichen Religion: Sämtlichen Christen, die von Licinius aus dem Heer ausgeschlossen worden waren, wurde nun freigestellt, auf ihre Posten zurückzukehren oder um eine ehrenhafte Entlassung anzusuchen. Alle, die durch das Regime des Licinius Vermögensverluste erlitten hatten, sollten einen Ausgleich erhalten.

Ähnlich wie nach seiner Übernahme des ehemaligen Herrschaftsgebietes des Maxentius beließ er auch jetzt viele der Amtsträger des Licinius in ihren Funktionen. Dieser Schritt war aus verschiedenen Gründen sinnvoll: Er half dem Kaiser, die Akzeptanz der sozialen Eliten im Osten zu gewinnen. Herrschaftspraktisch war er auch insofern geschickt, als Konstantin sich auf erfahrene Personen stützen konnte, zumal er und sein bisheriger Helferstab sich im Osten wenig auskannten. Schließlich sollte auch dieses Verhalten wieder die Milde und den Großmut des Kaisers demonstrieren.

Bald nach dem Sieg über Licinius änderte Konstantin seine Kaisertitulatur, indem er das Attribut *invictus* ablegte. Diese Maßnahme ist höchstwahrscheinlich damit zu begründen, dass er sich nun verstärkt vom Sonnengott, der ja den gleichen Beinamen trug (*Sol invictus*), distanzieren wollte. Auch auf Münzdarstellungen begegnete Sol von nun an nicht mehr. Dies entsprach seinem ausdrücklicheren Bezug auf den Christengott. Daneben läßt sich noch ein anderer Grund für diese Entscheidung anführen: Anstelle von *invictus* nahm Konstantin nun das Attribut *victor* (Sieger) in seine Titulatur auf. Das neue Epitheton wurde als eine Steigerung gegenüber *invictus* begriffen, die damit begründet wurde, dass Konstantin nun seine Unbesiegbarkeit unter Beweis gestellt hatte und damit als beständiger Sieger gelten durfte. Neben der eigenen Sieghaftigkeit strich der Kaiser jetzt auch seine Familie stärker heraus und betonte damit den Machtanspruch seiner Dynastie: Nach der Einsetzung seines kleinen Sohnes Constantius als *Caesar* erhob er seine Mutter Helena und seine Gattin Fausta zu *Augustae*.

2. Vicennalienfeier und innerfamiliäre Konflikte

Am 23. Juli 325 beging Konstantin in Nikomedien sein zwanzigjähriges Regierungsjubiläum (Vicennalien). Zu diesem Anlass soll er sich erstmals mit einem Diadem präsentiert haben, wie es bei den hellenistischen Königen Usus war. Anfänglich soll er es in der Form eines einfachen Bandes getragen haben, später wurde es mit Perlen und Edelsteinen verziert. Im folgenden Jahr reiste Konstantin nach Rom, um die Vicennalienfeier zu wiederholen. Ein solcher Schritt war ungewöhnlich. Man nimmt an, dass der Kaiser auf diese Weise dem Unmut gegen seine Person begegnen wollte, der sich in der Hauptstadt verbreitete: Die Römer waren unzufrieden, weil Konstantin sein Jubiläum nicht in der Metropole begangen hatte, wie er es noch bei seinen Decennalien getan hatte.

Hinzu kam, dass nun in der Zeit des größten Erfolges des Kaisers in seiner eigenen Familie Kritik gegen ihn laut wurde, die von der römischen Bevölkerung aufgegriffen wurde. Konstantin hatte in der Vergangenheit mehrfach Angehörige töten lassen, so Licinius und dessen Sohn Licinianus, den er selbst zum *Caesar* erhoben hatte. Im Jahre 326 wurden seine Gattin Fausta sowie sein ältester Sohn Crispus, der aus einer unehelichen Verbindung stammte, auf Anweisung des Kaisers getötet. Über die genauen Umstände der beiden letzten Morde haben wir keine zuverlässigen Informationen, es kursierten lediglich verschiedene mehr oder weniger skandalöse Geschichten.

Den Mord an Crispus begründet man heute zumeist damit, dass Konstantin ihn auf diesem Wege zuverlässig von der Thronfolge ausschließen wollte, um den übrigen Söhnen die Nachfolge zu sichern. Sein Wunschnachfolger war möglicherweise in dieser Zeit bereits Constantius, den er kurz zuvor als *Caesar* eingesetzt hatte. Daneben wird in den Quellen von nicht näher geklärten Hochverratsdelikten des Crispus gesprochen. Beide Interpretationsversuche erklären allerdings nicht, warum auch Fausta sterben musste. Ihren Tod sucht man damit in Zusammenhang zu bringen, dass sie möglicherweise in die Verratspläne des Crispus verwickelt war, dass sie Ehebruch begangen oder gar eine Liebesbeziehung mit Crispus gepflegt habe. Eine genaue Antwort wird sich nicht mehr geben lassen, offizielle Quellen existieren über die Angelegenheit verständlicherweise nicht. Nach ihrem Tode verhängte Konstantin über beide die *damnatio memoriae*.

3. Die Außenpolitik Konstantins in den Jahren als Alleinherrscher

Auch in der Zeit seiner Alleinherrschaft führte Konstantin mehrere Kriege. Allerdings betätigte er sich nun kaum noch selbst als Heerführer, sondern übertrug diese Funktion mehr und mehr seinen Söhnen.

Im Jahre 328 errang Constantinus (II.) einen Sieg über die Alamannen. Im Anschluss daran unternahm man weitere Schritte, um die Donau zu sichern. Konstantin ließ eine neue Donaubrücke errichten und von dort aus eine Straße ins Landesinnere erbauen. Diese Maßnahmen bewährten sich schon wenige Jahre später, als Westgoten versuchten, ins Donaugebiet einzufallen. Zu einer kriegerischen Auseinandersetzung mit ihnen kam es, als sie einen Angriff auf die Sarmaten unternahmen, die seit 322 vertraglich mit den Römern verbunden waren. Aufgrund dieses Vertrages war Konstantin nun verpflichtet, den Sarmaten zu Hilfe zu kommen, was sein Sohn Constantinus (II.) erfolgreich vollbrachte. Die Goten konnten besiegt werden.

Im Anschluss an diesen Konflikt schloss Konstantin 332 mit den Goten einen Vertrag. Die Überlieferungslage ist hier allerdings problematisch. Wir wissen sicher, dass man vereinbarte, dass 40 000 Goten als *foederati* nördlich der Donau angesiedelt und der Gotenkönig Ariarich zur Sicherheit seinen eigenen Sohn als Geisel zu stellen hatte. Über die Details des *foedus* gibt es jedoch massive Kontroversen: Bei der Region, in der sich die Goten niederlassen sollten, einem Teil Dakiens, handelte es sich um ein Gebiet, das bis ins 3. Jahrhundert zum Römischen Reich gehört hatte. Daher wird gelegentlich die Auffassung vertreten, dass die Römer ihren Anspruch auf diese Gegend noch nicht aufgegeben hätten und sie auf diese Weise wieder ins Reich integrieren wollten. Die betreffenden Goten seien entsprechend zu reichsangehörigen Föderaten erhoben worden und hätten damit die Zughörigkeit zum Imperium Romanum erhalten. Heute geht man jedoch mehrheitlich davon aus, dass Konstantin nicht die Absicht hatte, diese schwer zu verteidigende Region zurückzugewinnen. Zudem vertreten die meisten Autoren die These, dass die rechtliche Eingliederung von *foederati* ins Reich erst vom 5. Jahrhundert an vorgenommen und vertraglich geregelt worden sei.

Die Goten erwiesen sich in der Folgezeit als eine wichtige Hilfe bei der Sicherung der Donaugrenze. Vergleichbare Verträge schloss Konstantin auch mit anderen germanischen Stämmen.

Nach dem Sieg über die Goten strich der *Augustus* seine Sieghaftigkeit noch stärker als bislang heraus. Er ließ sich nun nicht mehr schlicht als *victor* (Sieger), sondern als *ubique victor* (allenthalben Sieger) oder als *victor omnium gentium* (Sieger über alle Völker) feiern. In epigraphischen Zeugnissen finden wir in der Folgezeit die Formulierung „*victor et triumphator*".

4. Die Nachfolgeregelung

Ende 333 wandte sich Konstantin wieder der Frage seiner Nachfolge zu. In den vergangenen Jahren hatte er sich damit kaum befasst, vermutlich wollte er diese brisante Thematik nach den innerfamiliären Spannungen, die infolge der Tötung der Fausta und des Crispus aufgekommen waren, für eine Weile nicht ansprechen. Nun traf er in dieser Sache eine neue und umfassende Regelung: Auch sein jüngster Sohn Constans erhielt nun den Caesarentitel und wurde damit in die Nachfolgeregelung einbezogen. Zusammen mit den beiden anderen Konstantinsöhnen Constantinus und Constantius hatte das Reich damit drei *Caesares*. 335 ernannte Konstantin auch noch einen vierten *Caesar*, seinen Neffen Flavius Dalmatius.

Nach seinem Tode sollten Constantius und Constantinus höchstwahrscheinlich als *Augusti* fungieren, Constantius im Osten und Constantinus im Westen. Dalmatius war als *Caesar* des Constantius vorgesehen, Constans sollte Constantinus als *Caesar* unterstützen. Mit dieser Regelung wollte Konstantin also offenbar zur Tetrarchie zurückkehren, wenn auch das dynastische Moment in dem System eine größere Rolle spielt als in den früheren Tetrarchien. Letzte Sicherheit hat die Forschung in dieser Thematik allerdings noch nicht erlangt.

Zudem verlieh Konstanin dem Bruder des Flavius Dalmatius, Hannibalianus, den Titel *rex regum Ponticarum gentium* (König der Könige der Pontischen Völker) und übertrug ihm die Zuständigkeit für Armenien. Durch die Heirat mit Konstantins Tochter Constantina wurde seine Bindung an die konstantinische Dynastie gestärkt. Die Einset-

zung des Hannibalianus hatte allerdings nichts mit der Nachfolgeregelung zu tun, sondern geschah aufgrund aktueller politischer Bedürfnisse: Da Armenien auch in dieser
Zeit wieder von den Persern bedroht war, war es für Konstantin wichtig, hier einen zuverlässigen Regenten zu plazieren.

5. Die Tricennalien

Am 25. Juli 335 beging Konstantin die Tricennalien, sein dreißigjähriges Regierungsjubiläum. Keinem Kaiser seit Augustus war eine so lange Regentschaft beschert. Damit
hatte sich die Prophezeiung erfüllt, in der Apollon ihm, als er gerade erst zum Kaiser ausgerufen worden war, eine dreißigjährige Herrschaftszeit vorausgesagt hatte. Die Feierlich-
keiten fanden diesmal in der neuen Residenz Konstantinopel statt, die 330 eingeweiht
worden war. Ein wichtiger Bestandteil dieser Festivität waren die Reden, mit denen sich
der Kaiser feiern ließ und die seinen Anspruch und sein Selbstverständnis nachdrücklich
zum Ausdruck brachten. Die zentrale Festrede hielt Eusebius von Caesarea. Erstmalig
widmete sich damit ein Bischof einer Redegattung, mit der die meisten Christen in dieser
Zeit noch Berührungsängste hatten: Sie stand in der Tradition der antiken Rhetorik, die
die Christen erst allmählich zu schätzen und auch für sich zu nutzen lernten.

 Eusebius hob in seinem Beitrag sehr nachdrücklich hervor, dass Konstantin im Auftrage des einen Gottes herrsche und das Römische Reich in seinem Sinne gestalte. Die
Herrschaftskonzeption des Kaisers, die er besonders ab 324 explizit formulierte, stand
im Mittelpunkt dieser Festrede. Auffällig ist, dass Eusebius sich bemühte, die Rede so zu
gestalten, dass sich auch die Nichtchristen in der Reichsbevölkerung uneingeschränkt
mit ihr identifizieren konnten. So sprach er vom „höchsten Gebieter" oder vom „*logos*"
und mied damit Bezeichnungen, die den Gott Konstantins allzu deutlich als Christengott gekennzeichnet hätten. Er bemühte sich speziell um Formulierungen, die ein philosophisch gebildetes Publikum, das keinen Bezug zum Christentum hatte, ansprachen,
ohne aber die Christen zu verprellen. Dies zeigt sich besonders an der Verwendung des
Begriffs *logos* für den einen Gott, der sowohl aus der philosophischen wie der jüdisch-
christlichen Tradition verständlich war. Ähnlich verhielt es sich mit seinen kritischen Bemerkungen zur paganen Religion, die wohl unvermeidbar waren, wenn er die christliche Komponente in Konstantins Herrschaftsverständnis nicht völlig ausblenden wollte.
Eusebius wandte sich nur gegen bestimmte pagane Vorstellungen, und zwar gezielt
gegen solche, die auch viele Heiden, insbesondere die philosophisch gebildeten, als
Aberglauben (*superstitio*) einschätzten und entsprechend ablehnten.

 Man vermutet, dass Eusebius von Konstantin instruiert wurde, mit seinem Beitrag
auf Ausgleich zwischen Christen und Nichtchristen zu wirken. Dass der Bischof hier
aus eigener Initiative gehandelt hat, ist eher unwahrscheinlich, denn in seinen sonstigen Schriften zeigte er sich bei weitem weniger sensibel in der Auseinandersetzung mit
den Heiden.

 Auch auf den Münzen und in Inschriften, die um die Tricennalien herum entstanden sind, finden sich nur wenige religiöse Äußerungen, die die eine oder andere Seite
eindeutig begünstigen. Die meisten Darstellungen sind in religiöser Hinsicht neutral,
die übrigen weisen etwa gleichmäßig christliche wie pagane Symbole und Begriffe auf.
Entscheidend war für Konstantin in dieser Situation, die Eintracht im Reich zu betonen
und seine Herrschaftskonzeption unterschiedslos allen Reichsbewohnern zu vermitteln.

6. Die Vorbereitungen zum Perserkrieg

Im folgenden Jahr (336) bereits drohte dem Römischen Reich erneut eine äußere Gefahr, diesmal von Seiten der Perser. Die Auseinandersetzung hatte sich seit längerem angedeutet. Wie wir im ersten Kapitel gesehen haben, war im Frieden von Nisibis 298 festgelegt worden, dass Armenien unter römische Oberherrschaft gestellt werden sollte. Der neue Perserkönig Shapur II. wollte diese Regelung nicht länger akzeptieren und versuchte sie seit 334 gewaltsam zu revidieren. Er unternahm einen Angriff auf Armenien, um dort den von Rom eingesetzten Regenten zu stürzen und ein Mitglied seiner eigenen Familie an dessen Stelle zu setzten. Er scheitete zwar zunächst, wollte sich aber keineswegs geschlagen geben. In den folgenden Jahren rüsteten sich Perser wie Römer für eine erneute Konfrontation.

Konstantin begründete seinen eigenen Kriegsplan nicht nur mit machtpolitischen Überlegungen, sondern rekurrierte wiederum auf seinen Anspruch, von Gott autorisiert und beauftragt zu sein, sich für die Verbreitung des Christentums einzusetzen. Aufschlussreich ist in dem Zusammenhang ein Brief, den der Kaiser vor dem Krieg an den Perserkönig sandte. Eusebius zitiert das Schreiben in seiner *Vita Constantini* (4,9–13).

Konstantin hatte erfahren, dass die Christen im Perserreich in Misskredit geraten waren. Möglicherweise war dies darauf zurückzuführen, dass sie nach der Hinwendung des römischen Kaisers zum Christengott von den Persern als Feinde angesehen wurden. Konstantin wollte sich mit seinem Schreiben für die Christen einsetzen, womit er aber wahrscheinlich das Gegenteil des Beabsichtigten bewirkte. Der Kaiser machte in dem Brief deutlich, dass er sich für die Christen im Perserreich in gleicher Weise wie für diejenigen in seinem eigenen Reich verantwortlich fühlte. Noch war nicht von Krieg die Rede, mit dem Text suchte er vielmehr positiv auf Shapur einzuwirken. Entsprach der Perserkönig dem nicht, ließ sich daraus jedoch leicht ein Kriegsgrund entwickeln, der sich trefflich in Konstantins Herrschaftskonzeption einfügte.

Die Nachfolgeordnung, die Konstantin getroffen hatte, gewann hier bereits praktische Bedeutung. Er setzte die neuernannten *Caesares* gezielt für die Kriegführung ein. Besonders sein Neffe und Schwiegersohn Hannibalianus, den er gerade zum König von Armenien erhoben hatte, war dabei von großer Bedeutung. Shapur scheint sich im besonderen durch diesen Schritt provoziert gefühlt zu haben. Der Perserkönig marschierte daraufhin in Armenien ein und bedrohte auch Mesopotamien, das zum Imperium Romanum gehörte.

Die Römer brachen nun mit einem großen Heer nach Osten auf. Einige Einheiten zogen von Konstantinopel über den Landweg. Konstantin selbst plante mit den übrigen auf der Flotte an der kleinasiatischen Küste entlang in Richtung Syrien zu fahren. Auf dem Weg aber erkrankte der Kaiser plötzlich, so dass das Unternehmen abgebrochen werden musste.

VII. Innenpolitik

In der Tetrarchie wurden, wie wir gesehen haben, einschneidende Reformen in der zivilen wie militärischen Verwaltung durchgeführt sowie Innovationen im Kaisertum entwickelt. Diocletian und seine Mitkaiser bemühten sich auf diese Weise, die Krise des 3. Jahrhunderts zu überwinden. Tatsächlich gelang es ihnen im wesentlichen, den drohenden Niedergang aufzuhalten und das Imperium wieder zu stabilisieren. Dennoch war die Gesamtlage auch in der nachfolgenden konstantinischen Zeit noch schwierig. Vermehrt drohten Konflikte mit den Germanen, die die Grenzen des Reiches überschritten, um Beutezüge zu unternehmen oder sich gar auf dem Gebiet des Imperium Romanum niederzulassen. Der zweite große Gegner waren nach wie vor die Perser, mit denen es immer wieder zu Auseinandersetzungen um die Vorherrschaft im vorderasiatischen Raum kam.

Diese äußere Bedrohung stellte den römischen Staat vor immense Herausforderungen, die entschiedene Maßnahmen im Inneren notwendig machten. Der Staat war insbesondere auf hohe und zuverlässige Steuereinnahmen angewiesen, um die Sicherheit des Reiches aufrechterhalten zu können. Dies war nicht ohne den Aufbau einer nach antiken Maßstäben effizienten Verwaltung möglich. Die Schwierigkeiten, mit denen Konstantin konfrontiert war, unterschieden sich damit nicht wesentlich von denen, mit denen es die Tetrarchen vor ihm zu tun hatten. Insofern war es folgerichtig, dass er die Reformmaßnahmen seiner Vorgänger nicht nur weitestgehend in Kraft beließ, sondern sie konsequent fortsetzte. Sie sollten den spätantiken Staat für die kommenden Jahrhunderte entscheidend prägen. Betrachten wir im Folgenden, wie der römische Staat in dieser Zeit beschaffen war und welche Reformen Konstantin hier durchführte.

1. Der Kaiser

Der Kaiser (*Augustus*) hatte im spätantiken Staat eine zentrale Stellung inne. Die Tetrarchen hatten bereits einige Veränderungen an der Konzeption der Kaiserherrschaft vorgenommen, die unter Konstantin weiterentwickelt wurden. Dennoch wurde das Kaisertum nicht vollständig neu gestaltet. Neben den zahlreichen Neuerungen blieben viele Merkmale, die den Kaiser traditionell ausgezeichnet hatten, bestehen.

1. Traditionelle Elemente im Kaisertum

Die Quellenproblematik
Stellung und Funktion des Kaisers in der Spätantike zu erfassen, ist nicht ganz einfach. Wir haben zwar zahlreiche Zeugnisse wie etwa Inschriften, Münzen, Bildquellen, Rechtstexte und literarische Werke, die wichtige Aussagen über den Kaiser machen. Viele dieser Dokumente und Monumente dienten aber vor allem der Repräsentation des Herrschers. Sie sind unter normativen Gesichtspunkten sehr interessant, helfen uns aber vielfach wenig, wenn wir uns über die konkreten Aufgaben und Funktionen des Kaisers informieren möchten.

Am günstigsten scheinen für diesen Zweck noch die Rechtstexte zu sein, allerdings ist auch der Umgang mit ihnen nicht ganz unproblematisch. Der römische Staat kannte kein Verfassungs- und Staatsrecht im modernen Sinne. Es gab daher keine rechtlichen Bestimmungen zu den Kompetenzen des Kaisers und zu seinem Verhältnis zu den anderen Institutionen des Reiches. Wir finden in den Rechtstexten jedoch allgemeine Aussagen dazu, wie sich der Kaiser zu den Gesetzen zu verhalten hatte. Diese sind aufschlussreich, um seine Stellung im Staat zu bestimmen:

Der Kaiser und das Recht

Vom Kaiser wurde grundsätzlich erwartet, dass er sich in seinem Handeln an den Gesetzen orientierte. Insbesondere die Senatsaristokratie achtete sehr darauf, dass der Kaiser sich in republikanischer Tradition dem Recht unterstellte. Auf diese Weise wollte man sichergehen, dass er sich nicht über das Gemeinwesen erhob, sondern sich in den Staat integrierte. Der Kaiser war also kein absoluter Herrscher; dies gilt für die Prinzipatszeit wie für die Spätantike in gleicher Weise.

Mit den Gesetzen hatte der Kaiser auch unmittelbar zu tun, indem er die alleinige Gesetzgebungskompetenz innehatte. Römische Juristen haben sogar formuliert, dass der Wille des Kaisers Gesetz sei bzw. das Gesetzeskraft habe, was der Kaiser beschließe (Ulpian, Digesten I 4,1). In der Spätantike wurde eine große Zahl von Gesetzen erlassen. Im ersten Kapitel haben wir bereits gesehen, dass die Kaiser nun auch Gesetzeskodifikationen anfertigen ließen, in denen die bestehenden Gesetze systematisch zusammengestellt wurden. Diese Sammlungen betonten die Bedeutung der Gesetze und der Rechtsprechung für den römischen Staat. Gleichzeitig dienten sie der Repräsentation des Kaisers. Der *Augustus* konnte hier seine Verantwortung für das Recht und damit seine Fürsorge für Staat und Gesellschaft zum Ausdruck bringen.

Der Kaiser war nicht nur alleiniger Gesetzgeber, sondern auch höchster Richter im Reich. Anfragen in Rechtsangelegenheiten, die von Amtsträgern wie von Privatpersonen gestellt werden konnten, beantwortete er in Form von Reskripten, die fortan Gesetzeskraft hatten. Der Kaiser entschied auf diesem Wege auch über die Anwendung und Auslegung von Gesetzen. Freilich tat er das in der Regel nicht persönlich, sondern mit Hilfe von Juristen, die in seiner Kanzlei am Hof beschäftigt waren.

Kompetenzen und Aufgaben des Kaisers

Über welche Kompetenzen der Kaiser in der Praxis verfügte, lässt sich am besten aus seinen konkreten Maßnahmen ablesen. Dabei ergibt sich, dass sich seine Aufgaben und Funktionen nicht wesentlich von denen seiner Vorgänger in der frühen Kaiserzeit unterschieden. Dem Kaiser oblag die Entscheidung über Krieg und Frieden, er verhandelte mit auswärtigen Mächten und schloss mit ihnen Verträge. Zudem war er der oberste Heerführer. Im militärischen wie im zivilen Bereich ernannte er die Amtsträger. Wie eben erwähnt, fungierte er als alleiniger Gesetzgeber und höchster Richter im Reich. Schließlich hatte der *Augustus* eine entscheidende religiöse Funktion: In seiner Rolle als *pontifex maximus* war er für den Kultus insgesamt verantwortlich und hatte dafür zu sorgen, dass die göttlichen Mächte dem Reich wohlgesonnen waren. Dazu förderte er die Kultgemeinschaften durch finanzielle Zuweisungen und Steuererleichterungen für das Kultpersonal. Kam es zu Auseinandersetzungen unter den Kulten, hatte er einzugreifen und ggf. für eine Lösung zu sorgen. Zwischen Prinzipat und Spätantike gab es in dieser Hinsicht keine wesentlichen Unterschiede (siehe dazu auch unten Kap. IX).

Herrschertugenden

Auch die Herrschertugenden, die die grundlegenden Erwartungen an den Kaiser zum Ausdruck brachten, waren in konstantinischer Zeit die gleichen wie im Prinzipat. Er hatte Milde (*clementia*) walten zu lassen und erhielt Attribute, die ihn als einen charismatischen Retter (*soter*) kennzeichneten, der für das Wohlergehen des Reiches und seiner Bürger in umfassendem Sinne zu sorgen hatte. Dazu wurden ihm wie in der Prinzipatszeit göttliche bzw. gottähnliche Qualitäten zugeschrieben. Auch in nachkonstantinischer Zeit, als ein christliches Kaisertum ausgebildet wurde, änderte sich hier wenig. Die Normen und Werte, zu denen sich der Kaiser bekannte, wurden allmählich durch spezifisch christliche, etwa die Demut, erweitert. Im allgemeinen versuchte man aber, christliche Forderungen mit den traditionellen kaiserlichen Tugenden in Einklang zu bringen, so dass es hier nicht zu einem Bruch kam, sondern im wesentlichen Kontinuität herrschte.

Kaisererhebung

Wir haben eben gesehen, dass Stellung und Funktionen des Kaisers, anders als im modernen Verfassungsstaat, nicht rechtlich bestimmt waren. Entsprechend gab es auch keine formale, gesetzlich festgeschriebene Nachfolgeregelung. Im Prinzipat übertrug der Senat dem Kaiser verschiedene Vollmachten, auf denen seine Macht gründete. Die wichtigsten waren das *imperium proconsulare (maius)* und die *tribunicia potestas*, die sich aus den Befugnissen der Konsuln bzw. Prokonsuln und der Volkstribune in der Republik herleiteten. Diese Legitimation durch den Senat aber trat mit der Zeit in den Hintergrund. Spätestens ab dem 3. Jahrhundert spielte das Heer bei der Erhebung des Kaisers die entscheidende Rolle. Dem Senat fiel *de facto* nur mehr die Aufgabe zu, die Entscheidung der Truppen zu bestätigen. „Den Kaiser macht das Heer" charakterisierte der Kirchenvater Hieronymus die realen Machtverhältnisse bei der Ernennung eines Kaisers zutreffend (*Epistula* 146).

Die Rolle, die das Heer in diesem Zusammenhang spielte, wird in der Forschung unterschiedlich bewertet. Gelegentlich wird angenommen, dass es sich dabei um ein Relikt der republikanischen Volkssouveränität handelte. Hier liegt die Vorstellung zugrunde, dass das Heer zunächst das Volk in Waffen darstellte, das aufgrund seiner großen militärischen Bedeutung für das Gemeinwesen einen Anspruch auf zentrale politische Befugnisse hatte. Neben der Entscheidung über Krieg und Frieden gehörte dazu die Wahl der Magistrate. Ob diese Begründung aber noch in der Kaiserzeit virulent war, ist umstritten. Eine größere Rolle spielte hier wahrscheinlich eine andere Überlegung: Der Beste sollte Kaiser werden. Wer der Beste war, stellte sich im militärischen Bereich heraus. Das Heer konnte darüber also am treffendsten urteilen. Die Heerführung war eine der zentralen Aufgaben des Kaisers, insbesondere auf diesem Feld hatte er sich zu bewähren. An dieser Stelle zeigte sich ein charismatisches Element im römischen Kaisertum.

Daneben hatte das Kaisertum bereits im Prinzipat auch ein dynastisches Moment: Im Normalfall wurde der Sohn eines Kaisers bzw. sein Adoptivsohn, falls kein leiblicher Sohn vorhanden war, zu seinem Nachfolger erhoben. Der amtierende Kaiser konnte seinen Nachfolger auch designieren bzw. zunächst zum Mitkaiser (*Caesar*) erheben und ihn damit als gewünschten Nachfolger herausstreichen. Das Recht des Heeres wurde durch das dynastische Prinzip keineswegs eingeschränkt, im Gegenteil: Gerade das Heer fühlte sich der Dynastie verbunden. Wir haben das im Zusammenhang mit dem Ende der zweiten Tetrarchie an einem konkreten Beispiel gesehen. Die Initiative zur

Rückkehr zum dynastischen Prinzip, die sich in der Kaisererhebung Konstantins manifestiert, ging hier von den Truppen aus. Im Heer herrschte die Auffassung vor, dass der Sohn eines Kaisers im Normalfall auch der qualifizierteste Nachfolger war. Ungeachtet dieser Vorstellung kannten die Römer kein Geblütsrecht im eigentlichen Sinne, wie es uns von germanischen Stämmen vertraut ist. Die Abstammung eines Kaisers war stets nur ein Legitimationsmoment neben anderen.

Das Recht des Heeres, den Kaiser zu bestimmen, wurde speziell bei Vakanzen praktisch wirksam, insbesondere wenn eine Dynastie ausstarb. Auch bei Usurpationen spielte das Heer eine entscheidende Rolle. Die meisten Usurpatoren waren Heerführer, die von ihren Truppen zum Kaiser ausgerufen wurden. Im Prinzipat gehörte die Usurpation gewissermaßen zum System, auch wenn das auf den ersten Blick eigenartig scheinen mag: Indem das Heer einen Gegenkaiser berief, brachte es zum Ausdruck, dass es den amtierenden Kaiser nicht für den Besten hielt und ihm damit die Legitimation entzog.

Auch bei der Investitur eines neuen *Augustus* hatte das Heer eine wichtige Funktion: Die hohen Offiziere stellten den designierten Kaiser den Truppen vor. Einer der Generäle stattete ihn mit den kaiserlichen Insignien aus: dem *paludamentum*, einem purpurfarbenen Feldherrenmantel, und dem Diadem, zuweilen auch mit einer Lanze und der *mappa*, einem Fahnentuch, und rief ihn zum *Augustus* aus (*nuncupatio*). Daraufhin akklamierten ihn die Truppen zum neuen Herrscher (*acclamatio*). Im Anschluss hielt der Kaiser eine Ansprache (*adlocutio*) und versprach den Soldaten ein Geldgeschenk (*donativum*).

An dieser Praxis änderte sich im Verlaufe der Spätantike nur wenig. Die Hinwendung der Kaiser zum Christentum brachte hier keine grundlegende Veränderung mit sich, insbesondere nicht im Westen, wo die Kirche auch in nachkonstantinischer Zeit keinen wesentlichen Einfluss auf die Kaisererhebung gewann. So gab es hier bis zum Ende des Kaisertums um die Mitte des 5. Jahrhunderts kein Beispiel für die Krönung eines *Augustus* durch einen Bischof oder später durch den Papst. Im Osten war die Situation allerdings etwas komplexer. Wie die Rolle des Patriarchen von Konstantinopel hier zu bewerten ist, ist jedoch noch nicht letztgültig geklärt. Im Osten wie im Westen fanden germanische Elemente, bes. die Schilderhebung, Einzug in die Kaisererhebung.

Kaiserbild

Das Kaiserbild blieb weiterhin von Bedeutung. Wie schon im Prinzipat schickte jeder neuernannte Kaiser sein Bild in die Hauptstädte der Provinzen. In allen Amtsstuben standen Bilder des *Augustus*, auf den Plätzen der Städte wurden zahlreiche Statuen des Herrschers aufgestellt. Obwohl die herkömmliche göttliche Verehrung des Kaiserbildes bereits seit Konstantin offiziell untersagt war, genoss ein Verfolgter, der sich zu einem Bild oder einer Statue des Regenten geflüchtet hatte, weiterhin Asyl. Traditionell wurde dies Personen zuteil, die in einem Tempel Zuflucht gesucht hatten. Die Adoration des Kaiserbildes wurde auch nicht vollständig und ersatzlos verboten, eine solch einschneidende Neuregelung wäre wahrscheinlich nicht durchsetzbar gewesen. Man versuchte aber, ihr eine neue Interpretation zu geben: Die Verehrung sollte nun nicht mehr der Person des Kaisers gelten, sondern etwa als Zeichen der Loyalität gegenüber dem Amt verstanden und damit säkularisiert werden, d.h. ihren religiösen Gehalt verlieren. Inwieweit sich das neue Verständnis in der Bevölkerung durchgesetzt hat, ist jedoch schwer zu ermessen.

Wir können damit festhalten, dass das spätantike Kaisertum in vielfacher Hinsicht in der Tradition der Prinzipatszeit stand. Viele Elemente blieben konstant, einige wurden insbesondere unter christlichem Einfluss modifiziert, aber nicht grundlegend verändert.

2. Neue Elemente im Kaisertum

Neben den bislang betrachteten traditionellen Elementen des Kaisertums lassen sich auch solche ausmachen, durch die sich die spätantiken *Augusti* grundsätzlich von ihren Vorgängern unterschieden. Diese sollen im folgenden in den Blick genommen werden.

Gottesgnadentum

Im Zusammenhang mit der Tetrarchie haben wir bereits gesehen, dass die kaiserliche Macht nun von göttlicher Macht abgeleitet und der Kaiser als Beauftragter einer Gottheit verstanden wurde. Während der konstantinischen Herrschaft wurde diese zunehmend mit dem Christengott identifiziert. Durch den Rekurs auf göttliche Macht wurde der Herrscher dem Prinzip nach von menschlicher Akzeptanz unabhängig. Wer nun am Kaiser Kritik übte, Widerstand gegen ihn leistete oder gar auf seinen Sturz hinwirkte, verging sich nicht nur gegen den *Augustus*, sondern zugleich gegen Gott und beging damit ein Sakrileg.

Daher wurden auch Usurpationen prinzipiell inakzeptabel, denn die Truppen hatten nicht mehr das Recht, einen Kaiser für ungeeignet zu befinden. Handelte ein Kaiser scheinbar schlecht, so war hier möglicherweise eine Strafe Gottes anzunehmen, der sich die Menschen zu fügen hatten. Die Praxis sah allerdings anders aus, gerade in der Spätantike kam es zu einer Vielzahl von Usurpationen. Anlass waren meist militärische Probleme oder Versorgungsschwierigkeiten, die ein Usurpator für sich zu nutzen verstand. Das neue Konzept des Kaisertums setzte sich also nicht vollständig durch, traditionelle Verhaltensweisen blieben bestehen.

Abnehmende Bedeutung konkreten praktischen Handelns des Kaisers

Der Konzeption gemäß brauchte der Kaiser nun seine Eignung nicht mehr unter Beweis zu stellen. Er musste sich nicht mehr als erfolgreicher Heerführer hervortun, um sich zu legitimieren. Damit konnte er sich mehr und mehr aus dem konkreten militärischen Handeln zurückziehen. Wir haben in Kap. VI gesehen, dass Konstantin nach seinem Sieg über Licinius kaum noch selbst Kriege geführt, sondern diese Aufgabe den designierten Nachfolgern übertragen hat. Vollständig aufgegeben hat er das Kriegshandwerk jedoch nicht, am geplanten Perserkrieg wollte er sich wieder persönlich beteiligen. In der nachfolgenden Zeit fand sich solches Verhalten bei den Kaisern allerdings immer seltener.

Auch wenn die Kaiser zunehmend weniger selbst kämpften, bedeutete das nicht, dass militärische Siege für sie nicht mehr von Bedeutung waren. Sieghaftigkeit wurde vielmehr zu einem allgemeinen, beinahe abstrakten Attribut des Kaisers, das ihm unabhängig von konkreten kriegerischen Leistungen zugeschrieben wurde. Man hat in der Forschung sogar formuliert, der Kaiser brauchte nicht mehr zu siegen, um Kaiser zu werden; er war bereits Sieger, weil er die Kaiserstellung innehatte. Dass der Herrscher sich nicht mehr konkret militärisch zu bewähren brauchte, um sich für seine Stellung zu qualifizieren, zeigt sich am deutlichsten daran, dass nun auch Kinder zu *Augusti* werden konnten. Im Prinzipat wäre dies noch nicht vorstellbar gewesen.

Unmittelbares politisches Handeln des Kaisers verlor auch in anderen Bereichen zunehmend an Bedeutung. Moderne Historiker haben entsprechend festgestellt, der *Augustus* habe Macht immer weniger real ausgeübt, als sich vielmehr darauf konzentriert, Macht zu demonstrieren und zu symbolisieren. Als Stellvertreter Gottes war er omnipotent, er war überall, kümmerte sich immerwährend um sämtliche Belange des Reiches, ohne sichtbar agieren zu müssen. Die konkreten Staatsgeschäfte übertrug er zum größten Teil seinem Verwaltungsstab, der im Namen des Kaisers agierte. Der Kaiser brauchte daher auch nicht mehr an verschiedensten Orten anwesend zu sein, um sein Engagement allenthalben unter Beweis zu stellen.

Der Kaiser und sein Palast

Der Kaiser reiste kaum mehr im Reich umher, sondern zog sich mehr und mehr in seinen Palast zurück. Der Regent wurde damit dem gesellschaftlichen Leben zunehmend entzogen und irdischem Geschehen entrückt. Man stellte sich vor, er sei überall anwesend, obwohl man ihn tatsächlich nirgendwo sah. Möchte man ein Bild gebrauchen, um ihn zu charakterisieren, so eignet sich das des unbewegten Bewegers. Bereits in tetrarchischer Zeit heißt es in einem Panegyricus auf Maximian aus dem Jahre 291 treffend: *Überall seid ihr zugleich; auch wenn Ihr im Palast sitzt, sind Länder und Meere von eurer Göttlichkeit erfüllt. (Panegyrici Latini* 11,14,3).

Den Kaiserpalast wie auch den Kaiser selbst und sämtliche Einrichtungen, mit denen er zu tun hatte, betrachtete man nun sogar als *sacer* („heilig"). Der *Augustus* hatte kaum noch Kontakt mit der Reichsbevölkerung außerhalb seines Hauses. Selbst innerhalb des Palastes zog er sich immer weiter zurück und entzog sich den Blicken der Menschen. Dieses wurde besonders durch Vorhänge demonstriert, die zunächst nur den Blick in den Thronsaal verschlossen. Bald wurden sie auch in den anderen Räumen aufgehängt, in denen sich der *Augustus* aufhielt, so dass selbst die meisten Palastmitarbeiter ihn kaum mehr zu Gesicht bekamen. Die besondere Würde des Ortes wurde zudem dadurch betont, dass man nicht sprach, sondern sich über nonverbale Zeichen verständigte.

Hofzeremoniell

Ein weiteres zentrales Element des spätantiken Kaisertums war das Hofzeremoniell, das bereits in der Tetrarchie eingeführt und von Konstantin übernommen wurde. Es legte genau fest, wie dem *Augustus* zu begegnen sei und in welcher Weise sich die Kommunikation mit ihm zu vollziehen habe.

Vorbilder für diese Praxis war das Zeremoniell der Perserkönige, an dem sich in der Vergangenheit schon die hellenistischen Könige orientiert hatten. Im frühen Prinzipat hatte man sich noch von einem solchen Zeremoniell distanziert, weil man der Auffassung war, dass es den Kaiser allzu sehr aus der Gesellschaft heraushebe und ihm eine außerordentliche Stellung zuwies. Genau das aber wollte man damals vermeiden. Im Verlaufe der Zeit waren diese Bedenken in den Hintergrund getreten. Spätestens seit der Tetrarchie galten sie nicht mehr.

Ein zentraler Bestandteil des Hofzeremoniells war die *adoratio* („Anbetung") des Kaisers, die an die Stelle der früheren „Begrüßung" (*salutatio*) trat. Erste Belege für die *adoratio* haben wir schon aus vortetrarchischer Zeit, unter Diocletian aber wurde sie verpflichtend festgeschrieben. Die Tetrarchen hatten damit keine Schwierigkeiten, da sie die Kaiser nicht nur als von Göttern autorisierte Menschen, sondern zugleich als Söhne von Göttern verstanden, denen selbst göttliche Qualitäten zu eigen waren. Man könnte nun annehmen, dass sich für die nachfolgenden Kaiser, die sich mehr und mehr dem Christentum zuwandten, hier ein Problem ergab. Tatsächlich war das offensichtlich nicht der Fall. Auch die getauften Kaiser nach Konstantin behielten diese Praxis bei. Möglicherweise hat man sich damit beholfen, dass man hier nicht eine direkte Verehrung des Kaisers sah, sondern eine Anbetung Gottes, der ja hinter dem Kaiser stand, oder wiederum eine Ehrerbietung gegenüber dem Amt. Alte Formen konnten so in Verbindung mit neuen Inhalten beibehalten werden.

Eng verknüpft mit der *adoratio* war die Proskynese, die ebenfalls aus dem persischen Zeremoniell übernommen wurde. Darunter verstand man, dass jeder, der sich dem Kaiser näherte, vor ihm niederknien oder sich gar auf den Boden werfen und seinen Purpur küssen musste. Während der anschließenden Audienz hatten alle Besucher zu stehen, während der Kaiser als einziger saß. In beiden Praktiken wurde die unüberbrückbare Distanz zwischen dem Kaiser und sämtlichen Reichsbewohnern zum Ausdruck gebracht und den Beteiligten bewusst gemacht.

Zur kaiserlichen Audienz zugelassen zu werden, war ein außerordentliches Privileg. Nur die Mitglieder der überregionalen Führungsschicht des Reiches hatten hier, von Ausnahmen abgesehen, überhaupt eine Chance. Vielfach gelang es auch ihnen nur einmal in ihrem Leben, beim Kaiser vorgelassen zu werden, meist am Ende ihrer Amtszeit. Die Mehrzahl der Besucher wurden nur auf kaiserliche Einladung eingelassen. Ein ungewöhnliches Vorrecht war es, den Kaiser aus eigener Initiative aufsuchen zu dürfen. Dies war wahrscheinlich nur den Angehörigen der kaiserlichen Zentrale gestattet (siehe dazu den nachfolgenden Abschnitt). Eine spezielle Auszeichnung war es auch, zur Tafel des Kaisers geladen zu werden. Mit der Zeit wurden genaue Bestimmungen getroffen, welcher Personenkreis zur Audienz zugelassen werden sollte. Ausschlaggebend waren dabei Amt und Würdenstellung. Auch regelte man, in welcher Reihenfolge die Personen vor den Kaiser treten durften. Hier wurde eine klare Hierarchie geschaffen, die sich an der sozialen Stellung und politischen bzw. administrativen Funktion orientierte.

Kommunikation zwischen Kaiser und Reichsbevölkerung

Die Reichsbevölkerung hatte kaum noch Gelegenheit, den *Augustus* zu Gesicht zu bekommen. Begegnungen mit dem Herrscher außerhalb des Palastes waren eine große Seltenheit. Am ehesten fanden sie noch in den Metropolen statt, seit den letzten Jahren Konstantins in der Regel in Konstantinopel. Den Bürgern der Kapitale konnten sich die Kaiser nicht so konsequent entziehen, wie sie es der übrigen Reichsbevölkerung gegenüber praktizierten. Allerdings handelte es sich um Begegnungen, die streng formalisiert waren und jeder Spontaneität und Offenheit entbehrten.

Man kann hier von Ritualen sprechen, die auf ganz bestimmte Situationen beschränkt waren: Spiele und Kaiserfeste sowie Jubiläen, die Konstantin, wie wir gesehen haben, mehrfach begangen hat. Die Feste dienten primär der Repräsentation des Kaisers. Geschenke an das Volk, die in diesem Zusammenhang regelmäßig verteilt wurden, sollten seine Freigebigkeit und Fürsorge für die Untertanen demonstrieren. Auch die Spiele, bei denen der Kaiser und die *plebs urbana*, die hauptstädtische Bevölkerung, im Hippodrom zusammentrafen, ermöglichten nur eine ritualisierte Kommunikation. Immerhin hatte das Volk bei diesen Gelegenheiten die Möglichkeit, durch Applaus oder Ausdrücke des Missmutes dem Kaiser zu signalisieren, wie es zu ihm stand. In einigen Fällen wurden hier auch konkrete Erwartungen an den Kaiser formuliert. Eine weitere Begegnung zwischen Kaiser und Volk fand beim Herrschaftsantritt eines neuen *Augustus* statt. Ebenso wie es früher in Rom Usus war, musste der Kaiser sich der hauptstädtischen *plebs* präsentieren, woraufhin diese ihm, in gleicher Weise wie das Heer, akklamierte.

Die genannten Beispiele für das Zusammentreffen zwischen Kaiser und hauptstädtischer Bevölkerung lassen sich als ein traditionelles Moment begreifen, das sich aus dem Prinzipat erhalten hatte. In der frühen Kaiserzeit vertrat man die Auffassung, dass der Kaiser sich nicht nur gegenüber dem Heer und den Senatoren, sondern auch vor der *plebs* zu beweisen hatte, indem er sich um seine Versorgung kümmerte und Spiele veranstaltete. In der Spätantike war dieses für das Selbstverständnis des Kaisers allerdings von geringerer Bedeutung, da er sich, wie wir gesehen haben, weniger als seine Vorgänger durch konkrete Leistung zu legitimieren brauchte.

2. Die Verwaltung des Reiches

Die Verwaltung des Römischen Reiches läßt sich in die Zentral- und die Regionalverwaltung gliedern. Die Zentralverwaltung war am Kaiserhof ansässig. Die Mitglieder der Zentralverwaltung wie die Angehörigen des Hofes wurde mit dem Begriff *„comitatus"* zusammengefasst, der „Umgebung" oder „Gefolge" (des Kaisers) meint. Der *comitatus* war bereits in tetrarchischer Zeit ausgebaut worden, Konstantin setzte die Maßnahmen der Tetrarchen konsequent fort.

1. Der Hof

Betrachten wir zunächst den Hof des *Augustus*. Der Hof war das „Haus" des Kaisers. Ähnlich wie viele andere Höfe, die uns aus den verschiedensten Ländern und unterschiedlichsten Phasen der Geschichte bekannt sind, diente er der Repräsentation des Herrschers und spielte eine wichtige Rolle bei der Integration der sozialen Führungsschichten und der Organisation der Herrschaft im Reich.

Der Kaiserhof entwickelte sich seit der Zeit Diocletians zum politischen Zentrum des Reiches, in dem alle Fäden zusammenliefen. Unter Konstantin wurde dieser Trend zur Zentralisierung noch verstärkt, insbesondere in der Zeit nach 324, als er alleiniger *Augustus* war. Seine Söhne, die er nach und nach zu *Caesares* ernannte, verfügten zwar auch über Residenzen, nachdem ihnen bestimmte Regionen als Zuständigkeitsbereiche zugewiesen worden waren, hatten aber wohl keinen vollständigen Hof mit sämtlichen dazugehörigen Verwaltungsämtern.

palatini

Der Hof im engeren Sinne bestand aus dem Kaiser selbst und den *palatini*, die für die Verwaltung des Hofes zuständig waren. Die meisten von ihnen waren Mitglieder der Garde bzw. der Leibwache oder hatten Funktionen im kaiserlichen Haushalt. Diese Tätigkeiten erlangten in der Spätantike eine große Bedeutung und waren sehr nachgefragt, da sie Nähe zum Kaiser garantierten und mit verschiedensten Privilegien verbunden waren. Einige dieser Personen, die aufgrund ihrer Tätigkeit ein besonderes Nahverhältnis zum Kaiser hatten, konnten erheblichen Einfluss erlangen: Sie regelten vielfach den Zugang zum Regenten. Wer zum Kaiser gelangen wollte, bedurfte oftmals ihrer Vermittlung. Außerdem versorgten sie den Kaiser mit Informationen, entschieden also darüber, was er erfuhr und was nicht. Je stärker sich der Kaiser im Verlaufe des 4. und im 5. Jahrhundert in seinen Palast zurückzog, desto größer wurde ihre Bedeutung.

Die *palatini* genossen zahlreiche Privilegien, waren von den regelmäßigen Steuern sowie den *munera* befreit und brauchten keine Rekruten zu stellen. Die gleichen Vergünstigungen galten noch für ihre Kinder und Enkel. All die *palatini*, die zu den **Dekurionen** gehörten, wurden überdies von den Verpflichtungen befreit, die sie ansonsten gegenüber ihrer Stadt gehabt hätten.

> Die **Dekurionen** stellten die Eliten der Städte des Reiches dar. Sie waren in den Ratsversammlungen der Städte vertreten und bekleideten die städtischen Magistrate.

Ein typisches Merkmal der *palatini* war, dass sie ihren Status allein vom Kaiser ableiteten. Sie waren vielfach einfacher sozialer Herkunft und wurden vom *Augustus* in den Ritterstand befördert. Am offenkundigsten war diese Abhängigkeit bei den Inhabern der obersten Hofämter, die stets Eunuchen waren und damit in der Gesellschaft keinerlei Ansehen genossen. Sie waren in besonderem Maße an den Kaiser gebunden, was sie für den Regenten zu außerordentlich zuverlässigen Mitarbeitern machte. Entsprechend setzte er sie häufig für Missionen und Botendienste ein, die ein spezielles Vertrauensverhältnis voraussetzten. Für den Kaiser war die Beschäftigung von Eunuchen auch deshalb attraktiv, weil er die Privilegien, die er ihnen gewährte, nicht auch möglichen Nachkommen zugestehen musste, was ansonsten gängige Praxis war.

Der wichtigste dieser Hofbeamten war der Kämmerer (*praepositus sacri cubiculi*), der dem Kaiserhof vorstand und immer ein Eunuch war. Daneben standen die *silentiarii* („Stillgebieter") in enger Beziehung zum Kaiser, auch sie wurden häufig für spezielle Missionen eingesetzt. Hinzu kamen die Leibwachen und der *castrensis*, der Leibdiener des Kaisers.

2. Die Zentralverwaltung

Die Zentralverwaltung, die ebenfalls am Hof ansässig war, setzte sich aus den obersten zivilen wie militärischen Reichsämtern zusammen. Das zentrale Organ war hier der Heilige Rat (*sacrum consistorium*), in dem die wichtigsten politischen Fragen für den Kaiser beraten wurden. Die ständigen Mitglieder des Rates waren neben dem Kaiser die Inhaber der vier zentralen zivilen Ämter: der *comes rerum privatarum*, der für die Verwaltung der kaiserlichen Domänen (v. a. Ländereien), aber auch für die „heiligen Schenkungen" des Kaisers (etwa Donative an die Soldaten oder Zuwendungen an verdiente Würdenträger) zuständig war, der *comes sacrarum largitionum*, der „Finanzminister", der *magister officiorum*, der den kaiserlichen Büros sowie der Leibgarde vorstand und für die *agentes in rebus* zuständig war (diese kümmerten sich ihrerseits um die Staatspost und wurden für verschiedenste Missionen eingesetzt), sowie schließlich der *quaestor sacri palatii*, der mit der Gesetzgebung und den kaiserlichen Reskripten beschäftigt war. Bei Bedarf konnten weitere Personen als Ratgeber hinzugezogen werden, etwa die beiden obersten militärischen Funktionsträger (*magistri militum*), die ebenfalls dem *comitatus* angehörten.

Diese Ämter mit ihren spezifischen Zuständigkeiten wurden nicht in einem Zuge geschaffen, sondern entstanden in einem längeren Prozess. Die Bezeichnungen der Funktionen sind für die konstantinische Zeit bereits überliefert; in welchem Maße ihnen bereits die Aufgabenbereiche in der beschriebenen Form zugewiesen waren, wissen wir nicht zuverlässig. Bald nach Konstantin haben wir es aber mit Gewissheit mit der erwähnten Zuordnung zu tun.

Die zentralen Ämter waren bei den Anghörigen der Führungsschichten des Reiches außerordentlich begehrt. Je mehr sich die Kaiser im Verlaufe des 4. Jahrhunderts aus der praktischen Politik zurückzogen, desto größer wurde ihre Bedeutung. Auch die Mitglieder der Senatsaristokratie, die ihre Macht traditionell nicht vom Kaiser ableiteten, sondern sich auf Ansehen und Einfluss ihrer Familie beriefen, um ihren politischen Partizipationsanspruch zu begründen, strebten nach diesen Funktionen.

Besetzung der führenden Verwaltungsfunktionen mit Senatoren
Die Tetrarchen hatten die wichtigsten Aufgaben in der Zentral- wie Regionalverwaltung mehrheitlich mit Angehörigen des Ritterstandes besetzt, die sich als Herrschaftsträger stärker auf den Kaiser bezogen als die Senatoren. In der nachfolgenden Zeit wurde diese Entwicklung teilweise rückgängig gemacht: Konstantin berief wieder vorrangig Senatoren in die führenden Verwaltungspositionen. Man führt diesen Schritt meist darauf zurück, dass der *ordo senatorius* noch immer die Schicht mit dem höchsten Sozialprestige war, dem man eine erhebliche Beteiligung an der Reichsverwaltung schwerlich verwehren konnte. Hinzu kam, dass viele Senatoren in dieser Zeit nicht mehr aus alteingesessenen senatorischen Familien stammten, sondern erst vom Kaiser in diesen Stand erhoben worden waren und somit ein anderes Verhältnis zu einer Tätigkeit im kaiserlichen Dienst hatten. Für alle Angehörigen der sozialen Elite galt mittlerweile, dass sie attraktive und prestigeträchtige Funktionen nur durch den Kaiser erhalten konnten und sich entsprechend um seine Gunst bemühen mussten.

comes-Titel
Wichtiger als traditionelle Titel und Statussymbole wurde der *comes*-Titel („Begleiter" oder „Gefolgsmann"), den der Kaiser unabhängig von ihrer Herkunft an die Personen vergab, die in seinem Dienste wichtige Aufgaben erfüllten. Konstantin führte sogar drei Ränge von *comites* ein, also einen „Gefolgsmann ersten, zweiten und dritten Grades" (*comes ordinis primi, secundi* und *tertii*), die je nach Bedeutung der verrichteten Aufgaben und der Nähe zum Kaiser verliehen wurde. Auf diese Weise sollte der Ehrgeiz der Gefolgsleute angeregt werden, sich im Dienst für den *Augustus* auszuzeichnen. Senatoren wie Nichtsenatoren hatten sich hier in gleicher Weise zu engagieren.

Christen in den zentralen Verwaltungsfunktionen?
Gelegentlich wird angenommen, Konstantin habe die führenden Ämter in Zentral- und Regionalverwaltung gezielt mit Christen besetzt. Bei Eusebius finden wir entsprechende Äußerungen und einige moderne Forscher folgen ihm darin. Die Mehrheit der heutigen Autoren hält diese Aussage allerdings für nicht zutreffend, insbesondere nicht für den Westen des Reiches. Hier haben Untersuchungen zu den einzelnen Amtsträgern, die uns namentlich bekannt sind, ergeben, dass Christen selbst in nachkonstantinischer Zeit in der politischen Elite nur in sehr geringer Zahl vertreten waren.

3. Die Regionalverwaltung
Der eben besprochenen Zentralverwaltung war die Regionalverwaltung untergeordnet. Das Römische Reich wurde in der Spätantike in mehrere große Verwaltungsbereiche eingeteilt, im Verlaufe des 4. Jahrhunderts setzte sich die Gliederung des Imperiums in vier Teile durch. Wir wissen nicht genau, wie sich diese Einteilung entwickelt und zu welchem Zeitpunkt sie ihre vorerst gültige Form erhalten hat. Bereits die Tetrarchen haben diese Aufgabe in Angriff genommen, Konstantin setzte sie dann fort. Möglicherweise hat man eine längere „Experimentierphase" gebraucht, um zu einer tragfähigen Lösung zu gelangen. Während dieser Zeit wurden die Bezirke, die als Prä-

fekturen bezeichnet wurden, mehrfach unterschiedlich begenzt; zeitweise hören wir sogar von fünf Verwaltungsbezirken. Aus der *Notitia dignitatum*, einer unserer wichtigsten Quellen für die Verwaltungsorganisation des Römischen Reiches in der Spätantike, die allerdings erst aus der ersten Hälfte des 5. Jahrhunderts stammt, erfahren wir, dass Konstantin das Reich in folgende vier Präfekturen gegliedert habe: Oriens, Illyricum, Italia und Gallia. Ob diese Einteilung bereits unter Konstantin vorgenommen worden ist, ist nicht genau bekannt. In jedem Fall gibt sie den Zustand wieder, der im Verlaufe des 4. Jahrhunderts festgeschrieben wurde.

Die drei Ebenen der Regionalverwaltung: Präfektur, Diözese und Provinz
Die Regionalverwaltung bestand aus drei Ebenen, die hierarchisch aufeinander bezogen waren: an der Spitze standen die Präfekturen, ihnen untergeordnet waren die Diözesen, diesen wiederum unterstanden die Provinzen. Die vier Präfekturen waren in jeweils drei bis fünf Diözesen gegliedert. Die Zahl der Provinzen, die eine Diözese bildeten, war unterschiedlich. Sie änderte sich im Verlaufe der Zeit, da die Provinzen mehrfach geteilt wurden.

Auch die Einrichtung dieses Systems erfolgte nicht in einem Schritt, sondern bildete sich in einem längeren Prozess heraus. Wie weit Konstantin in dieser Hinsicht gelangt ist, ist in der Forschung umstritten; auf die Einzelheiten der Kontroversen brauchen wir hier nicht einzugehen. In nachkonstantinischer Zeit können wir diese Gliederung jedoch sicher annehmen.

Die leitenden Amtsträger auf den drei Ebenen der Regionalverwaltung:
Prätorianerpräfekt, Vikar und Provinzstatthalter
An der Spitze einer jeden Präfektur stand ein Prätorianerpräfekt (*praefectus praetorio*), einer Diözese stand ein Vikar (*vicarius*) vor. Die Leitung einer Provinz lag in der Hand eines Provinzstatthalters (dieser konnte im Lateinischen mit verschiedenen Begriffen bezeichnet werden, die zum Teil davon abhingen, ob der Amtsträger dem Senatoren- oder dem Ritterstand angehörte; unabhängig von der sozialen Herkunft der Person wurden die Bezeichnungen *rector*, *moderator* und *iudex* verwendet). Die Vikare waren dem Prätorianerpräfekten, zu dessen Präfektur ihre Diözese gehörte, unterstellt. Die Provinzstatthalter unterstanden ihrerseits dem Vikar, in deren Diözese ihre Provinz lag. Prätorianerpräfekten, Vikare und Provinzstatthalter bildeten also dem Prinzip nach einen Instanzenzug, der der modernen Verwaltungsorganisation durchaus vergleichbar ist. In der Praxis wurde dieser allerdings nicht immer sorgsam beachtet: So wandten sich Statthalter mit ihren Anliegen gelegentlich nicht an den zuständigen Vikar, sondern direkt an den Prätorianerpräfekten oder sogar an den Kaiser.

Der Prätorianerpräfekt war zudem das Bindeglied zwischen der Regionalverwaltung und der kaiserlichen Zentrale. Er war dem Kaiser direkt unterstellt und fungierte in seiner Präfektur als Stellvertreter des *Augustus*. Die Prätorianerpräfekten wurden gelegentlich auch zum *consistorium* hinzugezogen. Möglicherweise genossen sie, ebenso wie die Inhaber der zentralen Ämter, das Privileg, den Kaiser aus eigener Initiative aufzusuchen.

Funktionen der Regionalverwaltung
Die Hauptaufgaben der Regionalverwaltung waren die Erhebung der regelmäßigen Steuer, der *annona*, und die ordentliche Rechtsprechung. Die drei Instanzen arbeiteten auf diesen Gebieten eng zusammen. Hinzu kam die Aushebung der Soldaten und die Versorgung des Heeres, die in der Verantwortung der Prätorianerpräfekten lag.

Prätorianerpräfekten, Vikare und Provinzstatthalter hatten fast ausschließlich zivile Zuständigkeiten, kaum einer von ihnen war Träger eines militärischen Kommandos. Wie wir im ersten Kapitel gesehen haben, haben bereits die Tetrarchen begonnen, zivile und militärische Ämter in der Regionalverwaltung voneinander zu trennen. Diese Differenzierung wurde von Konstantin noch strikter durchgesetzt. Am entschiedensten wurde sie in den Provinzen vollzogen, die in konstantinischer Zeit neu eingerichtet wurden.

Die Trennung von zivilen und militärischen Kompetenzen zielte darauf, die Leistungsfähigkeit beider Bereiche zu erhöhen und damit die Intensität und Effektivität der staatlichen Herrschaft insgesamt zu steigern. Insbesondere die Aufgaben der zivilen Verwaltung nahmen an Menge und Anspruch zu, sie setzten vermehrt eine spezielle Qualifikation voraus, vor allem auf dem Gebiet des Rechts. Wer eine Führungsposition in der Administration übernehmen wollte, brauchte außerdem umfangreiche Verwaltungserfahrung, um sich in dem komplexen System ausreichend gut zurechtzufinden. Personen zu gewinnen, die sowohl für militärische wie für zivile Aufgaben hochqualifiziert waren, war unter diesen Bedingungen kaum noch möglich.

Die Prätorianerpräfekten waren im Prinzipat die Kommandanten der Prätorianerkohorten, einer kaiserlichen Elitetruppe, die unter Konstantin aufgelöst wurde. Neben militärischen, administrativen und jurisdiktionellen Funktionen hatten sie auch eine erhebliche politische Bedeutung gehabt, da die Prätorianer in der frühen Kaiserzeit bei der Erhebung des Kaisers eine zentrale Rolle spielten. Abgesehen von der Zuständigkeit für die Versorgung des Heeres, die sich aus ihrer Verantwortung für die *annona* ergab, und ihren Aufgaben bei der Aushebung neuer Truppen, verloren die Prätorianerpräfekten ihre militärischen Kompetenzen in der Spätantike. Dennoch darf man insgesamt von einer Aufwertung dieses Amtes sprechen: Seine zivilen Funktionen als Spitze der Regionalverwaltung gehörten zu den wichtigsten im spätantiken Staat. Zudem wurde das Amt von konstantinischer Zeit an in der Regel mit Senatoren besetzt, wohingegen es im Prinzipat ein ritterliches Amt gewesen war. Auch dies dokumentiert seine gestiegene Bedeutung.

Das Amt des Provinzstatthalters nahm hingegen weiter an Bedeutung ab. Durch ihre Unterordnung unter die *vicarii* und die Prätorianerpräfekten verloren die Statthalter an Autonomie und mussten vermehrt weisungsgebunden handeln. Insbesondere in der Rechtsprechung büßten sie verglichen mit der Prinzipatszeit an Befugnissen ein. Wir haben im ersten Kapitel gesehen, dass das Amt in diocletianischer Zeit, von wenigen Ausnahmen abgesehen, nicht mehr an Senatoren, sondern an Ritter vergeben wurde. In konstantinischer Zeit finden wir neben den Rittern wieder Senatoren in dieser Stellung. Die Senatoren genossen zwar aufgrund ihres sozialen Prestiges größeres Ansehen, hatten aber durch die Unterordnung unter die höheren Verwaltungsinstanzen, die für alle Statthalter in gleicher Weise galt, faktisch nicht mehr Macht als ihre ritterlichen Kollegen. Die Unterschiede zwischen Senatoren und Rittern verloren zunehmend an Bedeutung. Hinzu kam, dass viele Ritter, denen dieses Amt verliehen wurde, in den Senatorenstand erhoben wurden. Dies verwischte die Differenzen zusätzlich. Neben ihren Zuständigkeiten in der Steuereintreibung und einigen Kompetenzen in der Rechtsprechung waren die Statthalter zuständig für die Aufsicht über die Staatspost und für öffentliche Bauten. Zudem hatten sie verschiedene Kontrollrechte über die Städte in ihrer Provinz.

4. Die Städte

Die Städte stellten die kleinste politische und administrative Einheit des Römischen Reiches dar. In der Vergangenheit hatten sie sich weitestgehend selbst verwaltet und damit stets eine gewisse Unabhängigkeit von den höheren Verwaltungsorganen genossen. Mit der Zeit hatten sie zwar insbesondere im Bereich der Rechtsprechung Kompetenzen abgeben müssen, dennoch wurden sie zu keiner Zeit zur untersten Ebene der Regionalverwaltung degradiert. Sie hatten sich freilich an kaiserlichen Erlassen zu orientieren und konnten, wie gerade erwähnt, von den Statthaltern kontrolliert werden. Dies galt besonders für die Steuereinziehung, die städtische Institutionen im Auftrage des Reiches durchführten.

Stadtverwaltung

Die Stadtverwaltung hatte sich in ihrem Aufbau seit der Prinzipatszeit nicht wesentlich verändert. Eine Stadt hatte einen Rat (*ordo decurionum*) – auch als Kurie bezeichnet –, der über alle wichtigen kommunalen Angelegenheiten entschied, etwa über den Haushalt der Stadt, ihre Kulte, die Bauprojekte, die von der Stadt betrieben wurden, und auch über die Aufnahme von Neubürgern. Daneben gab es städtische Magistrate, die die Beschlüsse des Rates umzusetzen hatten. Sie waren vielfach den römischen Magistraten nachgebildet. Amtsträger wie Mitglieder des Rates wurden aus dem Dekurionenstand, der städtischen Oberschicht, gewählt. Wer zu diesem Stand gehörte, war vom Vermögen abhängig und wurde in einem regelmäßigen Zensus ermittelt.

In der frühen Kaiserzeit waren die Funktionen des Ratsherren und der städtischen Magistrate sehr begehrt. Die betreffenden Personen mussten zwar mit erheblichem finanziellen Aufwand, der aus privaten Mitteln zu bestreiten war, Spiele und Feste veranstalten, Kulte fördern und Bauten errichten. Sie hatten aber zugleich die Möglichkeit, sich als Wohltäter (*euergetes*) zu präsentieren und dadurch ein hohes Sozialprestige zu erwerben. Dies zahlte sich in den meisten Fällen schließlich auch ökonomisch aus.

Probleme der Stadtverwaltung in der Spätantike

In der Spätantike aber wurden diese Funktionen von den Dekurionen mehr und mehr als Belastung empfunden. Das hatte nicht zuletzt mit ihrer Verantwortung für die Steuereintreibung in den Städten zu tun. Diese Aufgabe war in der Vergangenheit vielfach gern wahrgenommen worden, weil sie attraktive Verdienstmöglichkeiten bot. Sie war aber insofern problematisch, als von den Dekurionen unter bestimmten Bedingungen verlangt wurde, dass sie bei Steuerausfällen mit ihrem persönlichen Vermögen hafteten. Unter den schwierigen wirtschaftlichen Verhältnissen, die vielerorts noch immer herrschten, waren sie nicht selten zu entsprechenden Zahlungen verpflichtet.

Wie schon im Prinzipat wurden die städtischen Ratsherren und Magistrate für ihre Tätigkeit nicht bezahlt und unterschieden sich darin von den Funktionsträgern in der Regional- und Zentralverwaltung. Wir haben es somit in den Städten nach wie vor mit einer Honoratiorenverwaltung zu tun. Dies wurde nicht als Nachteil empfunden, solange es möglich war, sich in der Stadt zu profilieren und tatsächlich Ehre (*honor*) zu erwerben. In der Spätantike war diese Möglichkeit aber immer weniger gegeben, was insbesondere damit zu tun hatte, dass die Stadt als Lebensmittelpunkt für die Bürger zunehmend an Bedeutung verlor (siehe dazu auch Kap. VIII). Den Honoratioren fehlte so nicht zuletzt die städtische Öffentlichkeit als Bezugspunkt für ihr Engagement. Entsprechend büßten die städtischen Ämter erheblich an Attraktivität ein. Hinzu kam, dass den Dekurionen jetzt untersagt wurde, in den Senatorenstand aufzusteigen und damit ihr soziales Prestige zu steigern. Im Prinzipat konnte das Engagement in städtischen Räten und Magistraten noch als „Sprungbrett" genutzt werden, um sich für Tätigkeiten auf höherer Ebene zu empfehlen. Mit dem Verbot sollte verhindert werden, dass die Dekurionen sich ihren Pflichten in den Städten entzogen.

Dass es in vielen Stadtverwaltungen in der Spätantike zu Problemen kam, können wir auch daran erkennen, dass die Städte immer häufiger den Kaiser um Hilfe baten. Wenn der Rat einen entsprechenden Beschluss fasste, setzte der Kaiser sogenannte *curatores rei publicae* ein, die die städtischen Verwaltungsfunktionen übernahmen. Bei ihnen handelte es sich um kaiserliche Amtsträger, die auch vom *Augustus* bezahlt wurden.

3. Militärische Reformen

Im Zusammenhang mit der Organisation der Regionalverwaltung haben wir gesehen, dass die Prätorianerpräfekten, die ehemals der Prätorianergarde vorgestanden hatten, zu zivilen Amtsträgern geworden waren. Zugleich wurde die Prätorianergarde abgeschafft. An ihre Stelle trat die neue Garde der *scholae palatinae*, die dem *magister officiorum* unterstand. Die militärischen Befugnisse, die die Prätorianerpräfekten bislang innegehabt hatten, einschließlich ihrer richterlichen Gewalt über die Angehörigen des Heeres, übertrug der Kaiser nun den Heermeistern. Konstantin führte zwei Heermeister (*magistri militum*) ein: der *magister peditum* erhielt die Zuständigkeit für die Infanterie, der *magister equitum* die Verantwortung für die Kavallerie. Sie gehörten, wie oben schon erwähnt, dem *comitatus* an, standen damit also in einem Nahverhältnis zum Kaiser, waren aber wohl nicht ständige Mitglieder des *consistorium*. Mit der Zeit erlangten die Heermeister eine außerordentlich große Bedeutung, insbesondere im Westen des Reiches. Je stärker sich die Kaiser im Verlaufe des 4. Jahrhunderts aus der Heerführung zurückzogen, desto wichtiger wurde ihre Rolle in diesem Bereich.

Die Tetrarchen hatten bereits begonnen, neben dem stehenden Heer eine mobile Feldarmee (*comitatus*) zu schaffen. Diese Maßnahme wurde unter Konstantin massiv fortgesetzt. Zu seiner Zeit unterschied man die mobilen Einheiten (*comitatenses*) ausdrücklich von den fest stationierten Grenztruppen (*riparienses*).

4. Steuer- und Währungspolitik

Das Steuersystem, das Diocletian eingeführt hatte, blieb unter Konstantin im Wesentlichen bestehen. Lediglich einige kleinere Änderungen nahm er hier vor. Eine dieser Neuerungen war, dass die Steuerrollen ab 312 nicht mehr alle fünf, sondern nur noch alle fünfzehn Jahre aktualisiert wurden.

Hinzu kam die Einführung einer neuen Steuer, der sog. Jubiläumssteuer (*aurum coronarium*). Sie wurde regelmäßig alle fünf Jahre erhoben, zudem bei Regierungsjubiläen des *Augustus* wie der *Caesares* sowie bei der Thronbesteigung neuer Regenten. Zahlungspflichtig wurden alle nichtsenatorischen Grundbesitzer; die Senatoren waren allerdings mit einer vergleichbaren Abgabe belastet. Das *aurum coronarium* konnte im Gegensatz zu den anderen Steuern nicht in Naturalien geleistet werden, sondern war in Gold oder Silber zu zahlen.

In einigen Fällen setzte sich Konstantin für eine Entlastung der Steuerzahler ein. Nach seinem Sieg über Licinius erließ er mehrere Gesetze, die darauf zielten, die

Unter- und Mittelschichten vor den Dekurionen, die mit der Steuereintreibung betraut waren, zu schützen. So wurde festgeschrieben, dass die städtischen Amtsträger, die die Steuerhöhe für die Bauern bestimmten, nach den diesbezüglichen Regelungen der Statthalter zu verfahren hätten und keinesfalls autonom agieren dürften. Eine andere Verordnung reagierte auf die Tendenz der Dekurionen, sich bei der Steuereintreibung zu bereichern. Um dem entgegenzuwirken, hielt Konstantin fest, dass außerordentliche Dienstleistungen, die für den Staat zu erbringen waren, nicht von den Dekurionen, sondern direkt von den Statthaltern auf die Steuerpflichtigen verteilt werden sollten.

Der größte Teil der Steuern wie auch der sonstigen Staatseinkünfte wurde für die Finanzierung des Heeres verwendet. Aufgrund der großen Zahl und Schwere der militärischen Auseinandersetzungen waren hier erhebliche Summen notwendig. Ähnlich wie in diocletianischer Zeit wurde auch unter Konstantin Kritik an den Belastungen geübt, die der Bevölkerung auferlegt wurden. Selbst Eusebius, der sich ansonsten stets wohlwollend über Konstantin und seine Politik äußert, deutet in diesem Zusammenhang vorsichtig Bedenken an.

Im Bereich der Währung hat Konstantin einige Veränderungen vorgenommen. Seine wichtigste währungspolitische Maßnahme war die Einführung einer neuen Goldmünze, die *aureus solidus* oder schlicht *solidus* genannt wurde. Dieser Schritt war notwendig geworden, nachdem die bisherige Goldmünze, der *aureus*, seit dem 3. Jahrhundert in ihrem Wert immer wieder verändert worden war. Der *solidus* wurde auf 1/72 des römischen Pfundes, das waren etwa 4,55 g, festgeschrieben. Bis in die byzantische Zeit hinein wurde er nach dieser Vorgabe geprägt und wies kaum Gewichtsschwankungen auf. Selbst in Zeiten hoher Inflation, als Kupfer- und Silbermünzen erheblich an Wert verloren, blieb er weitestgehend stabil.

VIII. Religion

1. Die pagane Religion

Die Religion der Römer ist ein äußerst komplexes Phänomen, das sich nur schwer fassen und auf geringem Raum kaum adäquat behandeln lässt. Wir können hier nur wenige zentrale Elemente in den Blick nehmen, die hilfreich sind, die Situation der paganen Religion zur Zeit Konstantins und ihr Verhältnis zum Christentum besser zu fassen.

Die römische Religion in der Frühzeit

Die Römer verehrten von frühester Zeit an eine Vielzahl göttlicher Mächte. Anfänglich hatten sie höchstwahrscheinlich keine konkreten Vorstellungen von ihren Gottheiten, fassten sie also weder anthropomorph noch in anderen physischen Gestalten. Sie nahmen sie vielmehr in ihrem Wirken war; für die göttliche Wirkkraft prägten sie den Begriff *numen*. Dieses konnte an verschiedensten Stellen wahrgenommen werden, etwa in atmosphärischen Erscheinungen wie Blitz und Donner, in Bäumen, in Stimmen oder sogar in Alltagsgegenständen. Da es sich bei den Göttern nicht um personale Gestalten handelte, konnte man mit ihnen nur eingeschränkt kommunizieren. Entsprechend war es nicht möglich, sich mit Bitten an sie zu wenden oder ihnen Fragen zu stellen, die sie etwa durch die Sendung von Zeichen beantworten sollten. Man brachte ihnen jedoch Opfer dar, um sie gnädig zu stimmen, und formulierte gelegentlich auch Beschwörungen, um Schaden, der von ihnen ausgehen könnte, abzuwehren.

Die Entwicklung der römischen Religion unter etruskischem und griechischem Einfluss

Die anthropomorphe Göttervorstellung lernten die Römer wahrscheinlich schon in der späten Königszeit durch Vermittlung der Etrusker kennen. Von den Griechen übernahmen sie die olympischen Gottheiten und belegten sie mit lateinischen Namen. Teilweise schrieben sie ihnen die gleichen Funktionen zu wie die Griechen, zum Teil deuteten sie sie auch anders gemäß ihren eigenen Bedürfnissen. Ähnlich wie die Griechen fertigten sie nun auch Götterbilder an und erbauten Tempel als Wohnhäuser für die Gottheiten. Noch immer aber kommunizierten die Römer wenig mit ihren Göttern. Sie brachten ihnen Opfer dar und vollzogen verschiedenste Rituale, ähnlich wie sie es bei ihren alten Gottheiten getan hatten. Für die Mythen, die die Griechen über ihre Götter erzählten, zeigten sie zunächst wenig Interesse. Diese flossen später in die römische Literatur ein; für die Religion selbst hatten sie jedoch kaum Bedeutung.

Die römische Religion als Opferreligion

Die römische Religion war eine Opferreligion und unterscheidet sich damit wesentlich von den sog. Buchreligionen wie dem Judentum, dem Christentum oder später dem Islam. Das bedeutet, die Römer kannten keine Glaubenslehre, die schriftlich fixiert wurde, und auch keine Heilsbotschaft. Wesentlich war für sie, dass sie rituelle Praktiken korrekt vollzogen und damit den „Frieden" seitens der Götter (*pax deorum*) sicherten. Was die Menschen dabei „glaubten", welche konkreten Vorstellungen sie von ihren

Gottheiten hatten, ob sie etwa emotionale Beziehungen zu ihnen entwickelten, war nicht von Bedeutung. Dennoch dürfen wir davon ausgehen, dass die meisten Menschen von der Existenz der Götter überzeugt waren und darauf vertrauten, dass ihre Opfergaben geeignet waren, sie gnädig zu stimmen.

Die politische Bedeutung der römischen Religion in der Republik
und in der frühen Kaiserzeit
Opfer und Rituale wurden im häuslichen wie im öffentlichen Bereich vollzogen. Auch in der Politik gewannen sie eine wichtige Rolle. Die Römer kannten keine Trennung von Politik und Religion, die dem modernen Verständnis entsprochen hätte. Das Wohlwollen der Götter zu erlangen, war auch für das Gemeinwesen wichtig. Man entwickelte mit der Zeit ein politisches Sendungsbewusstsein, das besonders in der späten Republik und im frühen Prinzipat ausdrücklich mit dem Willen der Götter in Zusammenhang gebracht wurde. Die Magistrate waren vielfach zugleich Priester und umgekehrt. Vor wichtigen politischen Unternehmungen suchten sie mit Hilfe mantischer Techniken, die sie teilweise von den Etruskern erlernt hatten, in Erfahrung zu bringen, ob die Götter ihren Plänen wohlgesonnen waren. Sie brachten im Namen des Gemeinwesens Opfer dar, um den Göttern zu danken oder sie gegebenenfalls auch zu versöhnen.

Im Zuge der Expansion des Reiches wurden die Götter der unterworfenen Völker in die römische Religion aufgenommen. Wo fremde Gottheiten für die Römer unverständlich waren, wurden sie den römischen Bedürfnissen entsprechend umgedeutet. Gleichzeitig wurden die römischen Götter in den Provinzen verbreitet; auch hier kam es zu Neuinterpretationen, die sich am Verständnis der jeweiligen provinzialen Bevölkerung orientierten.

In den Städten, die das römische Bürgerrecht erhielten, wurde ebenso wie in der Hauptstadt *Iuppiter Optimus Maximus* zum Hauptgott erhoben. Auf dem Forum dieser Städte errichtete man nach römischem Vorbild ein *Capitolium*, in dem wie in der Metropole die kapitolinische Trias (Jupiter, Juno und Minerva) verehrt wurde. Die Übernahme Jupiters führte allerdings nicht dazu, dass der bisherige zentrale Gott der Stadt aufgegeben werden musste, in den meisten Fällen wurde er mit dem römischen Gott identifiziert.

Kaiserkult
Seit dem frühen Prinzipat spielte der Kaiserkult im Imperium Romanum eine wichtige Rolle. Anfänglich war er vor allem in den Provinzen des griechischen Ostens erfolgreich, hier hatte die göttliche Verehrung von Menschen bereits eine lange Tradition. Im Westen tat man sich damit etwas schwerer, insbesondere die Vergöttlichung lebender Personen war hier ein Novum. Speziell die Senatsaristokratie hatte mit dem Kaiserkult erhebliche Probleme, sie betrachtete den Kaiser als *primus inter pares* und verhielt sich daher gegenüber der göttlichen Verehrung gerade des noch lebenden Kaisers sehr reserviert. Mit der Zeit aber überwand auch sie mehrheitlich ihre Skepsis. Der Kaiserkult wurde in allen Provinzen gepflegt und fügte damit die Mehrzahl der Reichsbewohner, die sich ansonsten hinsichtlich ihres Rechtsstatus und ihrer politischen Befugnisse wesentlich unterschieden, zu einer Kultgemeinschaft zusammen. Damit gewann dieser Kult eine große Bedeutung für die Integration des Reiches.

Mit welcher Gesinnung die Menschen den Kaiserkult vollzogen, lässt sich nur schwer ermessen. Religion und Politik lassen sich auch in diesem Falle kaum trennen. Ob man dem Kaiser als Ausdruck politischer Loyalität opferte oder ob auch spezifisch religiöse Vorstellungen eine Rolle spielten, ist kaum zu entscheiden. Für die Römer war diese Frage im Übrigen kaum von Interesse: Ebenso wie bei den sonstigen Kulten kam es hier auf den praktischen Vollzug an, nicht auf die Überzeugungen der Menschen, die sich daran beteiligten.

Aufkommen neuer religiöser Bedürfnisse
Mit der Zeit scheinen die offiziellen Staats- und Stadtgottheiten allein die Bedürfnisse der Menschen im Römischen Reich nicht mehr befriedigt zu haben. Viele wandten sich bereits ab dem 2. Jahrhundert n. Chr. zusätzlich neuen Gottheiten und Kulten zu, die stärker auf ihre persönlichen Belange bezogen waren und damit in höherem Maße individuellen Bedürfnissen entsprachen.

Mit dieser religiösen Neuorientierung hat sich die Forschung intensiv auseinander gesetzt. Man hat festgestellt, dass es sich dabei um ein vorrangig städtisches Phänomen handelte, bei der Landbevölkerung lässt sich keine vergleichbare Veränderung in der religiösen Haltung beobachten. Auf dem Lande wurden weiterhin die Kulte vollzogen, die unmittelbar mit den Erfordernissen der Landwirtschaft zu tun hatten (z. B. Fruchtbarkeitsriten). Das geänderte Verhalten der Stadtbevölkerung hat wohl primär damit zu tun, dass die Bürger sich immer weniger über ihre Stadt definierten und sie nicht mehr als vorrangigen Bezugspunkt ihres Handelns betrachteten. Dies läßt sich vor allem darauf zurückführen, dass die Städte in der Kaiserzeit ihre Qualitäten als politische Gemeinschaft allmählich einbüßten: Die zentralen politischen Entscheidungen wurden an anderer Stelle getroffen. Besonders im griechischen Osten, der durch die Poliskultur geprägt war, wurde dies als massiver Verlust empfunden. Die Bürger konzentrierten sich infolge dessen auf andere Betätigungen, sie schlossen sich zu verschiedensten Vereinen (*collegia*) zusammen, die vielfach nicht stadtweit agierten, sondern sich auf einen Stadtteil beschränkten. Das Stadtzentrum, besonders das Forum, diente mehr und mehr der Repräsentation des Kaisers und fungierte nur noch in geringem Maße als Ort bürgerlicher Interaktion und Kommunikation.

In der Spätantike kamen weitere Probleme hinzu. Wir haben in Kap. VII gesehen, dass die Dekurionen zunehmend Schwierigkeiten hatten, ihre Aufgaben in den Städten zu erfüllen. Es fehlte ihnen auch an Mitteln, um die Kulte zu fördern und religiöse Feste auszurichten. Man ist sich heute einig, dass man aus diesem Umstand nicht den Schluss ziehen darf, dass die Menschen sich nun von den paganen Kulten abgewandt hätten. Die Probleme der Dekurionen bedingten jedoch, dass sich das öffentliche Leben in der Stadt weiter reduzierte und die Menschen sich noch stärker als in der frühen Kaiserzeit auf andere Bezugspunkte konzentrierten.

Mysterienreligionen
Diese Haltung führte auch dazu, dass ein neuer Typus von Religion großen Zulauf fand, die sog. Mysterienreligionen, die aus dem orientalischen Raum stammten. Sie versprachen dem Einzelnen persönliche Erlösung. Anders als die meisten traditionellen Kulte umfassten sie nicht einen Großteil der Bürger und hatten ihren Sitz nicht offen sichtbar inmitten der Stadt, sondern wurden in kleinen Gruppen jenseits der städtischen Öffentlichkeit praktiziert. Diese Gruppierungen schufen vielfach engen Zusammenhalt unter den Mitgliedern; dies geschah insbesondere auch deshalb, weil die Mysterien-

religionen, wie der Name besagt, auf geheimen Lehren basierten, über die außerhalb der Gemeinschaft nicht gesprochen werden durfte.

Die Mysterienreligionen verbreiteten sich jedoch nicht erst infolge der Krise des 3. Jahrhunderts im Römischen Reich, erste Anhänger fanden sie bereits in der ausgehenden Republik. In republikanischer Zeit aber stießen sie noch auf erhebliche Vorbehalte. Der Grund für diese Skepsis ist weniger darin zu sehen, dass sich diese Kulte prinzipiell von der traditionellen römischen Religion unterschieden, als dass man ungern religiöse Gruppierungen sah, die sich vom öffentlichen Leben distanzierten und sich einer unbekannten Lehre verschrieben. Man sorgte sich, dass sich hinter solchen befremdlich wirkenden Gemeinschaften politische Gruppen verbergen, die das Gemeinwesen in Gefahr bringen könnten. Aus diesem Grunde wurde beispielsweise der Isiskult, der aus Ägypten stammte, in republikanischer Zeit mehrfach verboten.

Die Skepsis gegenüber den neuen Religionsgemeinschaften wurde jedoch schnell überwunden. Bereits in der frühen Kaiserzeit fanden diese Kulte zahlreiche Anhänger, ab dem 2. Jahrhundert verbreiteten sie sich massiv. Die Römer machten die Erfahrung, dass von ihren Anhängern keinerlei politische Gefahren ausgingen und damit kein Anlass zu Misstrauen bestand. Selbst Kaiser haben sich in die Mysterien einweisen lassen.

Die Mysterienreligionen unterschieden sich in ihrer Struktur deutlich von der traditionellen römischen Religion. Sie stellten jeweils einen einzelnen Gott in ihr Zentrum und distanzierten sich damit vom Polytheismus herkömmlicher Form. Die Personen, die sich in die Kulte einweihen ließen, die sog. Mysten, strebten nach persönlicher Nähe zu diesem Gott. Ein solches Nahverhältnis zu einer Gottheit war bislang unbekannt. Die Mysten wünschten von ihr Hilfestellung in ihrer Lebensführung und Erlösung von irdischen Beschwernissen. Auf derartige Erwartungen antwortete die pagane Religion ebenfalls nicht.

Die Methoden, die man verwendete, um sich dem Gott anzunähern, waren verschieden. Meist wurden Praktiken angewendet, die die Mysten in einen ekstatischen Zustand versetzten, in dem sie eine Epiphanie erfuhren, d.h. eine persönliche Erscheinung des Gottes zu erleben meinten. Zum Teil wurde sogar eine Vereinigung mit dem Gott angestrebt. Auch ein gemeinsames Mahl der Mysten mit der als anwesend vorgestellten Gottheit kam in diesem Zusammenhang häufig vor. Um zu derartigen geheimen Zeremonien zugelassen zu werden, musste man eine längere Einführungsphase absolvieren. Diese war zum Teil stufenweise gegliedert und schloss sich an eine formalisierte Eintrittszeremonie an. Hatte man die oberste Stufe erreicht, konnte man zur höchstmöglichen Erkenntnis gelangen und des erlösenden Gottes gewahr werden. Die Erlösung wurde gelegentlich bereits im irdischen Leben erwartet. In den meisten Fällen aber nahm man an, dass das ersehnte Heil erst im Jenseits erlangt werde.

Mithraskult als Beispiel einer Mysterienreligion

Eine der im Römischen Reich besonders stark verbreiteten Mysterienreligionen war der Mithraskult, von dem wir bereits in der frühen Kaiserzeit zahlreiche Zeugnisse haben. Er stammte aus dem persischen Raum. Der Glaubenslehre dieses Kultes lag eine spezifische Weltanschauung zugrunde: Man ging von einem dualistischen Weltbild aus, nahm also an, dass die Welt sich aus zwei Prinzipien zusammensetzte, die sich im Widerstreit befanden: Licht und Finsternis, Gut und Böse, Tag und Nacht, Wahrheit und Lüge kämpften beständig miteinander. Dieser Kampf sollte zum Ende kommen, wenn Mithras die Mächte des Bösen überwunden und damit dem Prinzip, das für das Gute stand, zum Sieg verholfen hatte. Man entwickelte die Vorstellung, dass Mithras mit den

Menschen mit leide, dass er mit ihnen und für sie kämpfe. Durch seinen Sieg über das Böse wurden aber, so glaubten seine Anhänger, nur diejenigen befreit, die mit ihm zuvor in Kontakt getreten waren.

Dieser Kampf sollte allerdings nicht nur im Jenseits in der Zukunft stattfinden, sondern bereits in der Gegenwart in der diesseitigen Welt beginnen. Hier konnten die Kultanhänger selbst agieren und sich an ihrer Erlösung aktiv beteiligen. Sie nahmen für sich in Anspruch, für das Gute, für Wahrheit und Gerechtigkeit zu streiten. Nach ihrem Tode, so meinten sie, würden sie dann zu Mithras aufsteigen und mit ihm gemeinsam in seinem Lichtreich leben. Am Ende aller Zeit werde schließlich der Konflikt stattfinden, in dem Mithras das Böse mit all seinen Erscheinungsformen endgültig überwinden werde. Aufgrund seines kämpferischen Charakters war der Mithraskult gerade auch bei Soldaten sehr beliebt. Seine Kulträume, die Mithräen, finden sich an vielen Armeestandorten.

Die Tatsache, dass bei den Mysterienreligionen ein einzelner Gott im Zentrum stand, hinderte ihre Anhänger keineswegs daran, auch andere Götter zu verehren. Man sah hier keinen Widerspruch. An dieser Stelle ist im übrigen der entscheidende Unterschied zwischen den (paganen) Erlösungsreligionen und dem Christentum zu konstatieren. Ansonsten weisen diese Kulte viele strukturelle Gemeinsamkeiten mit der christlichen Religion auf.

Religiöser Synkretismus

Zum Teil wurde die Gottheit, die im Mysterienkult die entscheidende Rolle spielte, sogar mit anderen göttlichen Mächten identifiziert. So wurde Mithras häufig mit dem Sonnengot (Sol), dessen Kult sich im 2. und 3. Jahrhundert stark verbreitete, gleichgesetzt. Der Sonnengott konnte auch mit anderen Göttern identifiziert werden. Wir haben oben gesehen, dass Konstantin Sol zunächst mit Apollon und später mit dem Christengott in Verbindung brachte. Der Sonnengott eignete sich dazu besonders gut, da man mit ihm kaum konkrete Vorstellungen verband. Derartige Gleichsetzungen verschiedener Götter, sog. Synkretismen, waren in der römischen Kaiserzeit sehr verbreitet. Viele Anhänger des Sonnenkultes hielten Sol für den höchsten Gott, was sie aber keineswegs davon abhielt, auch anderen Göttern zu opfern. Aufgrund der synkretistischen Vorstellungen war das ohne Probleme möglich. Kaiser Aurelian erhob den Kult des *Sol invictus* im 3. Jahrhundert sogar zum Staatskult, ohne deshalb die Verehrung der traditionellen Staatsgötter zu vernachlässigen.

Man sollte daher nicht davon sprechen, dass die alte Religion in eine fundamentale Krise geraten sei und die Menschen sich in religiöser Hinsicht grundsätzlich neu orientiert hätten, wie in der älteren Forschung zuweilen angenommen wurde. Die Mysterien- oder Erlösungsreligionen stellten ein zusätzliches Angebot neben den bisherigen Kulten dar, die letztere keineswegs verdrängten, sondern parallel zu ihnen praktiziert wurden.

Henotheismus

Weil die Anhänger dieser neuen Religionsgemeinschaften sich *primär* auf *einen* Gott ausrichteten, ohne ihn aber exklusiv zu verehren, spricht man in ihrem Fall von henotheistischen Religionen. Damit grenzt man sie in gleicher Weise vom herkömmlichen Polytheismus ab, der zahlreiche Götter anerkannte, ohne eine strikte Hierarchie unter ihnen anzunehmen, wie von den beiden damals praktizierten monotheistischen Religionen Judentum und Christentum, die *nur einen einzigen* Gott akzeptierten.

2. Christentum und christliche Kirche

Die Anfänge des Christentums

Die Anfänge der christlichen Religion sind zweifellos im Wirken Christi, seiner Kreuzigung und Auferstehung auszumachen. Dennoch wäre es nicht korrekt, bereits zu dieser Zeit vom Christentum als einer eigenständigen Religion zu sprechen. Diese hat sich erst in einem langen Prozess herausgebildet. Jesus hatte keineswegs die Absicht, eine neue Religion zu stiften. Er wendete sich mit seiner Botschaft an die Juden und wollte diese in seinem Sinne zur Umkehr bewegen; eine grundsätzliche Distanzierung vom Judentum war in keinem Fall seine Intention.

Judenchristen

Auch in den ersten Jahrzehnten nach der Kreuzigung und Auferstehung Christi, der sog. Apostolischen Zeit, als die Apostel auszogen, um die Botschaft zu verkünden, wurde keine Trennung von der jüdischen Religion vollzogen. Die meisten Menschen, die sich in dieser Phase zu Christus bekannten, waren Juden und lebten in der jüdischen Tradition, d.h. nach dem jüdischen Gesetz. In der Forschung werden sie daher oft als „Judenchristen" bezeichnet. Die Mehrzahl von ihnen war anfänglich in Palästina ansässig, nach dem großen Judenkrieg (66–70 n.Chr.), der mit einer schweren Niederlage gegen die Römer endete, verließen viele das Land und zogen in andere Regionen des Reiches, vornehmlich an Orte, an denen bereits jüdische Gemeinden existierten. Auf diese Weise verbreiteten sie die neue Lehre auch außerhalb Palästinas, allerdings weiterhin vorzugsweise unter den Anhängern der jüdischen Religion.

Heidenchristen

Daneben aber gab es auch in der ersten Generation nach Christi Kreuzigung und Auferstehung bereits Personen, die pagan sozialisiert worden waren und sich dennoch in einer späteren Lebensphase dem Christentum zuwandten, die sog. „Heidenchristen". Die größte Bedeutung bei der Missionierung der Heiden hatte der Apostel Paulus, der die Position vertrat, der Missionsauftrag Christi sei nicht allein auf die Juden zu beziehen, sondern müsse auch die anderen Bewohner des Römischen Reiches einschließen. Paulus selbst besaß das römische Bürgerrecht und konnte daher ohne größere Probleme im Reich umherreisen, um die Botschaft zu verbreiten. Allerdings tat er mit der Heidenmission auch einen wichtigen Schritt zur Trennung vom Judentum. Die Heidenchristen unterschieden sich in einer für die Juden entscheidenden Hinsicht von den sog. Judenchristen: Sie orientierten sich nicht am jüdischen Gesetz.

Differenzierung von Judentum und Christentum

Zu welchem Zeitpunkt die Loslösung vom Judentum und damit die Herausbildung des Christentums als eigenständiger Religion vollzogen wurde, lässt sich nicht sicher bestimmen. Um hier wenigstens annäherungsweise eine Antwort geben zu können, orientiert man sich meist an den Selbstbezeichnungen der jeweiligen religiösen Gruppen und ihrer Benennung durch andere: Aus Sicht der Juden war mit der Absage der Heidenchristen an das jüdische Gesetz bereits eine Trennung vollzogen, die sie auf sämtliche Christen übertrugen. Sie bezeichneten die Christen fortan als „Galiläer" oder „Nazaräer" (nach der Stadt Nazareth) und differenzierten sie damit auch begrifflich von den Juden. Die Christen selbst titulierten sich im 1. Jahrhundert mit unterschiedlichen Namen, z.B. als das „Volk Gottes", als „Gläubige" oder „Heilige". Diese Benennungen waren noch recht unspezifisch, erstere Bezeichnung wurde auch von den Juden als Selbstbezeichnung verwendet. Den Namen „*Christiani*" haben sie um die Mitte des 1. Jahrhunderts von den Römern erhalten. In Rom war es üblich, religiöse oder auch politische Gruppen nach ihren Begründern zu benennen. Auch die Römer haben die Christen damit bereits in dieser Zeit als von den Juden abgegrenzte religiöse Gruppierung begriffen.

Bedingungen für die Ausbreitung des Christentums im Römischen Reich
Die Heidenmission legte den Grundstein für die Verbreitung des Christentums im Römischen Reich. Die Verhältnisse im Imperium Romanum waren dafür günstig: die Infrastruktur war vergleichsweise gut, das Reich verfügte über ein nach antiken Maßstäben gutes Straßennetz, römische Bürger konnten im Reich reisen und hatten die Möglichkeit, Briefe im gesamten Imperium zu versenden.

Auch die christliche Religion selbst wies verschiedene Merkmale auf, die ihre Ausbreitung begünstigten: Entscheidend war zunächst einmal, dass das Christentum nicht auf die Verehrung eines Gottes an einem einzelnen Ort und damit an einen bestimmten Tempel gebunden war wie viele pagane Kulte. Hinzu kam, dass sich die Christen der griechischen Sprache bedienten und damit in den östlichen Provinzen nahezu überall verstanden wurden; auch im Westen waren Griechischkenntnisse zumindest in den gebildeten Schichten in der frühen Kaiserzeit sehr verbreitet. Daneben war die christliche Lehre auch aus inhaltlichen Gründen im Römischen Reich recht gut vermittelbar, im besonderen in den Regionen, die durch die hellenistische Kultur geprägt waren. Hier war man mit den oben beschriebenen Mysterienreligionen vertraut und erkannte Gemeinsamkeiten zwischen diesen und dem Christentum: beispielsweise die Rolle Christi, die Initiation (Taufe), das Kultmahl, die Heilsbotschaft und die Hoffnung auf Erlösung im Jenseits. Die christliche Religion konnte als eine der zahlreichen Erlösungsreligionen verstanden werden.

Das Verhältnis der Christen zum römischen Staat im 1. Jahrhundert
Trotz dieser guten Bedingungen war die Lage der Christen in der frühen Kaiserzeit nicht ganz einfach. Das lag weniger daran, dass die christliche Religion noch nicht den Status einer *religio licita* hatte und damit skeptisch beäugt wurde. Die Schwierigkeit hatte eher damit zu tun, dass die Anhänger der christlichen Religion selbst sich dem Römischen Reich gegenüber distanziert verhielten. Das Christentum war vor allem im 1. Jahrhundert, der sog. Apostolischen Zeit, stark durch die Erwartung der Parusie geprägt: Seine Anhänger glaubten, dass Christus noch zu ihren eigenen Lebzeiten auf die Erde zurückkehren und Gericht halten werde. Diese Vorstellung hatte erhebliche Konsequenzen für ihre Haltung zum Römischen Reich: Sie interessierten sich zunächst kaum für ihre soziale Umwelt. Daher war es ihnen auch im wesentlichen gleichgültig, was die Römer von ihnen dachten. Sie bemühten sich gar nicht darum, den Rang einer erlaubten Religion zu erhalten.

Das bedeutet allerdings nicht, dass sich die Christen in dieser Zeit überhaupt nicht mit dem Imperium Romanum auseinandergesetzt und sich keinerlei Gedanken darüber gemacht hätten, wie sie sich zum Staat verhalten sollten. Viele Christen verfügten über das römische Bürgerrecht und konnten es gar nicht vermeiden, sich mit den Erwartungen, die das Gemeinwesen an sie stellte, auseinanderzusetzen. Eine Frage, die sogar die meisten Christen, die freie Reichsbewohner waren, tangierte, betraf die Zahlung von Steuern. Entsprechend diskutierten Christen bereits im 1. Jahrhundert, ob sie

Steuern entrichten sollten oder nicht. Die Mehrzahl scheint hier eine positive Auffassung gehabt zu haben. Zur Begründung verwiesen sie auf die Position des Paulus, nach der jede Herrschaft von Gott eingesetzt sei und auch dem weltlichen Herrscher gegeben werden müsse, was ihm zustehe: *Jeder Mensch soll der Obrigkeit, die Gewalt über ihn hat, untertan sein. Denn es gibt keine Obrigkeit, die nicht von Gott eingesetzt ist. Wo eine Obrigkeit besteht, ist sie also von Gott eingesetzt. […] So gebt jedem das, was ihr ihm schuldet: Steuer demjenigen, dem ihr Steuer schuldet, Zoll dem, dem Zoll zusteht, Furcht dem, der Furcht verdient, und Ehre dem, dem Ehre gebührt* (Paulus, *Römer* 13,1.7).

Bei dieser Aussage ging es allerdings nicht so sehr darum, für eine positive Haltung der Christen zum Staat zu plädieren. Paulus war vielmehr bestrebt, die Christen davon abzuhalten, Konflikte mit dem Staat heraufzubeschwören, und sie zu ermutigen, sich auf ihr eigentliches Ziel zu konzentrieren: das jüngste Gericht und das ewige Leben. In dem Sinne wurden diese Worte auch von den Christen im 1. Jahrhundert verstanden.

Die Haltung der Christen zum römischen Staat im 2. und 3. Jahrhundert
Spätestens gegen Ende des 1. Jahrhunderts aber änderte sich die Lage: Die Anhänger der christlichen Religion gelangten in ihrer Mehrzahl zu der Einsicht, dass die Rückkehr Christi offenbar doch nicht unmittelbar bevorstehe und sie noch für längere Zeit in der irdischen Gesellschaft verweilen müssten. Daraus ergab sich die Notwendigkeit, sich eingehender mit der Frage zu beschäftigen, wie die Christen sich hier adäquat verhalten könnten.

In diesem Kontext wurden verschiedenste Themen besprochen, die sich mit dem Verhältnis des Christentums zu Staat und Gesellschaft befassten. Im Hinblick auf die Haltung zum Staat wurde etwa diskutiert, welche Position man dem Kaiser gegenüber einnehmen solle. Obwohl man, wie eben gesehen, schon recht früh zu einer affirmativen Haltung gegenüber dem Staat gelangte, gab es hier doch grundsätzliche Probleme: Das schwerwiegendste war das Verhalten gegenüber dem Kaiserkult. Wie bereits in Kap. I dargelegt, war ein Bürger des Römischen Reiches im Normalfall nicht verpflichtet, den Kaiserkult zu vollziehen. Wie oben besprochen, stellten die allgemeinen Opferedikte unter Decius und Diocletian eine absolute Ausnahme dar. In der frühen Kaiserzeit wurden Christen ausschließlich im Rahmen von Christenprozessen angehalten zu opfern. Man wollte damit herausfinden, ob sie tatsächlich Christen waren oder nicht. Darüber hinaus gab es keine Verpflichtung, den Kaiserkult zu vollziehen oder sonstige Opfer im Interesse des Reiches darzubringen, so dass Konflikte mit dem Staat hier leicht vermeidbar waren.

Anders verhielt es sich, wenn Christen den Wunsch hatten, sich politisch zu betätigen bzw. ihre Umwelt ein solches Engagement von ihnen erwartete. Inbesondere wenn sie als Soldaten tätig waren oder ein öffentliches Amt übernahmen, hatten sie kaum eine Möglichkeit, sich dem Kultvollzug zu entziehen. Wie sollten sie sich angesichts dessen verhalten? Diese Frage war nicht allein theoretischer Natur, spätestens in der zweiten Hälfte des 2. Jahrhunderts erlangte sie praktische Relevanz. In dieser Zeit waren bereits etliche Christen im Heer tätig; genaue Zahlen sind freilich nicht überliefert. Da die Angelegenheit in der christlichen Literatur intensiv behandelt wurde – Tertullian beispielsweise widmete ihr mit *De corona militis* eine ganze Schrift –, konnte es sich schwerlich um ein marginales Problem handeln.

Christliche Soldaten waren meist Männer, die sich dem Christentum zugewandt hatten, als sie bereits Soldaten waren; den umgekehrten Fall dürfte es in dieser Zeit kaum gegeben haben. Die Schwierigkeit, mit der sich diese Heeresangehörigen konfrontiert sahen, lag zum einen darin, dass sie in ihrer Tätigkeit mit großer Wahrscheinlichkeit töten mussten, zum anderen in der erwähnten Opferproblematik. Wir wissen von etlichen christlichen Soldaten, die das Opfer verweigert haben und daraufhin den Märtyrertod starben. Das aber dürfte nicht die Regel gewesen sein, auch wenn gerade diesen Personen in der christlichen Literatur große Aufmerksamkeit geschenkt wurde.

Mit ähnlichen Schwierigkeiten waren auch die Träger öffentlicher Ämter konfrontiert. Konkret stellte sich dieses Problem vor allem in den östlichen Provinzen, wo sich bereits im ausgehenden 2. Jahrhundert zahlreiche Personen dem Christentum zuwandten, die zur sozialen Oberschicht gehörten. Von diesem Personenkreis erwartete die Umwelt, dass sie in den Städten politische Funktionen übernahmen, in deren Kontext geopfert wurde, und Feste veranstalteten, die ebenfalls einen paganen Hintergrund hatten. Höchstwahrscheinlich waren nicht wenige dieser Christen auch selbst daran interessiert, sich in ihrer Stadt zu engagieren, zumal wenn sie aus Familien stammten, in denen solches Verhalten üblich war.

Auch mit deren Problematik befassten sich christliche Autoren im 2. und 3. Jahrhundert eingehend. Im Westen betonte der schon erwähnte Tertullian, Christen düften nur unter der Voraussetzung Ämter annehmen, dass sie im Rahmen ihrer Tätigkeit nichts mit Opfern zu tun hätten. Sie sollten nicht einmal bei Opfern anwesend sein, die von anderen Personen vollzogen würden (*De idololatria* 17). In der Praxis bedeutete das, dass Christen sich von Ämtern fernhalten sollten. Im Osten war man hier zumeist offener. Griechische Autoren christlicher Provenienz zeigten größeres Verständnis für das Interesse der Christen an Ämtern und begrüßten es zum Teil als eine Möglichkeit, mit der Christen ihre Loyalität zum Staat zum Ausdruck bringen konnten. Mit der Zeit fand man im Osten wie im Westen eine weitere Lösung für dieses Problem: Man empfahl den Christen, sich um die Ämter in der Christengemeinde zu bemühen. Speziell das Bischofsamt wurde als attraktive Alternative zu einer politischen Funktion gepriesen.

Auch wenn die Mehrzahl der Christen von Staats wegen nicht zur Teilnahme am Kaiserkult verpflichtet war, stellte dieser Kult für sie doch aus mehreren Gründen ein Problem dar: Zum einen fielen sie in der Gesellschaft unangenehm auf, wenn sie sich hier als einzige ausschlossen. Zum anderen wollten sie ihre grundsätzlich positive Haltung zum Staat zum Ausdruck bringen. Ihr Fernbleiben vom Kaiserkult konnte jedoch leicht als Zeichen mangelnder Loyalität gedeutet werden. Für diese Schwierigkeit entwickelten die Christen eine interessante Lösung: Sie formulierten ihre Bereitschaft, für den Kaiser und das Reich zu beten und präsentierten dieses Gebet als Äquivalent zum Opfer. Damit konnten sie ihre politische Treue unter Beweis stellen, ohne gegen die Prinzipien ihrer Religion zu verstoßen. Wir kennen derartige Überlegungen vornehmlich aus den Apologien, wörtlich „Verteidigungen", mit denen sich christliche Autoren seit dem 2. Jahrhundert gegen die Vorwürfe seitens der paganen Umwelt zu erwehren suchten.

Daneben gab es vom 2. Jahrhundert an weitere Bemühungen, Christentum und Römisches Reich in eine positive Relation zu bringen. Einer der ersten, die sich damit beschäftigten, war Melito von Sardes, der zu den eben erwähnten Apologeten zählt. Wir kennen seine diesbezüglichen Vorstellungen aus der *Historia ecclesiastica* des Eusebius, der sich seinen Thesen weitestgehend anschloss. Zentral ist bei seinen Überlegungen der Versuch, römische Geschichte und christliche Heilsgeschichte zueinander in Beziehung zu setzen. Eine wichtige Voraussetzung dafür war die Beobachtung, dass das Wirken Christi zeitlich mit der Regentschaft des Kaisers Augustus zusammenfiel. Augustus hatte dem Römischen Reich eine lange Friedensphase beschert und damit gute Voraussetzungen für die Verbreitung des Christentums geschaffen. Das zeitgleiche Auftreten von Jesus Christus und Augustus wurde als nicht zufällig begriffen, sondern als von Gott gewollt verstanden. Augustus handelte also – freilich ohne sich dessen bewusst zu sein – im Sinne Gottes und erhielt somit einen Platz in der christlichen Heilsgeschichte. Den meisten der nachfolgenden Kaiser attestierte man, die Christen zumindest in Ruhe gelassen, wenn nicht gar gefördert zu haben. Kaiserlich autorisierte Christenverfolgungen, wie unter Nero geschehen, betrachtete man als Ausnahme. Wie wir oben gesehen haben, ist diese Ansicht durchaus historisch zutreffend, insgesamt aber äußern sich Autoren wie Melito und Eusebius hinsichtlich der Haltung der *Augusti* zur christlichen Religion eher allzu optimistisch. Mit Konstantins Hinwendung zum Christentum fielen römische Geschichte und christliche Heilsgeschichte nach ihrem Verständnis dann endgültig zusammen.

Herausbildung der Organisation der christlichen Gemeinde

Mit dem Nachlassen der Parusieerwartung begannen die Christen nicht nur, ihre Haltung zur sozialen Umwelt zu überdenken. Zu Veränderungen kam es vom Ende des 1. Jahrhunderts an auch in den christlichen Gemeinden selbst. Die Apostel hatten aufgrund ihres persönliches Kontaktes zu Jesus eine besondere Autorität unter den Christen gehabt, sie hatten die richtige Lehre garantiert und waren in der Lage gewesen, bei Meinungsverschiedenheiten in Glaubensangelegenheiten verbindliche Entscheidungen zu treffen. Nach ihrem Tode schien es notwendig, Personen zu bestimmen und so zu autorisieren, dass sie faktisch die Nachfolge der Apostel antreten konnten.

Bis hier eine Lösung gefunden wurde, dauerte es allerdings eine Weile. Man kam schließlich im 2. Jahrhundert dazu, ein Amt zu schaffen, dessen Träger der Gemeinde vorstehen sollte, das Bischofsamt. Der Bischof fungierte als Lehrer, war verantwortlich für die rechte Überlieferung der Lehre und spendete die Sakramente. Seit der zweiten Hälfte des 2. Jahrhunderts betrachteten sich die Bischöfe explizit als Nachfolger der Apostel.

Bald gelangten die Christen zu der Einsicht, dass weitere Personen gebraucht wurden, die in der Gemeinde Funktionen übernehmen und in gewissem Rahmen Entscheidungen treffen konnten: die Älteren (Presbyter), denen die Aufgabe zugewiesen wurde, den Bischof zu beraten. Hinzu kamen die Diakone, die den Bischof in seiner praktischen Arbeit unterstützten und sich besonders um Armenfürsorge und Krankenpflege in der Gemeinde kümmerten. Mit letzterer Funktion wurden gelegentlich auch Frauen betraut – allerdings nur in der Anfangsphase.

Mit der Einrichtung dieser ständigen Ämter bildete sich eine Gemeindeorganisation heraus. Aus der Tatsache, dass sich die Begriffe, die für sie anfänglich verwendet wurden, griechisch waren (*episkopos* für Bischof, *presbyteros* und *diakonos*) schließt man, dass sich diese Institutionen zunächst im Osten des Reiches ausgebildet haben und zwar in der ersten Hälfte des 2. Jahrhunderts. Bald darauf dürften sie sich auch im Westen etabliert haben. Bischöfe, Presbyter und Diakone wurden zu einem Klerus zusammengeschlossen, der sich durch die Weihe (*ordinatio*) von den übrigen Gläubigen abgrenzte.

Der Anlass für die Ausbildung dieser Organisation, v. a. der Konzeption des Bischofsamtes, wird zumeist darin gesehen, dass es gegen Ende des 1. Jahrhunderts zu erheblichen Auseinandersetzungen um die richtige Lehre kam. Es kursierten verschiedenste Texte über das Leben Christi und die Apostel, so dass man Entscheidungen treffen musste, welche Schriften als authentisch anzusehen und welche als apokryph auszuschließen waren. Auf diese Weise wurde ein Kanon von Schriften erstellt, der bald als „Neues Testament" bezeichnet wurde. Deren Kern bildeten die vier Evangelien und die Apostelbriefe.

Außerdem wurde es notwendig, Methoden zu entwickeln, die geeignet waren, um sich mit verschiedenen Auffassungen in der Glaubenslehre kritisch auseinanderzusetzen und Exegese zu betreiben. Zu diesem Zweck durchdrang man die Lehre systematisch und entwickelte schließlich eine Theologie. Um dies zu bewerkstelligen, rekurrierte man auch auf Begriffe und Vorstellungen, die von der griechischen Philosophie formuliert worden waren. Mit ihrer Hilfe konnte man jetzt bestimmen, welche Lehren als richtig bzw. rechtgläubig zu gelten hatten. Diese bezeichnete man fortan als „katholisch" bzw. „orthodox". Die anderen Auffassungen, die man als irrgläubig ausschließen wollte, nannte man „Häresien".

Der Rekurs auf die antike Philosophie war auch bedeutsam für das Verhältnis der Christen zu ihrer sozialen Umwelt. Einige christliche Autoren bekannten sich ganz ausdrücklich dazu, andere betonten eher die Distanz zu den als heidnisch begriffenen Lehren, ohne aber deshalb auf sie zu verzichten.

Auch bei der Herausbildung der Gemeindeorganisation orientierte man sich an Vorbildern, die die Umwelt darbot: So hat die moderne Forschung herausgearbeitet, dass hier wesentliche Gemeinsamkeiten mit der Organisation von Herrschaft im römischen Staat auszumachen sind. Das gilt besonders für den Amtscharakter der Gemeindefunktionen und ihre hierarchische Gliederung.

IX. Konstantin und die christliche Kirche

1. Die Anfänge

Mit der christlichen Religion und ihren Anhängern hatte Konstantin vom Beginn seiner Herrschaftszeit an zu tun. Als Nachfolger seines Vaters im Westen musste er zu den diocletianischen Verfolgungsedikten Stellung beziehen. Über sein Verhältnis zur christlichen Kirche in den ersten Jahren seiner Regentschaft, zwischen 306 und 312, haben wir allerdings kaum zuverlässige Informationen. Ob, wie Eusebius in der *Vita Constantini* meint, bereits Constantius Chlorus die Verfolgungen ausgesetzt und Konstantin selber schon sehr frühzeitig, d.h. vor dem Galeriusedikt, eine Toleranzpolitik betrieben hat, ist nicht sicher zu sagen (vgl. Kap. II). Laktanz geht sogar so weit zu behaupten, der Rehabilitierung der Christen habe Konstantins erste Sorge als Regent gegolten (*De mortibus persecutorum* 24,9). Dies bestätigt nicht einmal Eusebius. Auf der Basis der Selbstzeugnisse Konstantins und der Informationen, die uns über seine Politik vorliegen, lassen sich diese Angaben nicht erhärten. Bedauerlicherweise verfügen wir aus diesen ersten Jahren über keine Erlasse des Kaisers, die uns über eine mögliche Christenpolitik verlässlich unterrichten könnten. Laktanz und Eusebius äußern sich zu der Thematik im übrigen sehr wenig konkret. Eusebius etwa beschreibt in diesem Zusammenhang primär den persönlichen Entscheidungsprozess Konstantins (*Vita Constantini* 1,27): Der Kaiser habe bei sich überlegt, welchen Gott er sich wählen solle. Ihm sei bewusst geworden, dass diejenigen seiner Vorgänger, die die paganen Götter verehrt hätten, ein schlimmes Ende genommen hätten, während sein Vater, der den Christengott verehrt habe, von diesem bis zu seinem Tode zuverlässig gefördert worden sei. Über konkrete politische Maßnahmen, die aus einer solchen Entscheidung resultierten, ist selbst bei Eusebius nicht die Rede. Beachtenswert ist zudem, dass der Bischof von Caesarea diese Überlegungen erst in die Vorgeschichte des Krieges gegen Maxentius verlegt, sie also keineswegs schon an den Beginn der Regentschaft Konstantins setzt.

2. Konstantins Haltung zur christlichen Kirche ab 312

Erste zuverlässige Informationen über Konstantins Umgang mit der christlichen Kirche stehen uns für die Zeit nach dem Sieg über Maxentius zur Verfügung. Im Jahre 313 sendete der Kaiser zwei Schreiben an einen gewissen Anullinus oder Anylinus (beide

Schreibweisen finden sich in den Quellen), den er kurz vorher zum *Proconsul* der Provinz *Africa* ernannt hatte. Der Mann hatte schon in der Verwaltung des Maxentius als **praefectus urbi** eine wichtige Rolle gespielt. Die beiden Briefe, die Konstantin ihm zukommen ließ, sind in der *Historia ecclesiastica* des Eusebius überliefert und werden im allgemeinen als echt angesehen.

> Der **praefectus urbi** war der oberste Magistrat der Hauptstadt Rom, die nicht in das System der Regionalverwaltung eingegliedert war. Er hatte juristische wie administrative Kompetenzen. Ebenso wie die Prätorianerpräfekten, denen er gleichrangig war, unterstand er nur dem Kaiser.

Rückgabe konfiszierten Kirchenvermögens

Konstantin wies Anullinus mit diesen Schreiben an, der katholischen Kirche das Vermögen zurückzuerstatten, das während der Verfolgungen konfisziert worden war. Man hat immer wieder diskutiert, ob bereits in dieser Maßnahme eine ausdrückliche Förderung des Christentums zu sehen ist. Die meisten modernen Autoren gehen davon aus, dass dies nicht der Fall war: Konstantin handelte vielmehr lediglich gemäß dem Toleranzedikt des Galerius. Wir haben in Kap. III gesehen, dass zu dem Edikt Ausführungsbestimmungen geplant waren, die höchstwahrscheinlich die Rückerstattung der Güter regeln sollten, welche unumgänglich war, um den Christen eine Basis für die Ausübung ihrer Religion zu schaffen.

Die Anweisungen, die Konstantin hier gab, entsprachen den Bestimmungen, die bald darauf in der Mailänder Vereinbarung formuliert werden sollten und gingen nicht wesentlich darüber hinaus. So wies der Kaiser Anullinus beispielsweise nicht an, auch das Privatvermögen, das den Christen entzogen worden war, zurückzugeben, sondern beschränkte sich wie in Mailand auf die Institution Kirche. Dazu heißt es im ersten Schreiben an Anullinus, das Eusebius in der *Historia ecclesiastica* zitiert: *Daher wollen wir, dass Du, sobald Du diesen Brief erhalten hast, dafür sorgst, dass die Güter, die der katholischen Kirche der Christen in den einzelnen Städten oder auch an anderen Orten gehörten, sich aber nun im Besitz von Bürgern und sonstigen Personen befinden, zurückgegeben werden. Denn wir haben beschlossen, dass alles, was die Kirchengemeinden früher besessen haben, gerechterweise zurückerstattet werden soll* (Eusebius, *Historia ecclesiastica* 10,5,16).

Bedeutung der christlichen Religion für das Römische Reich

In einem zweiten Schreiben an Anullinus, das ebenfalls zwischen dem Sieg gegen Maxentius und der Mailänder Vereinbarung entstanden ist, betonte der Kaiser, dass der christliche Kult angemessen behandelt werden müsse, damit sich der Christengott dem Römischen Reich gnädig erweise. Auch dieser Konnex ist uns aus dem Edikt des Galerius bekannt. Konstantin ging aber noch einen Schritt weiter: Er formulierte nicht nur, dass auch der Christengott für das Imperium Romanum wichtig sei, sondern betonte, dass diesem Gott eine ganz besondere Bedeutung zukomme. Ob die Aussage darauf zurückzuführen ist, dass Konstantin ihn nach seiner Erfahrung an der Milvischen Brücke bereits explizit herausheben wollte, ist möglich, aber nicht zwingend. Sie kann auch damit begründet werden, dass die Integration des Christentums in die vom Reich akzeptierten und geförderten Kulte noch ein Novum war und daher eigens herausgestrichen werden musste. Dass das Wohlwollen der übrigen Götter für das Reich von entscheidender Wichtigkeit war und entsprechend gepflegt werden musste, war dagegen allgemein bekannt und bedurfte keiner ausdrücklichen Betonung. Im Einzelnen heißt es dazu in dem Schreiben: *Aus vielen Dingen ist deutlich geworden, dass die Missachtung der Religion, in der die höchste Ehrfurcht gegenüber der heiligsten himmlischen Macht zum Ausdruck gebracht wird, viele Gefahren für den Staat mit sich bringt, dass aber die Wiederherstellung und Pflege dieser Religion dem römischen Namen größtes Glück und allen Angelegenheiten der Menschen besondere Glückseligkeit verschafft* (Eusebius, *Historia ecclesiastica* 10,7,1).

Zuweisung von Mitteln an die nordafrikanische Kirche

In seinen weiteren Bestimmungen ging Konstantin noch über die Rückerstattung des eingezogenen Kirchenvermögens hinaus. In einem Brief an Caecilianus, den Bischof von Karthago, kündigte er an, der nordafrikanischen Kirche noch überdies Geld zukommen lassen zu wollen, insgesamt 3000 *folles*. Er forderte den Bischof in dem Schreiben auf, die Mittel an die Kleriker der katholischen Gemeinden Africas, Numidiens und Mauretaniens zu verteilen.

Man hat in der Forschung darüber gestritten, ob an dieser Stelle nicht endlich eine bevorzugte Behandlung der christlichen Kirche zu konstatieren sei. Der Text enthält dazu keine expliziten Aussagen, Konstantin macht keine Angaben zu seinen Intentionen. Die meisten heutigen Historiker sehen hier keine Anzeichen für eine Begünstigung der Christen. Sie verweisen darauf, dass derartige Leistungen sogar notwendig waren, um die christliche Religion den anderen akzeptierten Kulten gleichzustellen. Der römische Staat duldete nicht nur die Kulte, die in seinem Interesse wirken sollten, sondern förderte sie auch, etwa durch materielle Zuweisungen.

Privilegierung des katholischen Klerus in Nordafrika

In dem schon erwähnten zweiten Brief an Anullinus, der nur wenig später entstanden sein dürfte, verfügte Konstantin, dass der katholische Klerus unterstützt werden sollte, indem er von den öffentlichen Dienstleistungen, den *munera*, befreit wurde. Wie die zuvor genannte Bestimmung ging auch diese über die spätere Mailänder Vereinbarung mit Licinius hinaus. Möglicherweise ging sie Licinius zu weit und war daher noch nicht reichsweit durchsetzbar. Hinsichtlich der Privilegierung des Klerus diskutiert man wiederum die Frage, ob sich nicht eine außerordentliche Förderung des Christentums durch Konstantin abzeichnete; auch in diesem Falle wird mehrheitlich eine negative Antwort gegeben. Die Maßnahme hatte ebenfalls Parallelen im Umgang des Staates mit den übrigen Kulten: Auch die Priester paganer Kultgemeinschaften wurden vielfach von einem Teil der Steuern, Abgaben oder Dienstleistungen befreit; insofern wurde die christliche Kirche auch in diesem Punkt nun den übrigen staatlich tolerierten Kulten gleichgestellt. Manchmal wird angeführt, dass die christlichen Priester durch diese Regelung stärker gefördert worden seien als die übrigen, da viele pagane Priester nur für ein Jahr im Amt waren und damit nur kurzfristig in den Genuss der Privilegien kamen. Dieser Hinweis ist zweifellos korrekt, wenn man einmal davon absieht, dass es auch heidnische Priester mit unbefristeter Amtszeit gab. Er ändert allerdings nichts daran, dass Konstantin hier auf eine Gleichstellung hinwirken wollte. Der Umstand, dass der christliche Klerus anders verfasst war als viele pagane Priesterschaften lag zweifellos außerhalb der Verantwortung des Kaisers.

Die Konsequenzen der Privilegierung christlicher Geistlicher waren jedoch in der Tat außerordentlich. Sie verschaffte den kirchlichen Ämtern noch höhere Attraktivität, als sie auf viele Christen ohnehin schon ausübten, und betonte überdies die herausgehobene Stellung des Klerus in der Kirche. Insbesondere die Angehörigen des Dekurionenstandes, die sich durch die Steuern, Abgaben und sonstigen Verpflichtungen für ihre Städte stark belastet sahen, strebten nun, soweit sie Christen waren, verstärkt nach den kirchlichen Funktionen. An einer solchen Entwicklung aber konnte der Staat nicht interessiert sein. Konstantin verfügte daher, dass Dekurionen künftig nicht mehr in den Klerus eintreten durften. Falls sie dies dennoch wollten, mussten sie auf ihr Vermögen verzichten. Diese Regelung war auch insofern von großer Bedeutung, als der Staat nun erstmals in die Besetzung kirchlicher Ämter eingriff.

Sowohl bei der Zuweisung von Geldern an die Kirche wie auch bei der Begünstigung der Kleriker deutete sich ein weiteres Problem an, dessen Konsequenzen erst in der Zukunft deutlich wurden: In beiden Fällen sollte nur die katholische Kirche gefördert werden, andere christliche Gemeinschaften, die von der katholischen als häretisch eingeschätzt und aus ihrem Kreis ausgeschlossen worden waren, wurden nicht berücksichtigt. Solange in der katholischen Kirche eine einheitliche Auffassung darüber herrschte, welche Gruppen zu ihr gehörten und welche nicht, waren hier keine Schwierigkeiten zu befürchten. Kam es in diesem Zusammenhang aber zu Konflikten, so hatte der Staat kaum eine andere Möglichkeit, als sich in diese Angelegenheiten einzumischen. Aus seiner Sicht musste schließlich geklärt werden, welchen christlichen Glaubensgemeinschaften Gelder zukommen durften und welche Geistlichen durch Steuererleichterungen zu begünstigen waren. Hier konnte also eine Vermengung staatlicher und kirchlicher Interessen drohen, die für das Verhältnis von Staat und Kirche erhebliche Konsequenzen nach sich zog.

3. Der Donatistenstreit

Ab 313 intensivierten sich die Beziehungen zwischen Konstantin und der christlichen Kirche. In diesem Jahr nahm eine der schwersten innerkirchlichen Auseinandersetzungen des 4. Jahrhunderts ihren Anfang, der sog. Donatistenstreit. Hierbei handelte es sich zunächst um einen Konflikt innerhalb der nordafrikanischen Kirche, der aber bald andere Regionen des Reiches involvierte. In der christlichen Gemeinde Karthagos waren massive Streitigkeiten ausgebrochen, die zu einem Schisma, einer Spaltung der Gemeinde, geführt hatte. Ihr Bischof Caecilianus, den wir eben schon als Adressat eines Schreibens Konstantins kennengelernt haben, wurde aufs heftigste kritisiert: Man warf ihm vor, kein rechtmäßiger Bischof zu sein, da er von Felix von Aptungi, einem *traditor*, geweiht worden war. Felix war zum Zeitpunkt der Weihe ordnungsgemäßer Bischof und damit formal zu einem solchen Akt berechtigt. Nach dem Verständnis der Gegner des Caecilianus genügte es jedoch nicht, dass die Weihe von einer Person durchgeführt wurde, die qua Amt dazu autorisiert war, sie verlangten von ihr zusätzlich völlige moralische Integrität. Die aber konnte ein *traditor* ihrer Ansicht nach nicht für sich beanspruchen.

> Mit dem Begriff **traditor** bezeichnete man in der nordafrikanischen Kirche Personen, die während der diocletianischen Verfolgung heilige Schriften an die staatlichen Behörden ausgeliefert hatten. Nicht wenige Bischöfe hatten dies getan und wurden daraufhin zeitweise ihres Amtes enthoben. Über ihre spätere Rehabilitierung kam es zu heftigen Kontroversen in der Kirche.

Die Bevölkerung von Karthago verfolgte diesen Konflikt mit großem Interesse. Die meisten schlossen sich der Kritik an Caecilianus an und befürworteten seine Entlassung.

Tatsächlich wurde er des Bischofsamtes enthoben und aus der Kirche ausgeschlossen. Statt seiner wählte man Maiorinus zum neuen Bischof. Caecilianus war mit diesem Vorgehen jedoch nicht einverstanden und wollte seine Rehabilitierung erwirken.

Konstantin wurde bereits in einem frühen Stadium in diesem Konflikt tätig. In dem oben genannten Brief, den er 312/13 bezüglich der Verteilung der zuzuweisenden Gelder an Caecilianus schrieb, wird deutlich, dass der Kaiser schon über die Angelegenheit informiert war. Zu diesem Zeitpunkt war Caecilianus noch im Amt, stand aber bereits im Kreuzfeuer der Kritik. Für Konstantin gab es offenbar keinen Anlass, daran zu zweifeln, dass er der rechtmäßige Bischof war. Er teilte Caecilianus sogar mit, dass er hohe Funktionsträger der Provinz damit beauftragt habe, die Angelegenheit zu verfolgen. Gegebenenfalls solle Caecilianus sich selbst an diese wenden, damit sie mit gerichtlichen Mitteln eingreifen könnten. Der Kaiser schrieb dazu an den Bischof: *Da ich erfahren habe, dass einige Menschen von unbeständiger Gesinnung das Volk der heiligsten und katholischen Kirche durch schlimme Täuschung zur Umkehr verleiten wollen, sollst Du wissen, dass ich den Prokonsul Anullinus und den Vikar Patricius mündlich damit beauftragt habe, dass sie neben allem anderen auch vorrangig darauf achten und nicht zulassen, dass solches geschieht. Wenn du also wahrnimmst, dass derartige Menschen in solchem Wahnsinn verharren, dann wende Dich ohne Bedenken an die oben genannten Richter und erstatte in der Sache Anzeige, damit sie meiner Weisung entsprechend diese Leute zur Umkehr veranlassen. [...]* (Eusebius, *Historia ecclesiastica* 10,6,4f.).

Nachdem Caecilianus seines Amtes enthoben worden war, wandten sich seine Gegner, die in der Folgezeit als **Donatisten** bezeichnet wurden, mit einer Klage gegen ihn an Anullinus und verfassten eine Eingabe an den Kaiser.

> Die **Donatisten** erhielten ihren Namen nach dem Bischof Donatus, der Maiorinus bereits nach kurzer Zeit im Amt nachfolgte und zum eigentlichen Gegenspieler des Caecilianus wurde.

Über den Inhalt der Anklageschrift haben wir keine zuverlässigen Angaben. Über die genauen Ziele der Donatisten können wir daher nur Mutmaßungen anstellen. Man nimmt an, dass die Gegner des Caecilianus nicht die Absicht hatten, den Kaiser zu veranlassen, zu dem kirchlichen Konflikt Stellung zu beziehen und ihn damit in die innerkirchlichen Angelegenheiten zu involvieren. Höchstwahrscheinlich warfen sie Caecilianus Straftatbestände vor und wandten sich somit an den Kaiser in seiner Funktion als Richter.

Konstantin nahm die Klage an, wollte die Verhandlung aber nicht selbst führen, sondern entschloss sich aufgrund der religiösen Dimension des Falles, ein aus Bischöfen zusammengesetztes Gericht mit der Angelegenheit zu betrauen. Möglicherweise empfahlen ihm auch die Bischöfe in seiner Umgebung ein solches Vorgehen. Der Kaiser wandte sich an Miltiades, den Bischof von Rom, und trug diesem auf, sich gemeinsam mit dreien seiner Kollegen aus Gallien, den Bischöfen von Arles, Autun und Köln, mit der Frage zu befassen, ob Caecilianus mit der rechten Lehre übereinstimme. Weiterhin verfügte der Kaiser, dass zwanzig afrikanische Bischöfe nach Rom geladen werden sollten: zehn, die auf Seiten des Caecilianus standen, und zehn seiner Gegner. Konstantin hatte also keineswegs die Absicht, sich lediglich mit den vermeintlichen Rechtsbrüchen des Caecilianus auseinanderzusetzen, deren ihn die Donatisten konkret beschuldigt hatten. Er wollte die Angelegenheit in einem umfassenden Sinne klären, um damit die Eintracht in der afrikanischen Kirche wiederherzustellen. Die Entscheidung des Bischofsgerichts wollte der Kaiser dann als Urteil übernehmen und gegebenenfalls mit staatlichen Mitteln für seine Umsetzung sorgen.

Miltiades berief daraufhin eine **Synode** nach Rom, die als Gericht fungieren sollte. Zusätzlich zu den bereits genannten nahmen noch fünfzehn italienische Bischöfe an der Versammlung teil. Letztere waren wahrscheinlich nicht stimmberechtigt, sondern hatten nur beratende Funktion. Die Kirchenvertreter sprachen sich einstimmig zugunsten des Caecilianus aus und erkannten ihn damit als rechtmäßigen Bischof an; Donatus hingegen wurde verurteilt. Konstantin schloss sich dem Urteil der Bischöfe an. Die Donatisten wollten sich mit dieser Entscheidung jedoch nicht zufrieden geben. Sie wandten sich ein weiteres Mal an den Kaiser und versuchten, das Urteil wegen vermeintlicher Verfahrensfehler für ungültig erklären zu lassen. Speziell bemängelten sie, dass in Rom zu wenige Bischöfe anwesend gewesen seien, um in einer solchen Angelegenheit verbindlich entscheiden zu können.

> Eine **Synode** war eine Versammlung von Bischöfen unterschiedlicher Zahl, die insbesondere bei innerkirchlichen Konflikten Entscheidungen herbeiführen sollte. Genaue Zuständigkeiten und Organisation bildeten sich erst in einem längeren Prozess heraus. Die konstantinische Religionspolitik spielte dabei eine wichtige Rolle (siehe dazu auch den folgenden Abschnitt zum Arianismusstreit).

Konstantin tadelte zwar ihre Kritik, nahm aber den Einspruch an und berief aus eigener Initiative für 314 eine Synode mit einer größeren Zahl von Bischöfen nach Arles, die sich nochmals mit dem Fall beschäftigen sollte. Sie gelangte zum gleichen Urteil wie das vorherige Bischofsgericht: Caecilianus wurde erneut freigesprochen, Donatus wiederum verurteilt. Hier wurde auch grundsätzlich festgelegt, dass die Gültigkeit einer Bischofsweihe allein vom Weiheakt und nicht von der Würde des Weihenden abhängig sein solle.

Die Donatisten waren auch jetzt nicht bereit, die Entscheidung zu akzeptieren. Erneut appellierten sie an den Kaiser, der ihrem Einspruch auch dieses Mal stattgab. Nunmehr entschloss sich Konstantin, die Sache persönlich in die Hand zu nehmen und das Verfahren selbst an seinem Hof durchzuführen. Im Jahre 315 oder 316 – das genaue Datum ist nicht bekannt – fand so eine Verhandlung in Mailand statt. Hier wurde Caecilianus zum dritten Mal freigesprochen. Darüber hinaus wurde eine grundsätzliche Entscheidung getroffen, die nicht nur auf den Konflikt zwischen den beiden Hauptkontrahenten Bezug nahm, sondern auf eine Lösung des Gesamtproblems abzielte: Das kaiserliche Gericht entschied, dass den Donatisten ihre Kirchen genommen und ihr sonstiger Besitz konfisziert werden sollte. Viele der führenden Donatisten sollten zudem verbannt werden.

Obwohl das Verfahren nun endgültig abgeschlossen war, gaben die Donatisten ihren Widerstand nicht auf. Die Mehrzahl der afrikanischen Christen stellte sich auch in der Folgezeit auf ihre Seite. Die Lage beruhigte sich erst, als Konstantin 321 ein Amnestiegesetz erließ. Man vermutet, dass er zu dieser Zeit angesichts des drohenden Krieges mit Licinius innere Konflikte beenden wollte, die jederzeit eskalieren konnten. Endgültig beigelegt war der Donatistenstreit damit jedoch nicht. Erst mit der islamischen Eroberung endete die donatistische Kirche in Nordafrika.

4. Der Arianismusstreit und das Konzil von Nicaea

Anfänge und Hintergründe des Konfliktes

Auch im Osten des Reiches kam es in dieser Zeit zu erheblichen innerkirchlichen Kontroversen. Die wichtigste von ihnen, die schließlich auch auf den Westen übergriff, war der Arianismusstreit. Gegenstand dieses Konfliktes war ein dogmatisches Problem: Im Mittelpunkt stand die Frage, wie das Verhältnis zwischen Gott und Christus beschaffen sei, ob Christus als Gott oder als Mensch verstanden werden müsse. Der Streit begann damit, dass Arius, ein Presbyter in Alexandrien, die Lehre verbreitete, dass der Sohn Gottes „ein Geschöpf und ein Geschaffenes" sei.

Um nachzuvollziehen, wie eine solche Kontroverse überhaupt entstehen konnte, muss man bedenken, dass das Christentum im Osten stark von der Auseinandersetzung mit der griechischen Philosophie geprägt war. Die östlichen Theologen bemühten sich seit dem 2. Jahrhundert, die Bedenken, die die Philosophen gegen das Christentum formulierten, zurückzuweisen. Sie suchten etwa die Behauptung zu widerlegen, dass die christliche Botschaft nach philosophischen Maßstäben nicht logisch und aus diesem Grunde der Philosophie unterlegen sei. Die christlichen Autoren handelten dabei zumeist in apologetischer Absicht, d.h. sie suchten ihre eigene Lehre zu verteidigen. Sie bemühten sich, Parallelen zwischen Philosophie und christlicher Religion aufzuzeigen, um der Geringschätzung des Christentums seitens der gebildeten Schichten entgegenzuwirken und schließlich auch diesen Personenkreis für ihre Religion empfänglich zu machen.

Die Frage nach dem Wesen Christi war nicht nur unter theoretischen Gesichtspunkten bedeutsam, sondern von fundamentaler Bedeutung für das Verständnis der Erlösungsbotschaft und damit letztendlich für das Seelenheil der Menschen. Insofern handelte es sich keineswegs um ein Problem, das lediglich für philosophisch Interessierte relevant war. Freilich wissen wir nicht, welche Kenntnisse die breite Bevölkerung über die Angelegenheit hatte, inwieweit die nicht unmittelbar beteiligten Personen mit den Details vertraut waren. Bekannt ist aber, dass die Menschen in den Städten, in denen der Konflikt offen ausgetragen wurde, regen Anteil nahmen.

Eines der Elemente der christlichen Lehre, die unter den Prämissen der Logik besonders unverständlich schienen und daher von philosophisch versierten Personen immer wieder kritisiert wurden, ist die Tatsache, dass sich das Christentum einerseits als monotheistische Religion begreift, andererseits aber sowohl einen Gott als auch dessen Sohn kennt, der eines Wesens mit dem Vater ist und dem damit ebenfalls göttliche Qualität zugeschrieben wird. Wenn es Gott Vater und Sohn gab, handelte es sich da nicht eigentlich um zwei Götter? Ließe sich das Problem möglicherweise dadurch lösen, dass man die Menschwerdung Jesu in den Vordergrund stellte und ihn als von Gott geschaffen begriff? In letztere Richtung gingen die Überlegungen des Arius.

Diese Lösung stieß jedoch keineswegs auf einhellige Zustimmung, im Gegenteil: Arius wurde von der Kirche aufgefordert, sich von seiner Auffassung zu distanzieren. Als er sich weigerte, wurde er von einer Synode ägyptischer Bischöfe, die Bischof Alexander von Alexandrien versammelt hatte, aus der Kirche ausgeschlossen. Arius wollte dies jedoch nicht akzeptieren, sondern bat Bischöfe des Ostens um Unterstützung. Er selbst wandte sich an Eusebius, den Bischof von Nikomedien, der sich bereit erklärte, ihn und seine Anhänger aufzunehmen und zu unterstützen. Auch

Alexander bemühte sich um Hilfe durch Bischöfe außerhalb Ägyptens. Der eben erwähnte Eusebius berief daraufhin eine Synode der bithynischen Bischöfe ein, der Arius ein Glaubensbekenntnis präsentierte, das von seiner Vorstellung des Wesens Christi geprägt war. Die Bischöfe akzeptierten dieses Bekenntnis, erklärten es für rechtgläubig und forderten ihre Kollegen auf, Arius und seine Anhänger wieder in die Gemeinschaft der Kirche aufzunehmen. Alexander verharrte jedoch bei seiner ablehnenden Haltung. Daran änderte sich auch nichts, als eine Synode in Palästina sich ebenfalls für die Rehabilitierung des Arius aussprach.

Konstantin hatte mittlerweile den entscheidenden Sieg über Licinius errungen und damit die Vorherrschaft über den Osten gewonnen. Damit war er nun auch für die Eintracht des Kultes in diesem Reichsteil zuständig. Entsprechend forderte er die streitenden Parteien in einem Brief an Alexander und Arius auf, den Konflikt beizulegen. Er ließ dieses Schreiben sogar von Bischof Ossius von Corduba, zu dem er ein besonderes Vertrauensverhältnis hatte, persönlich nach Alexandrien bringen. Eusebius überliefert den Brief in der *Vita Constantini*. Konstantin brachte hier zum Ausdruck, dass er die Auseinandersetzung für Kirche und Reich für äußerst gefährlich hielt, problematischer noch als den Donatistenstreit. Entsprechend schien es ihm dringend geboten, hier eine Lösung herbeizuführen. Damit sollte die Einheit des Glaubens wiederhergestellt werden, die er als eine notwendige Voraussetzung für die Einheit des Reiches verstand. Der Kaiser schrieb dazu zu Beginn des Briefes: *Als erstes wollte ich die Vorstellung aller Völker hinsichtlich des Göttlichen vereinheitlichen, als zweites dann den Körper des gesamten Erdkreises, der ebenfalls an einer schweren Wunde litt, wieder herstellen und zusammenfügen* (Eusebius, *Vita Constantini* 2,65,1).

Konstantin war überdies der Ansicht, dass es nicht allzu schwierig sein dürfte, in dieser Sache Einigkeit zu erzielen, da es sich nach seinem Verständnis um eine Angelegenheit handelte, die eines Streites gar nicht wert war: *Als ich mir aber den Grund und den Gegenstand all dessen betrachtete, so stellte sich heraus, dass die Ursache ganz geringfügig und keinesfalls eines so heftigen Streites würdig ist. Da es mir notwendig schien, an Euch diesen Brief zu senden, schreibe ich an eure einmütige Einsicht, nachdem ich die göttliche Vorsehung um Beistand gebeten habe, und stelle mich gleichsam als Friedensbringer mitten unter den Streit, den ihr miteinander austragt* (Eusebius, *Vita Constantini* 2,68).

Trotz der eindringlichen Worte Konstantins gelang es Ossius von Corduba nicht, Arius und Alexander zu überzeugen. Um doch noch zu einer Lösung zu gelangen, berief Ossius eine Synode nach Antiochien ein, die sich der Problematik widmen sollte. Hier wurde beschlossen, dass drei der Bischöfe, die sich der Position des Arius verschrieben hatten, ebenfalls exkommuniziert werden sollten. Von einem Konsens war man also nach wie vor weit entfernt.

Das Konzil von Nicaea

Mittlerweile hatten sich also mehrere Synoden mit den Arianern und ihren Positionen auseinander gesetzt und waren zu gänzlich verschiedenen Auffassungen gekommen. Da auf diesem Weg offenbar keine Einigkeit zu erzielen war, entschloss sich Konstantin, die Angelegenheit selbst in die Hand zu nehmen. Anders als im Donatistenstreit agierte er nicht erst, als er von den betroffenen Personen angerufen wurde, sondern wurde aus eigener Initiative tätig. Als Grund für sein Vorgehen dürfen wir wiederum seine Sorge um die Eintracht in Kult und Reich annehmen.

Erstmals in der Kirchengeschichte lud der Kaiser eine Synode von Bischöfen, die aus dem gesamten Reich kommen sollten, nach Nicaea. Später bezeichnete man diese als erstes allgemeines Konzil. Tatsächlich nahmen mehr als 250 Bischöfe teil, die genaue Zahl entzieht sich unserer Kenntnis. Die offiziellen Konzilsakten, die darüber zuverlässig Auskunft geben könnten, sind uns nicht überliefert. Wir kennen lediglich verschiedene Zeugenberichte, die sich in dieser Sache aber unterschiedlich äußern. Die Zahl 250 nennt Eusebius von Caesarea. Athanasius, der persönlich anwesend war, will über 300 wahrgenommen haben, Liberius und Damasus schrieben später, es seien 318 gewesen. Bekannt ist, dass die beiden Reichshälften auf dem Konzil sehr unterschiedlich stark vertreten waren. Wir wissen sicher, dass nur fünf Vertreter aus dem Westen stammten: der schon erwähnte Ossius von Corduba, Caecilian von Karthago, den wir im Zusammenhang mit dem Donatistenstreit kennengelernt haben, sowie jeweils ein Bischof aus Kalabrien, Gallien und Pannonien. Hier fällt auf, dass der römische Bischof nicht anwesend war. Aus Rom soll lediglich eine Delegation von zwei Personen gekommen sein. Möglicherweise war Ossius aber beauftragt, die Interessen des Bischofs von Rom mitzuvertreten.

Das ungleiche Interesse der östlichen und westlichen Kirchenvertreter läßt sich leicht erklären: Der Westen hatte mit der Angelegenheit bislang kaum zu tun, nur Bischöfe und Presbyter aus dem Osten und östliche Synoden waren unmittelbar beteiligt. Dies hat nicht nur mit geographischen Zufällen zu tun, sondern ist insbesondere darauf zurückzuführen, dass die Thematik im Westen noch keine große Beachtung fand, vielfach sogar auf Unverständnis stieß. Im lateinischen Westen wurde die griechische Philosophie weitaus weniger rezipiert als im Osten; insofern erweckten auch theologische Dispute, die von philosophischen Überlegungen geprägt waren, nur geringes Interesse. Auch Konstantin, der, wie wir oben gesehen haben, höchstwahrscheinlich keine philosophische Bildung erfahren hat, schien zu den Inhalten des Konfliktes keinen rechten Zugang zu haben. Anders läßt sich seine Einschätzung, es handele sich um eine simple Angelegenheit, die des Streites eigentlich gar nicht würdig sei, kaum verstehen.

Das Konzil fand im Kaiserpalast von Nicaea statt. Konstantin übernahm selbst den Vorsitz, beteiligte sich sogar persönlich an den Verhandlungen. Auch bei der Formulierung des Ergebnisses soll er eine entscheidende Rolle gespielt haben. Man erarbeitete eine neue Glaubensformel, nach der Gottvater und Christus „wesensgleich" (*homoousios*) seien. Christus sei „wahrer Gott vom wahren Gott". In Abweichung von der arianischen Position stellte man fest, Christus sei „gezeugt und nicht geschaffen". Auf dieser Basis formulierte man ein Glaubensbekenntnis, das für alle Gruppierungen der christlichen Kirche verbindlich sein sollte: das „Nizänum" (nach dem Ort Nicaea oder Nizäa) oder „Apostolische Glaubensbekenntnis". Die Entscheidungen des Konzils wurden vom Kaiser in einem offiziellen Edikt proklamiert und hatten damit Gesetzeskraft.

Die *homoousios*-Formel

Der Begriff *homoousios* war in der vorherigen Diskussion noch nicht aufgetreten, höchstwahrscheinlich handelte es sich um eine Kompromissformel, die erst auf dem Konzil entwickelt wurde. Viele der Beteiligten scheinen mit dieser Lösung nicht einverstanden gewesen zu sein, sie formulierten nach dem Konzil noch verschiedene andere Vorschläge zu der Thematik. Dennoch gelang es Konstantin, alle Vertreter mit Ausnahme des Arius und zweier Bischöfe, die wie Arius aus Libyen stammten und ihn beständig unterstützten (Secundus von Ptolemais und Theonas von Marmarica), zur Unterzeichnung der Formel zu bewegen. Einige entschlossen sich allerdings erst dazu, nachdem ihnen andernfalls Exkommunikation und Verbannung angedroht worden waren.

Es ist kaum vorstellbar, dass Konstantin selbst auf die *homoousios*-Formel verfallen ist. Man vermutet vielmehr, dass er durch ihm vertraute Bischöfe dazu angeregt wurde. Höchstwahrscheinlich spielte Ossius von Corduba dabei die entscheidende Rolle, der sich ja im Vorfeld bereits intensiv in der Angelegenheit engagiert hatte. Wir wissen, dass Ossius sich auch im Nachhinein, als es wiederum zu Auseinandersetzungen kam, als entschiedener Verfechter dieser Lösung gezeigt hat.

Konstantin selbst kam es sicherlich nicht darauf an, in diesem Konflikt einer bestimmten theologischen Position zum Sieg zu verhelfen. Orientiert man sich an seinen eigenen Äußerungen, die wir verschiedenen Briefen des Kaisers entnehmen können, so wird auch hier wieder deutlich, dass es ihm primär darum ging, eine Lösung zu finden, die geeignet schien, den innerkirchlichen Konflikt beizulegen und damit die Einheit in der Kirche wiederherzustellen. Entsprechend plädierte er für eine Kompromissformel, die am ehesten unter den versammelten Bischöfen mehrheitsfähig war.

In der modernen Forschung wird sogar diskutiert, dass es für Konstantin persönlich günstiger gewesen wäre, sich für die Position der Arianer zu entscheiden, wie es viele seiner Nachfolger im Westen des Reiches getan haben. Die arianische Auffassung wäre insbesondere deshalb für ihn vorteilhafter gewesen, weil er sie hätte nutzen können, um seine Konzeption des Kaisertums zu begründen: Wenn man Christus vorrangig als Geschöpf versteht, ist es eher möglich, die Position des Kaisers mit der Stellung Christi zu vergleichen, als wenn Christus selbst Gott ist. Da sich ja auch der Kaiser als Beauftragter Gottes begriff, wäre eine solche Parallelisierung durchaus naheliegend, um das Kaisertum noch effektiver theologisch zu begründen, als es ohnehin schon geschah. Bezeichnend ist, dass Eusebius von Caesarea, der eine entscheidende Rolle bei der Konzeption des konstantinischen Kaisertums spielte, lange Zeit mit den Arianern sympathisierte und selber eine gemäßigt-arianische Position vertrat. Selbst nach dem Konzil von Nicaea bemühte er sich noch um eine Lösung, die der arianischen Auffassung nahe stand, ohne deshalb aber in striktem Gegensatz zum Nizänum zu stehen.

Bald nach dem Konzil brach der Konflikt wieder auf. Die Bischöfe, die der *homoousios*-Formel nur widerwillig zugestimmt hatten, brachten ihre Unzufriedenheit offen zum Ausdruck. Schon wenige Monate nach der Synode verloren Eusebius von Nikomedien und Theognis von Nicaea ihre Ämter und wurden verbannt, weil sie sich weigerten, der Verbannung des Arius zuzustimmen.

Wenig später aber wurden Arius sowie die beiden anderen Bischöfe aus der Verbannung zurückberufen und wieder in die Kirche aufgenommen. Möglicherweise geschah dies auf einer erneuten Synode, die Ende 327 oder zu Beginn des Jahres 328 in Nicaea oder in Nikomedien stattfand. Die Überlieferunglage ist hier sehr schlecht, da die orthodoxen Kirchengeschichtsschreiber sich kaum dazu äußern. Infolge dieses Beschlusses forderte Konstantin Alexander von Alexandrien und dann seinen Nachfolger Athanasius auf, Arius zu rehabilitieren und wieder mit seinem Presbyteramt zu betrauen, was beide aber ablehnten.

Die Synode von Antiochien
Unter den Klerikern erwuchs allmählich Unmut über die Angelegenheit, der sich allerdings nicht allein gegen die widerstreitenden Bischöfe, sondern auch gegen die Unzulänglichkeiten der kirchlichen Institutionen und schließlich gegen den Kaiser rich-

tete. Die Unzufriedenheit entlud sich 328 auf einer Synode in Antiochien, die sich wiederum mit dem Arianismusstreit beschäftigen sollte. Sie kulminierte in einem Beschluss, mit dem die Synodalen festschrieben, wie künftig bei Konflikten unter Bischöfen zu verfahren sei. Sie legten fest, dass die Institution der provinzialen Synode als Gericht für einen Bischöf fungieren sollte. War ein Bischof von einer solchen einstimmig verurteilt worden, so sollte das Urteil irreversibel sein. Der Betroffene durfte sich in der Sache an kein anderes Gericht mehr wenden, also weder an eine andere Synode noch an das Kaisergericht. Falls die Verurteilung nicht einstimmig zustandekam, sollte einem Revisionsgesuch stattgegeben werden. Allerdings wurde ausdrücklich festgehalten, dass der verurteilte Bischof nicht an den Kaiser appellieren dürfe, sondern die Sache einer anderen, größeren Synode vortragen müsse. Dabei dachte man höchstwahrscheinlich an eine Synode, die neben den Bischöfen der betroffenen Provinz auch noch die der Nachbarprovinzen einschloss.

Der Konflikt mit Athanasius

Auch auf der Synode von Antiochien wurde keine tragfähige Lösung im Streit um den Arianismus erzielt. Die Auseinandersetzungen gingen in der Folgezeit weiter. Im Mittelpunkt stand nun die Person des Athanasius, des Bischof von Alexandrien. Er war nicht nur einer der entschiedensten Gegner des Arius und seiner Lehre, sondern befand sich auch in Konflikt mit den **Meletianern**. Diese waren mit seiner Ernennung zum Bischof nicht einverstanden. Als Athanasius den Versuch unternahm, gegen sie vorzugehen, wandten sie sich an Konstantin und zeigten den Bischof wegen eines Straftatbestandes, über den wir nicht genau informiert sind, an. Konstantin entsprach den Erwartungen der Meletianer jedoch nicht, sondern wies die Klage ab.

> Bei den **Meletianern** handelte es sich um eine Gruppe von Christen, die sich auf den um 325 verstorbenen Bischof Meletios von Lykopolis beriefen. Dieser hatte während der diocletianischen Verfolgung das Amt des geflohenen Bischofs Petros von Alexandrien für sich beansprucht. Nachdem er des Amtes enthoben und bestraft worden war, gründete er eine eigene Gemeinde, die alle *lapsi* ausschloss. Auf dem Konzil von Nicaea wurde den Meletianern die Rückkehr in die katholische Kirche angeboten, allerdings sollten ihre Bischöfe zugunsten von orthodoxen zurücktreten. Die meisten Meletianer verbündeten sich daraufhin mit den Arianern. Ihr Konflikt mit Athanasius hatte verschiedene Ursachen: Ihre Nähe zu arianischen Positionen war dabei ebenso von Bedeutung wie die Tatsache, dass sie noch immer Anspruch auf den Bischofsstuhl von Alexandrien erhoben.

Die Meletianer gaben sich mit Konstantins Entscheidung nicht zufrieden, sondern erhoben weitere Anklagen gegen Athanasius. Auf diese Weise drängten sie den Kaiser, sich wieder intensiver in der Auseinandersetzung zu engagieren. Für 335 berief der *Augustus* eine Synode nach Tyrus, auf der Athanasius seines Bischofsamtes enthoben und aus der Kirche ausgeschlossen wurde. Die Meletianer unternahmen daraufhin einen weiteren Versuch, den Kaiser darauf aufmerksam zu machen, dass Athanasius sich auch weltlicher Verbrechen schuldig gemacht habe und baten ihn deshalb zusätzlich um die Verbannung des ehemaligen Bischofs. Athanasius fühlte sich nun ernstlich bedroht und verließ die Synode vorzeitig, um der Verurteilung zu entgehen. Er flüchtete sich nach Konstantinopel und appellierte dort an den Kaiser. Konstantin nahm die Appellation an und beorderte die Synode zu sich an den Hof. Das Ergebnis war für Athanasius dennoch denkbar ungünstig: Die Exkommunikation, die die Bischofsversammlung bereits beschlossen hatte, wurde bestätigt. Zusätzlich wurde Athanasius vom weltlichen Gericht des Kaisers in die Verbannung geschickt. Kurz vor dem Tode Konstantins wurde er schließlich begnadigt.

Während der Auseinandersetzungen um Athanasius beschloss eine Synode von Jerusalem, die Exkommunikation des Arius aufzuheben. Er starb jedoch, bevor er sein Presbyteramt wieder aufnehmen konnte. Eine endgültige Lösung des Arianismusstreites wurde in konstantinischer Zeit dennoch nicht erreicht. Der Konflikt dauerte noch einige Jahrzehnte an und mündete in weitere Kontroversen, denen ähnliche theologische Differenzen zugrunde lagen.

5. Die Stellung des Kaisers gegenüber der Kirche

Die Position Konstantins gegenüber der christlichen Kirche gründete in seiner Verantwortung für den Kultus. Der Kaiser hatte in seiner Rolle als ***pontifex maximus*** dafür Sorge zu tragen, dass die Kulte angemessen vollzogen wurden und damit eine wichtige Voraussetzung für die Sicherheit des Reiches gegeben war.

> Der ***pontifex maximus*** hatte seit republikanischer Zeit als oberster Priester die Oberaufsicht über den gesamten Kult. Seit Augustus wurde dieses Amt stets vom Kaiser bekleidet. Auch nachdem sich die Kaiser dem Christentum zugewandt hatten, nahmen sie diese Funktion zunächst weiter wahr. Je stärker die paganen Kulte zurückgedrängt wurden, desto geringer wurde die Bedeutung dieses Amtes. Kaiser Theodosius verzichtete 379 als erster auf die Funktion, Kaiser Gratian führte ab 382 auch den Titel nicht mehr. Die Sorge des Kaisers für den religiösen Bereich – nun für die christliche Kirche – blieb aber erhalten.

Seit das Christentum zur *religio licita* geworden war, erstreckte sich die Fürsorge und Verantwortung des *Augustus* auch auf diese religiöse Gemeinschaft. Er handelte im Umgang mit der Kirche also in seiner traditionellen Rolle. Je stärker Konstantin die Gottheit, die ihm den Sieg an der Milvischen Brücke gewährt hatte, mit dem Christengott identifizierte und sich selbst als dessen Beauftragten begriff, desto wichtiger wurde für ihn die Sorge um das Christentum. Auch sein Eingreifen in die innerkirchlichen Kontroversen war durch dieses Verständnis geprägt. Die Vertreter der Kirche billigten sein Handeln ganz offensichtlich zunächst, sowohl im Donatisten- wie auch im Arianismusstreit riefen sie ihn – in seiner Rolle als Richter – mehrfach an und wiesen ihm damit immer wieder eine entscheidende Rolle in den Auseinandersetzungen zu.

Konflikte in der Kirche hatte es auch zuvor schon gegeben, bislang aber waren sie allein mit Hilfe der kirchlichen Institutionen lösbar gewesen. Bei Differenzen innerhalb einer Gemeinde entschied im Normalfall der Bischof, bei größeren Auseinandersetzungen, an denen die Bischöfe mehrerer Gemeinden beteiligt waren, setzte man seit dem 2. Jahrhundert Synoden ein, zu denen die Bischöfe einer Region oder höchstens einer Provinz zusammenkamen.

Die aktuellen Dispute, der Donatisten- und der Arianismusstreit, erlangten jedoch andere Ausmaße als frühere Meinungsverschiedenheiten. Sie erwiesen sich als so schwer zu regeln und breiteten sich auch räumlich so stark aus, dass die provinzialen Bischofssynoden nicht mehr ausreichten, um ihnen angemessen zu begegnen. Es bedurfte nun einer Institution, die auch in den Fällen verbindliche Entscheidungen treffen konnte, wo bestimmte Gruppen innerhalb der Kirche sich nicht bereit zeigten, die Beschlüsse einer Synode zu akzeptieren, oder sich bereits mehrere Provinzsynoden mit einer Angelegenheit beschäftigt hatten und dabei zu unterschiedlichen Ansichten gelangt waren. In dieser Situation war die Kirche auf den Kaiser angewiesen, da sie selbst noch keine Organisation ausgebildet hatte, die im notwendigen Umfange handlungsfähig war. Das Papsttum hatte sich noch nicht herausgebildet, der Bischof von Rom hatte im Westen zu dieser Zeit noch nicht die notwendige Autorität, unter den Patriarchen der östlichen Kirche gab es ebenfalls niemanden, der über die erforderliche Handlungskompetenz verfügte. Der Kaiser war in der Lage, diese Lücke zu füllen, indem er im Interesse der Kirche große Synoden einberief, ihre Leitung übernahm und für die Umsetzung der Beschlüsse sorgte.

Wir haben damit nicht nur eine Kooperation von Staat und Kirche zu konstatieren, sondern eine Überschneidung staatlicher und kirchlicher Institutionen und Funktionsträger. Aus kaiserlicher Sicht waren hier keine Probleme zu erwarten. Eine Trennung zwischen Staat und Kirche bestand im Römischen Reich traditionell nicht. Der Kult war, wie wir mehrfach gesehen haben, ein integraler Bestandteil des politischen Lebens und der Kaiser letztlich für ihn verantwortlich.

Für die christliche Kirche stellte sich dies etwas anders dar. Wie wir in Kap. VIII gesehen haben, hatten die meisten Christen zwar ihre anfängliche Distanz zum Römischen Reich längst überwunden und sich um eine positive Relation zum Staat und besonders zum Kaiser bemüht. Dennoch waren sie auf die neue Situation, in die sie infolge der konstantinischen Politik gerieten, nicht vorbereitet. Zunächst reagierten die meisten von ihnen hocherfreut, dass die Verfolgungen ein Ende hatten und sie ihre Religion mit Zustimmung und sogar Unterstützung des Staates praktizieren konnten. Bald aber kamen auch Bedenken auf. Ein erstes Beispiel von Kritik seitens der Kirche an diesem neuen Verhältnis finden wir bereits im Zusammenhang mit dem Donatistenstreit. Hier tadelte Donatus das Eingreifen Konstantins mit der Frage, was der Kaiser mit der Kirche zu tun habe (*Quid est imperatori cum ecclesia?*).

Diese Aussage darf aber nicht vorschnell als grundsätzliche Einschätzung der Beziehung von Kaiser und Kirche verstanden werden. Wir haben gesehen, dass sich die Donatisten im Zuge der Auseinandersetzung mehrfach an den Kaiser gewandt und ihn gebeten haben, eine Entscheidung in der Sache zu treffen. Auch wenn sie den Kaiser in seiner Funktion als Richter anriefen, mussten sie sich darüber im klaren sein, dass er gar nicht umhinkonnte, auch zu den dogmatischen Problemen Stellung zu beziehen; eine Beschränkung auf die rein juristische Ebene war hier gar nicht möglich.

Donatus hat seine Kritik bezeichnenderweise erst zu einem Zeitpunkt formuliert, als er und seine Anhänger bereits verurteilt worden waren. Wären die Donatisten erfolgreicher gewesen, hätte er sich möglicherweise anders geäußert. Wären sie überdies bereit gewesen, die Urteile der Bischofssynoden von Rom oder Arles zu akzeptieren, wäre ihnen die Verurteilung durch das Kaisergericht erspart geblieben.

Diese Umstände gerieten jedoch bald in den Hintergrund, die Aussage des Donatus wurde als grundsätzliche Stellungnahme aufgefasst, auch von seinen Gegnern. So beschäftigte sich etwa **Optatus von Mileve**, ein Angehöriger der katholischen Seite, eingehend mit der Sentenz des Donatus. Abweichend von ihm vertrat er die Auffassung, dass der Kaiser sich im Umgang mit den Donatisten angemessen verhalten habe. Sogar den Einsatz staatlicher Gewalt zur endgültigen Überwindung des Konfliktes hielt er für rechtmäßig. Optatus begründete seine Position gleichermaßen mit einer grundsätzlichen Aussage: Der Staat sei nicht Teil der Kirche, sondern die Kirche Teil des Staates,

d. h. des Römischen Reiches (*Non enim respublica est in ecclesia, sed ecclesia est in republica, id est in imperio Romano*).

Optatus war Bischof **von Mileve** und schrieb in der zweiten Hälfte des 4. Jahrhunderts sieben Bücher gegen den donatistischen Bischof Parmenianus. Sein Ziel war ein Ausgleich zwischen Katholiken und Donatisten.

Die nächstfolgende zentrale Kritik, die von Vertretern der Kirche am neuen Verhältnis zwischen Kaiser und Kirche geübt wurde, findet sich im Kontext des Arianismusstreites. Wie im Donatistenstreit hatte die Kirche auch hier zunächst keine Bedenken gegen das Eingreifen des Kaisers. Das ist um so bemerkenswerter, als der Kaiser hier viel stärker als in dem früheren Konflikt selbst die Initiative ergriff und sich auch in inhaltlichen Fragen stark engagierte. Ebenso wie im Donatistenstreit haben wir es wiederum mit dem Phänomen zu tun, dass sich Vertreter der Kirche an Konstantin wandten. Das trefflichste Beispiel findet sich in der Auseinandersetzung um Athanasius: Die Meletianer reichten beim Kaiser Klage gegen Athanasius ein, um auch mit juristischen Mitteln gegen ihn vorgehen zu können. Indem die Kontrahenten die Auseinandersetzung also zumindest phasenweise jurifizierten, verwickelten sie den Kaiser gezielt in den Streit und nahmen damit in Kauf, dass er Entscheidungen herbeiführte, die auch unter theologischen Gesichtspunkten von Bedeutung waren. Die Initiative lag hier also keineswegs allein beim Kaiser.

Dem steht die Kritik an Konstantins Eingreifen in synodale Angelegenheiten gegenüber. Der Vorwurf wurde erhoben, als der Kaiser den Bischof von Alexandrien aufforderte, Arius wieder in sein Presbyteramt einzusetzen. Als Konsequenz daraus legten die Vertreter der Kirche fest, wie innerkirchliche Konflikte künftig mit Hilfe von Bischofssynoden ohne Einschaltung des Kaisergerichts gelöst werden sollten. In dieser Entscheidung darf man einen Versuch sehen, kirchliche und staatliche Einrichtungen stärker voneinander zu trennen und der in dieser Zeit wichtigsten kirchlichen Institution mehr Kompetenzen und mehr Unabhängigkeit vom Staat zu verschaffen.

Wie grundsätzlich die Bedenken waren, die hinter dieser Maßnahme standen, können wir nicht sicher beurteilen. Die Ereignisse geben dazu jedoch wichtige Anhaltspunkte: Anlass zur Kritik war wie bei der Bemerkung des Donatus eine konkrete Entscheidung des Kaisers, die Unzufriedenheit auslöste. Zu beachten ist weiterhin, dass Konstantin auch in den nachfolgenden Phasen der Auseinandersetzung noch eine entscheidende Rolle spielte, was von den Bischöfen keineswegs kritisiert wurde. Bereits im Kontext der Synode von Tyrus wurde der *Augustus* wieder gezielt in den Konflikt eingebunden, als die Meletianer die Verbannung des Athanasius erwirken wollten. Schließlich bat sogar Athanasius selbst, der einer der Wortführer der Synode von Antiochien gewesen war, den Kaiser um Unterstützung. Nachdem er exkommuniziert und verbannt worden war, übte Athanasius erneut Kritik am Bischofs- und Kaisergericht, was aber offensichtlich mit seiner Unzufriedenheit über das Urteil zusammenhing. Diese Ereignisse machen grundsätzliche Zweifel der Kirchenvertreter an der Stellung des Kaisers und seinem Verhältnis zur Kirche eher unwahrscheinlich. Athanasius hat in späteren Phasen seines Lebens grundlegendere Überlegungen zu der Thematik angestellt, seine kritischen Aussagen in konstantinischer Zeit aber waren noch eher situativer Natur.

Von entscheidender Bedeutung ist in diesem Kontext auch, dass die kaiserliche Synodalgewalt, die sich im Zuge der innerkirchlichen Konflikte herausbildete, also die Befugnis des *Augustus*, Synoden einzuberufen, zu leiten und ihre Beschlüsse mit staatlichen Mitteln umzusetzen, von den Bischöfen und Presbytern in keiner Weise in Frage gestellt wurde. An dieser Stelle wäre jedoch der beste Ansatzpunkt für eine grundlegende Kritik gewesen, denn hier manifestierte sich die Überschneidung von Staat und Kirche in konstantinischer Zeit am stärksten.

X. Die Gesetzgebung Konstantins und ihr Verhältnis zum Christentum

Wie Diocletian hat Konstantin während seiner langen Regentschaft eine große Zahl von Gesetzen erlassen, die in die verschiedensten Bereiche des politischen wie sozialen Lebens eingriffen. Anders als bei seinem Vorgänger sind von Konstantin nicht vorrangig die (privaten) Reskripte, sondern vor allem Konstitutionen erhalten, also die Kaisergesetze, die er aus eigener Initiative proklamiert hat. Die Forschung beschäftigt sich mit diesen Gesetzen unter verschiedensten Gesichtspunkten. Eine Fragestellung, die dabei stets besondere Aufmerksamkeit auf sich gezogen hat, ist die, ob in den Gesetzen christliche Vorstellungen Niederschlag gefunden haben. Mit Hilfe dieser Frage kann man ermitteln, inwieweit Konstantins religiöse Neuorientierung nicht nur seine Religionspolitik, sondern auch seine allgemeine Politik geprägt hat.

Ob und in welchem Maße seine Gesetze durch spezifisch christliche Vorstellungen geprägt sind, ist allerdings nicht ganz leicht zu beantworten. Die Mehrzahl der Gesetze enthalten keine expliziten Angaben über die Motivation des Kaisers, was zum Teil auf die Art der Überlieferung zurückzuführen ist: Die meisten Konstitutionen Konstantins kennen wir aus dem *Codex Theodosianus* bzw. dem *Codex Iustinianus*. Hier wurde im Normalfall nur das *ius*, also der eigentliche Gesetzestext, aufgenommen, demgegenüber fehlen vielfach die Einleitungen der Edikte, die für unsere Fragestellung besonders aufschlussreich wären.

Eusebius kann uns da weiterhelfen, denn er nennt in seiner *Vita Constantini* all die Gesetze des Kaisers, die nach seinem Verständnis christlich intendiert waren. Als Zeitgenosse kannte er im Gegensatz zu uns die Edikte vollständig. Allerdings konzentriert er sich auf solche Beispiele, die explizit christliche Aussagen enthielten, und schließt damit all die Fälle aus, wo christliche Vorstellungen möglicherweise eine Rolle gespielt haben, ohne dass sie explizit genannt werden. Da die Gesetze so formuliert werden mussten, dass sie für sämtliche Reichsbewohner verständlich waren und nicht nur die christliche Minderheit ansprachen, muss man auch nach solchen Beispielen Ausschau halten. Insofern empfiehlt es sich, sich nicht allein vom Wortlaut der Gesetze leiten zu lassen, sondern ihre Inhalte zu betrachten und in jedem Einzelfall zu überlegen, ob Zusammenhänge mit christlichen Positionen möglich oder sogar zwingend sind, da andere Überlegungen ausscheiden.

Betrachten wir im folgenden die Gesetze, die unter dieser Fragestellung aufschlussreich zu sein versprechen. Da einige der Edikte bislang nicht zuverlässig datiert sind, bietet es sich nicht an, chronologisch vorzugehen, sondern eine Gliederung unter inhaltlichen Gesichtspunkten vorzunehmen.

1. Das Verbot der Gesichtsschändung

Eines der wenigen Gesetze, das für uns heute noch erkennbar eine Begründung enthielt, die als christlich gedeutet werden kann, ist dasjenige, das untersagte, Verurteilten

Brandmarkungen im Gesicht zuzufügen. Es wurde 315 oder 316 erlassen und ist im *Codex Theodosianus* überliefert.

Das Verbot der Gesichtsschändung

Wenn jemand aufgrund der Schwere der Verbrechen, bei denen er ergriffen wurde, zu den Spielen oder zum Bergwerk verurteilt wurde, soll er keineswegs im Gesicht gebrandmarkt werden, wohingegen die Strafe an den Händen oder den Waden mit einer Schrift festgehalten werden kann, so dass das Gesicht, das nach dem Vorbild der himmlischen Schönheit gebildet wurde, nicht geschändet wird.

(Codex Theodosianus 9,40,2)

Die Vorstellung, dass das menschliche Gesicht als Abbild göttlicher Schönheit aufzufassen sei, ist aus der christlichen wie der jüdischen Tradition bekannt; sowohl im Alten wie im Neuen Testament finden sich entsprechende Belege. Jedoch begegnet das Motiv auch in der stoischen Philosophie, die zumindest in ihren Grundzügen vielen Römern bekannt war. Es war also nicht nur für Christen und Juden verständlich, sondern sollte einen Großteil der Reichsbewohner ansprechen. Zu beachten ist, dass die Brandmarkungen an anderen Körperteilen weiterhin zulässig sein sollten. Von einer Humanisierung des Strafvollzuges kann hier also keine Rede sein.

2. Die Abschaffung der Strafe des Gladiatorendienstes

Bei diesem Gesetz aus dem Jahre 325 wird im allgemeinen ebenfalls christlicher Einfluss angenommen, auch wenn der Text, der uns aus dem *Codex Theodosianus* bekannt ist, keine klare Bestimmung dazu enthält:

Abschaffung der Strafe des Gladiatorendienstes

Blutige Schauspiele gefallen nicht für die bürgerliche Muße und die häusliche Ruhe. Deshalb verbieten wir es gänzlich, dass diejenigen Gladiatoren seien, die zufällig wegen ihrer Delikte diesen Beruf und dieses Urteil zu erhalten pflegen.
Lasse sie lieber dem Bergwerk dienen, damit sie ohne Blut die Strafe für ihre Verbrechen erkennen.

(Codex Theodosianus 15,12,1)

Die Christen waren nicht die einzigen, aber die entschiedensten Gegner der Gladiatorenkämpfe. Sie führten verschiedene Argumente dagegen an, das spezifisch christlichste wurde in dem Gesetz bezeichnenderweise nicht genannt: Die Christen brachten die Spiele mit Götzendienst in Zusammenhang, da sie ursprünglich zu Ehren von Göttern eingeführt worden waren. Hinzu kam ein anderes Argument, das auch von Philosophen vertreten wurde und sogar in populärphilosophische Vorstellungen Einzug gefunden hat, die vielen Römern vertraut waren: Gladiatorenkämpfe galten als amoralisch und wurden deshalb kritisch gewürdigt. Der Gesetzestext rekurrierte auf diese vergleichsweise verbreitete Auffassung.

Konstantin ging allerdings nicht so weit, die Spiele gänzlich zu verbieten. Das wäre aufgrund der großen Popularität, die sie nach wie vor genossen, kaum durchsetzbar gewesen. Der Kaiser selbst distanzierte sich offenbar erst mit der Zeit von den Gladiatorenkämpfen: Zu Beginn seiner Regentschaft verfügte er selbst noch, dass germanische Gefangene den Tieren vorgeworfen werden sollten. In einem Gesetz von 315 ließ er festschreiben, dass Personen, die sich des Kindesraubes schuldig gemacht hatten, zur Teilnahme an Gladiatorenspielen zu verurteilen seien (*Codex Theodosianus* 9,18,1). Wir dürfen vermuten, dass der wachsende Einfluss von Christen auf den Kaiser ihn zu dieser Positionsänderung veranlasste.

3. Gesetze zur Sklaverei

Bevor wir auf die konstantinischen Gesetze zur Sklaverei eingehen, müssen wir zunächst betrachten, welche Positionen unter den Christen dieser Zeit zur Sklavenhaltung vorherrschten. Erst auf dieser Basis können wir beurteilen, inwieweit die Regelungen des Kaisers auf dem Gebiet durch christliche Vorstellungen geprägt sind.

Die Sklaverei ist eines der Elemente der antiken Welt, die uns im allgemeinen am stärksten befremden. Auch in der Antike wurde zuweilen Kritik an dieser Einrichtung geäußert. Bereits verschiedene heidnische Autoren sprachen sich gegen sie aus. Am berühmtesten sind die Überlegungen der Stoiker, den Anhängern einer im Hellenismus gegründeten Philosophenschule, der sich seit der ausgehenden Republik auch zahlreiche Römer verschrieben. Die Stoiker waren von der Gleichheit aller Menschen überzeugt und wandten sich von daher gegen die Sklaverei. Nennenswerte praktische Konsequenzen hatten ihre Überlegungen allerdings nicht.

Im christlichen Diskurs spielte die Auseinandersetzung mit der Sklaverei eine große Rolle. Die christliche Erlösungsbotschaft richtet sich in gleicher Weise an alle Menschen und misst sozialen und rechtlichen Unterschieden keine Bedeutung bei. Im Leben der christlichen Gemeinden wurde dem weitestgehend entsprochen. Angehörige gesellschaftlich benachteiligter Gruppen konnten uneingeschränkt Gemeindemitglieder werden. Das traf auch auf Sklaven zu, sofern ihre Besitzer keine Einwände hatten, was in der Regel nicht der Fall war.

Dennoch herrschte unter den Christen nicht immer Einigkeit in ihrer Haltung zur Sklaverei. Das galt bereits für den Status von Sklaven innerhalb der christlichen Gemeinde. Man stritt besonders über die Frage, ob Sklaven ordiniert werden und damit bis zum Bischofsamt gelangen konnten. Viele Christen sprachen sich dagegen aus; sie fürchteten, dass es zu Interessenkonflikten zwischen der Kirche und dem Halter des Sklaven kommen könnte. Außerdem wurde verstärkt die Position vertreten, dass ein Sklave aufgrund seines niederen sozialen Status nicht imstande sei, die Autorität zu entwickeln, die notwendig war, um dieses Amt auszufüllen. Es bedurfte nicht nur der Anerkennung durch die Gemeindemitglieder, der Bischof musste besonders seit der konstantinischen Zeit auch in der Lage sein, mit den Vertretern der staatlichen Macht zu kommunizieren.

Ein weiterer Streitpunkt unter den Christen betraf die Eheschließung zwischen Sklaven und Freien. In der Praxis setzte man sich besonders mit der Ehe zwischen freien Frauen und unfreien Männern auseinander – der umgekehrte Fall kam kaum vor, zumindest nicht in der Form der offiziellen Ehe, mit der sich die Christen befassten. Nach römischem Recht waren Eheschließungen zwischen Freien und Sklaven bislang nicht möglich, geduldet wurde nur der rechtlich nicht geregelte Konkubinat, der nicht selten von freien Männern und Sklavinnen praktiziert wurde. Die Kirche lehnte den Konkubinat grundsätzlich ab, akzeptierte aber bis ins 4. Jahrhundert hinein innerhalb ihrer Gemeinden die Ehe zwischen Freien und Unfreien. Mit zunehmender Annäherung der Kirche an den Staat aber distanzierten sich viele Kirchenvertreter davon und erkannten damit auch nur noch diejenigen Ehen an, die nach römischem Recht zulässig waren. Einstimmigkeit wurde hier jedoch nicht erzielt, es gab auch im 4. und 5. Jahrhundert noch immer Christen, die sich dafür aussprachen, die alte Praxis beizubehalten.

Auch hinsichtlich der grundsätzlichen Einschätzung der Sklaverei waren sich die Christen keineswegs einig. Eine strikte Ablehnung der Sklavenhaltung begegnete vor allem in monastischen Kreisen. Wie in vielen anderen Hinsichten distanzierten sich die Mönche auch in dieser Frage stärker von ihrer sozialen Umwelt als die meisten anderen Christen. Dies galt ganz besonders für den Osten. Die Bischöfe in Ost und West äußerten sich zu der Thematik unterschiedlich: Maßnahmen zur generellen Abschaffung der Sklaverei konnten sich die meisten kaum vorstellen. Einige forderten zumindest die christlichen Sklavenhalter auf, ihre eigenen Sklaven freizulassen. Deren Zahl nahm ständig zu, je stärker sich die christliche Religion auch in den höheren sozialen Schichten verbreitete. Andere Bischöfe beschränkten sich darauf zu empfehlen, die Sklaven als Mitmenschen und, soweit sie ebenfalls Christen waren, als Mitbrüder zu behandeln. Letztere Position, die die Einrichtung der Sklaverei nicht in Frage stellte, scheint am verbreitetsten gewesen zu sein. Von einer einheitlichen Auffassung der Christen zur Sklaverei, die sich als typisch christlich charakterisieren ließe, kann aber keine Rede sein.

Betrachten wir nun, wie sich Konstantin mit der Sklaverei auseinander setzte und welche gesetzlichen Bestimmungen er dazu erließ. Wir finden unter seinen Gesetzen mehrere, die sich mit dem Gegenstand befassen:

In einem Erlass legte er fest, dass Sklavenfamilien, die auf kaiserlichen Domänen lebten, nicht getrennt werden sollten, wenn das Land infolge von Erbteilung dividiert wurde (*Codex Theodosianus* 2,25,1). Damit wurde auf einen geringfügig humaneren Umgang mit Sklaven hingewirkt, durch den sich die grundsätzlich prekäre Situation vieler Sklaven in der Landwirtschaft aber nicht nachhaltig verbesserte. Die Regelung konnte im Falle der Teilung von Landgütern allzu große Unzufriedenheit der betroffenen Sklaven, die in Unruhen münden konnte, vermeiden. Auf ausdrücklich christliche Überlegungen kann dieses Gesetz jedoch nicht zurückgeführt werden.

Weiterhin wurde festgeschrieben, dass die absichtliche Tötung eines Sklaven ebenso wie die eines Freien oder Freigelassenen nunmehr als Mord verstanden und entsprechend geahndet werden sollte (*Codex Theodosianus* 9,12,1). Diese Bestimmung verbesserte den Rechtsstatus von Sklaven tatsächlich; in der Vergangenheit war die Tötung eines Sklaven bei weitem geringer bestraft worden als die eines freien Bürgers oder eines Freigelassenen. Dieses Gesetz dürfte bei vielen Christen auf Zustimmung gestoßen sein, eine unmittelbar christliche Motivierung lässt sich jedoch nicht erkennen. Die Bestimmung ist eher auf ethisch-moralische Überlegungen zurückzuführen, die sich bereits seit dem späten 2. Jahrhundert in der Gesetzgebung niedergeschlagen haben und auf besseren Schutz für verschiedenste schwächere Mitglieder der Gesellschaft zielten.

Besonders wichtig sind in diesem Zusammenhang auch die Regelungen, die sich mit der Freilassung von Sklaven beschäftigen. Im Jahre 321 ergingen dazu mehrere Bestimmungen (*Codex Theodosianus* 2,8,1 und 4,7,1): Der Kaiser legte fest, dass die Freilassung auch vor Klerikern in der christlichen Kirche möglich sein solle (*manumissio in ecclesia*). Auch am Sonntag sollten Sklaven in den Status eines Freigelassenen überführt werden können, da es sich dabei um ein gottgefälliges Werk handele, das in religiöser Gesinnung (*religiosa mente*) vollzogen werde. Überdies wurde formuliert, dass die Freilassung nach dem Tode des Besitzers auch ohne testamentarische Bestimmung möglich sein sollte, wenn der Besitzer sich auf dem Sterbebett in Anwesenheit eines Klerikers entsprechend geäußert hatte.

Bei diesen Regelungen ist der christliche Einfluss unverkennbar. Der Gesetzgeber billigte offenbar nicht nur die Auffassung, dass es sich bei der Freilassung um ein Gott wohlgefälliges Werk handele und viele Christen sie daher aus religiöser Motivation vornahmen, sondern schloss sich ihr sogar an. Außerdem übertrug er der christlichen Gemeinde und besonders den Klerikern die Kompetenz, rechtsgültige Befreiungen von Sklaven vorzunehmen. Von praktischer Bedeutung war dabei speziell die Verfügung, die nach dem Tode des Sklavenhalters umgesetzt werden sollte.

Daneben wurde festgeschrieben, dass eine freie Frau, die eine Ehe mit einem Sklaven einging, ihre Freiheit verlieren sollte (*Codex Theodosianus* 4,12,1). Gleiches hatte dem Erlass gemäß für die Kinder zu gelten, die aus einer solchen Verbindung hervorgingen. Dieses Gesetz läßt sich eher als konservativ bezeichnen. Es wandte sich gegen die oben erwähnte bis ins 4. Jahrhundert von den christlichen Gemeinden geförderte Praxis. Durch diese Regelung wurde die rechtliche Differenz zwischen Freien und Sklaven in einem wichtigen Bereich bestätigt und fixiert. Dies widersprach zunächst den Vorstellungen vieler Christen. Wie schon erwähnt, schwenkten viele Christen aber auf die Position des Kaisers ein.

Außerdem wurde in mehreren Gesetzen festgehalten, dass entwichene Sklaven hart bestraft werden sollten (*Codex Iustinianus* 6,1,3 ff.). Diejenigen von ihnen, die zu den Barbaren übergelaufen waren, sollten sogar zur Bergwerksarbeit verurteilt werden. Derartige Regelungen sind ebenfalls als konservativ einzuschätzen. Sie zielten darauf, Sklaven von Fluchtversuchen abzuhalten und sie damit zu motivieren, sich mit ihrem Status zu arrangieren. Die Frage nach einer etwaigen christlichen Motivation erübrigt sich hier.

Ein Gesetz aus dem Jahre 317 oder 319 (*Codex Theodosianus* 9,12,1) besagte, dass ein Sklavenbesitzer, der seinen eigenen Sklaven so schwer züchtigte, dass dieser starb, im Normalfall keine Schuld auf sich ziehe und damit keine Strafe zu befürchten habe, da er lediglich seine hausväterliche Gewalt ausübe. Er solle von seinem Recht zu strafen jedoch nicht unmäßig (*immoderate*) Gebrauch machen. Falls er seinen Sklaven allerdings mit einem Knüppel oder einem Stein tötete bzw. mit der „Wut ungeheuerlicher Barabaren" (*saevitia immanium barbarorum*) gegen ihn vorging und dadurch seinen Tod herbeiführte, sollte er des Mordes bezichtigt werden.

Eine klare Linie lässt sich in der konstantinischen Gesetzgebung zur Sklaverei also nicht erkennen. Einige Bestimmungen schützten die Interessen der Sklavenhalter und waren damit konservativen Charakters. Andere zielten auf eine leichte Verbesserung der Lage der Sklaven. Deren Motivation war unterschiedlich, christliche Überlegungen dürfen wir bei den Regelungen zur Freilassung von Sklaven annehmen.

4. Gesetze zu Ehe und Familie

Mit der Ehe setzten sich die Christen in vorkonstantinischer wie konstantinischer Zeit intensiv auseinander. Auch zu diesem Thema entwickelten sie recht unterschiedliche Vorstellungen. Einige lehnten die Ehe gänzlich ab und plädierten für eine asketische Lebensweise. Andere waren hingegen der Auffassung, dass auch in der Ehe eine asketische Lebensführung praktiziert werden könne, ein zölibatäres Leben also keineswegs notwendig sei. Den Bischöfen wurde der Zölibat bereits empfohlen, aber wohl noch nicht verpflichtend vorgeschrieben. Personen, die bereits verheiratet waren, wenn sie zum Bischof ernannt wurden, forderte man sogar ausdrücklich auf, ihre Ehe aufrechtzuerhalten. Waren sie zu diesem Zeitpunkt aber noch unverheiratet, so sollten sie es nach Möglichkeit bleiben.

Weitestgehende Einigkeit herrschte unter den Christen in der Ablehung der Ehescheidung. In dieser Hinsicht unterschieden sie sich grundlegend von ihrer sozialen Umwelt, im Römischen Reich war die Scheidung bislang unproblematisch. Die Christen grenzten sich in ihren Auffassungen zur Ehe auch darin ab, dass sie sich gegen eine zweite Ehe aussprachen, die etwa nach dem Tode des ersten Ehepartners eingegangen wurde.

Konstantin erließ verschiedene Gesetze, die sich mit der Ehe befassten: In einem Erlass aus dem Jahre 320, der im *Codex Theodosianus* 8,16,1 überliefert ist, stellte er die Unverheirateten den Verheirateten gleich und befreite Ehe- wie Kinderlose (*orbi*) von den Lasten, die Kaiser Augustus ihnen auferlegt hatte. Augustus hatte Ehegesetze erlassen, durch die vor allem die Senatoren verpflichtet werden sollten, eine Ehe einzugehen, und hatte hohe Belastungen für diejenigen festgeschrieben, die dem nicht nachkamen. Durch die Regelungen Konstantins wurden die Ledigen den Verheirateten rechtlich gleichgestellt, ihre bisherige Diskriminierung durch erbrechtliche Benachteilung und Erwerbsbeschränkungen wurde aufgehoben. Eusebius kommentiert das Gesetz folgendermaßen: *Alte Gesetze schädigten die Kinderlosen durch Wegnahme der Erbschaft der Verwandten, und dieses Gesetz war eines der unerträglichsten, weil es die Kinderlosen gewissermaßen strafte. Indem Konstantin das Gesetz aufhob, erlaubte er auch denjenigen zu erben, denen es zustand. Dies hat der Kaiser in gottgefälliger Art und Weise geändert. Er sagte, dass diejenigen, die freiwillig kinderlos seien, durch ihre verdiente Strafe zur Vernunft zu bringen seien. Vielen aber hätte die Natur Kinder versagt. Diese Menschen hätten sich wohl gewünscht, viele Kinder zu haben, aber die Schwäche ihrer Natur habe dies verhindert. Andere aber hätten keine Kinder, nicht aus Abneigung gegen Nachkommenschaft, sondern gegen den Geschlechtsverkehr, dem sie die Liebe zu einem wahrhaft philosophischen Leben vorzogen. Auch Jungfrauen, die durch Gottesverehrung geheiligt seien, bewahrten die heilige und unverletzliche Jungfräulichkeit in einem heiligen, geweihten Leben, dem sie sich mit Seele und Leib gewidmet hätten* (Eusebius, *Vita Constantini* 4,26).

Hier werden also mehrere Begründungen gegeben. Erstens sollten diejenigen nicht länger benachteiligt werden, die ohne eigenes Verschulden keine leiblichen Nachkommen hatten. Dies bezieht sich ganz offensichtlich nicht auf eine bestimmte Gruppe. Zweitens sollte es die Personen unterstützen, die sich für ein asketisches Leben entschieden. Hier wird zunächst von einem philosophischen Leben gesprochen, was sich unterschiedlich verstehen lässt: Die Aussage kann auf die Christen bezogen werden, da das Christentum gelegentlich als Philosophie, speziell als „wahre Philosophie" bezeichnet wurde und die spezifisch christliche Lebensform auch eine philosophische genannt werden konnte. Wahrscheinlicher aber ist, dass hier tatsächlich Philosophen gemeint waren, die sich ebenfalls zum Teil in ihren Lebensformen wesentlich von der geläufigen sozialen Praxis unterschieden und auch Askese übten. Die Bemerkung zugunsten der geweihten Jungfrauen bezog sich hingegen eindeutig auf die Christen. Wir haben es hier also mit verschiedenen Begründungen zu tun, die christlichen stehen nicht ausdrücklich im Vordergrund, auch wenn zu vermuten ist, dass sie in diesem Falle das zentrale Motiv darstellten. Im Gesetzestext selbst, der im *Codex Theodosianus* überliefert ist (8,16,1), findet sich keine Aussage über die Motivation und Intention des Gesetzgebers.

Weiterhin wurde bestimmt, dass der Kinderhandel verboten werden sollte. Die Aussetzung und der Verkauf von Kindern wurden aber nicht vollständig untersagt. Der Kaiser stellte jedoch von nun an Mittel zur Verfügung, mit denen Bürger unterstützt werden sollten, die ansonsten aufgrund materieller Not gezwungen gewesen wären, ihre Kinder zu verkaufen. Auch diese Maßnahme war wieder ambivalent. Die Lage von Kindern wurde in gewisser Hinsicht verbessert, man unternahm jedoch nicht alles, was ihrem Schutz hätte dienen können. Die Motivation für dieses Gesetz war vermutlich allgemeiner ethischer Art, ausdrücklich christliche Überlegungen müssen hier nicht angenommen werden.

In einer Regelung aus dem Jahre 326, die im *Codex Iustinianus* 5,26,1 überliefert ist, wurde der Konkubinat für verheiratete Männer verboten. Bislang war es nicht nur möglich, den Konkubinat anstelle der Ehe zu praktizieren, sondern auch beide Formen zugleich zu leben. Hinzu traten weitere Bestimmungen, die den Konkubinat erschwerten und damit unattraktiver machten: Die Konkubinen konnten ihren Partner weder beerben noch Schenkungen von ihm empfangen. Die gleiche Regelung galt für die Kinder, die aus einer solchen Verbindung hervorgingen. Männer, die der sozialen Oberschicht angehörten, sollten der Infamie verfallen und ihr Bürgerrecht verlieren, wenn sie in einem Konkubinat lebten. Mit diesen Bestimmungen wurde zumindest zum Teil christlichen Vorstellungen entsprochen. Der Konkubinat wurde dadurch diskreditiert, allerdings primär für Angehörige der höheren sozialen Schichten. Die Christen hätten sich eine gänzliche Aufhebung dieser Lebensform gewünscht, die Maßnahme ging aber in die von ihnen favorisierte Richtung.

Ein konstantinisches Gesetz, das im *Codex Iustinianus* überliefert ist (9,9,29,4), bestimmte, dass Ehebruch mit der Todesstrafe belegt werden sollte, Mann und Frau seien dabei in gleicher Weise zu ahnden. Diese Regelung war zwar nicht eigentlich neu, sie ist bereits für das 2. Jahrhundert belegt; ein Novum war aber, dass die Strafe von nun an in grausamerer Weise als zuvor vollstreckt werden musste, nämlich mit dem Schwert. Eine weitere Neuerung ist darin zu sehen, dass sich das Gesetz nun auf einen größeren Personenkreis erstreckte und weniger Ausnahmen zuließ als in der Vergangenheit. So wurde es jetzt auch auf Schankwirtinnen bezogen. Ausgenommen wurden allerdings weiterhin die Wirtshausmägde. Über sie hieß es, sie ständen aufgrund der Billigkeit ihres Lebenswandel (*vilitas vitae*) außerhalb des Gesetzes. Die Regelung stammt aus dem Jahre 326 und ist im *Codex Theodosianus* 9,7,1 überliefert. Die Ausdehnung des Kreises der betroffenen Personen dürfte sicherlich im Interesse der Christen gestanden haben, die Sonderregelung für die sozial niedrig gestellten Wirtinnen entsprach freilich nicht ihren Vorstellungen. Eine ausdrücklich christliche Motivation läßt sich bei dieser Regelung nicht ausmachen.

Überdies wurde unter Kaiser Konstantin im Jahre 331 ein Gesetz erlassen, das die Ehescheidung neu regelte (*Codex Theodosianus* 3,16,1). Bei diesem Gegenstand sollte fortan unterschieden werden zwischen solchen Fällen, in denen beide Partner einvernehmlich die Trennung anstrebten, und solchen, in denen nur eine der beiden Personen die Scheidung wünschte. Bei ersteren sollte die Auflösung der Lebensgemeinschaft wie bislang ohne Einschränkungen zulässig bleiben. Falls aber nur ein Partner die Scheidung anvisierte, mussten bestimmte Bedingungen gegeben sein, um die Trennung vollziehen zu können, ohne sich strafbar zu machen: Die scheidungswillige Seite musste nachweisen, dass die andere sich bestimmter Delikte schuldig gemacht hatte: Mord, Zauberei und Grabschändung beim Mann, Unzucht, Zauberei und Kuppelei bei der Frau. Wurde eine Ehe nach dem Wunsch nur einer Partei ohne einen dieser Rechtsgründe geschieden, so wurden die betreffenden Personen zwar bestraft, die Scheidung blieb aber rechtskräftig. Diese Maßnahmen trugen zwar den Erwartungen der Christen Rechnung, gingen ihnen jedoch nicht weit genug. Von einem Verbot der Ehescheidung, wie es sich viele Christen wünschten, blieb man weit entfernt.

Andere Gesetze betrafen die Familie im weiteren Sinne. Wir haben im Zusammenhang mit der diocletianischen Gesetzgebung bereits gesehen, dass schon seit dem 2. Jahrhundert Gesetze erlassen wurden, mit denen die hausväterliche Gewalt, die *patria potestas*, zugunsten der Rechte der einzelnen schwächeren Familienmitglieder eingeschränkt wurde. Derartige Regelungen lagen auch im Interesse der Christen. Im besonderen in den Fällen, wo sich nur einzelne Mitglieder einer Familie zum christlichen Glauben bekannten, konnte es zu Schwierigkeiten kommen. Vor allem im Westen des Reiches wissen wir von vielen Fällen, in denen der *pater familias* weiterhin der paganen Religion anhing, während die Ehefrau Christin war und auch die Kinder im christlichen Sinne erziehen wollte, sich für eine Tochter vielleicht sogar den Rang einer geweihten Jungfrau wünschte. Hier waren Konflikte mit dem Ehemann vorprogrammiert.

Konstantin stellte sich mit seinen Familiengesetzen zunächst in die Tradition der tetrarchischen Gesetzgebung. Ob darüber hinaus in seinen Bestimmungen explizit christliche Motive auszumachen sind, soll im folgenden betrachtet werden:

In einem Gesetz wurde 318 festgeschrieben, dass der Mord an nahen Verwandten (Eltern, Geschwistern und leiblichen Kindern) mit der besonders schlimmen Strafe des Säckens geahndet werden sollte (*Codex Thedosianus* 9,15,1). Damit ist gemeint, dass der Täter gemeinsam mit Schlangen in einen Sack genäht und ins Meer bzw. in einen Abgrund gestürzt wurde. Trotz dieser Regelung nimmt man an, dass das traditionelle Recht des *pater familias*, über Leben und Tod der Familienmitglieder zu entscheiden (*ius vitae necisque*) nicht gänzlich abgeschafft wurde. Es wurde jedoch im Sinne der diocletianischen Gesetzgebung weiter eingeschränkt. Damit wurde auch den Interessen der Christen entsprochen, ohne dass aber eine ausdrücklich christliche Motivation erkennbar ist.

Ein weiteres Problem der Zeit, das im familiären Bereich angesiedelt war, war das der Kindesaussetzung. Viele Familien sahen sich aufgrund ihrer ökonomischen Situation nicht in der Lage, ein neugeborenes Kind aufzuziehen. Um den Säugling nicht töten zu müssen, entschieden sich nicht wenige von ihnen für die Aussetzung, in der Hoffnung, er werde rechtzeitig gefunden und aufgenommen. Ein grundsätzliches Verbot der Kindesaussetzung schien nicht geeignet, die Schwierigkeiten der betroffenen Familien zu mindern. Konstantin traf daher in einem Gesetz von 331 eine andere Regelung, die besagte, dass, wer ein ausgesetztes Kind zu sich nehme und großziehe, die Verfügungsgewalt über das Kind erhalte und die Eltern keinen Rechtsanspruch auf spätere Rückgabe hätten (*Codex Theodosianus* 5,9,1).

Durch diese Bestimmung sollte die Bereitschaft erhöht werden, ein aufgefundenes Kind (wahlweise an Kindes statt oder als Sklaven) aufzunehmen, indem sie den Personen, die sich dazu entschlossen, mehr Rechte gegenüber den leiblichen Eltern oder – falls es sich um das Kind von Sklaven handelte – dem früheren Besitzer einräumte. Umgekehrt zielte es auch darauf, Eltern zu motivieren, es sich gut zu überlegen, ob sie ein Kind aussetzten, da es ihre Möglichkeiten, es später zurückzuerhalten, erheblich einschränkte. Den Christen ging diese Regelung nicht weit genug, sie sprachen sich grundsätzlich gegen die Aussetzung von Kindern aus. Einige von ihnen gingen so weit, die Kindesaussetzung mit dem Verwandtenmord gleichzusetzen, da viele betroffene Kinder den Tod fanden. Sie wünschten entsprechend für Eltern, die ihr Kind aussetzten, die Todesstrafe.

In ähnlicher Weise wie die Kindesaussetzung regelte Konstantin den Verkauf neugeborener Kinder. Diocletian hatte diesen gänzlich verboten, was sich jedoch als nicht praktikabel erwiesen hatte. Konstantin legte in einem Gesetz von 319 oder 320 (*Codex Iustinianus* 4,43,2) fest, dass ein betroffenes Kind nicht sogleich seine Freiheit verlieren und damit den Status eines Sklaven erhalten sollte. Außerdem wurde bestimmt, dass den Eltern die Möglichkeit eingeräumt werden müsse, ihr Kind später wieder auszulösen, falls sie dazu imstande sein sollten. Zudem wurde gesetzlich fixiert, dass den Eltern, die aus finanziellen Gründen nicht in der Lage waren, ihre Kinder aufzuziehen, eine staatliche Unterstützung gewährt wurde (*Codex Theodosianus* 11,27,1 f.). Auf diese Weise wollte man erreichen, dass weniger Menschen sich entscheiden mussten, ihre Kinder auszusetzen oder zu verkaufen. Ob hier christlicher Einfluß anzunehmen ist, ist fraglich. Die Christen sprachen sich für den Fall, dass ein Paar nicht über die Mittel verfügte, ein Kind aufzuziehen, eher für Abstinenz aus. Hingegen lassen sich römische Vorbilder für dieses Gesetz ausmachen: Die Kaiser Nerva und Trajan hatten bereits ähnliche Regelungen getroffen. Konstantin hat seine Bestimmung sowohl mit Rekurs auf die römische Tradition als auch mit Blick auf ethische Normen begründet: So heißt es in dem Gesetz über die Gewährung staatlicher Unterstützung, es widerspreche den römischen Normen, dass Menschen durch Hunger zu unwürdigem Verhalten gezwungen würden.

Weitere Gesetze zielten darauf, Mündeln besseren Schutz gegen ihre Vormünder zu gewähren. Vormündern wurde danach die Testierfreiheit abgesprochen, wenn sie ihre Söhne oder Mündel vernachlässigten (*Leges Novellae ad Theodosianum pertinentes* 11). Überdies wurde den Vormündern untersagt, ohne zwingenden Grund den Besitz des Mündels zu veräußern (*Codex Theodosianus* 3,30,3). Diese Bestimmungen kamen sowohl Kindern wie auch Frauen zugute, die einem Vormund unterstanden. Direkter christlicher Einfluss ist hier nicht nachweisbar, auch wenn die Gesetze den Vorstellungen der Christen entsprachen. Wichtiger sind hier allgemeine ethische Prinzipien, die den Schutz Schwacher geboten und seit längerem schon in die Gesetzgebung der Kaiser einflossen.

Christliche Vorstellungen lassen sich damit in Konstantins Gesetzgebung zur Familie kaum nachweisen. Einige Maßnahmen zielten in die von den Christen gewünschte Richtung, sie gingen jedoch in keinem Fall so weit, wie es die Anhänger der christlichen Religion gern gesehen hätten.

5. Das Sonntagsgesetz

In der Antike gab es verschiedene Formen der Wochengliederung. Die Juden teilten die Woche in sieben Tage und begingen den siebten als Sabbath. Auch diejenigen, die die Woche nach den Planeten gliederten, fassten sieben Tage zu einer Einheit zusammen.

Nach ihrem Verständnis herrschte jeder der sieben damals bekannten Planeten über jeweils einen Tag. Unterschiedliche Auffassungen gab es allerdings in der Frage, mit welchem Tag man die Woche beginnen lassen sollte. Die Anhänger des Planetenglaubens betrachteten im 4. Jahrhundert den Sonnengott als die dominierende Gottheit und daher den ihm zugewiesenen Tag, den *dies solis*, als den ersten der Woche. Anders als die Juden begingen sie diesen Tag aber nicht als Feiertag.

Die Christen übernahmen die Gliederung der Woche in sieben Tage von den Juden. Als Festtag wählten sie jedoch nicht den siebten und damit letzten Tag der Woche (den Sabbath), sondern den ersten, der mit dem *dies solis* zusammenfiel. Sie nannten ihn den „Tag des Herren" (*dies dominica* oder *dies dominicus*). Bis in die konstantinische Zeit war dieser jedoch kein Ruhetag. Die Christen feierten an dem Tag zwar Gottesdienst, gingen aber ansonsten regulär ihrer Arbeit nach.

Konstantin erließ nun im Jahre 321 ein Gesetz, mit dem bestimmt wurde, dass alle Richter, die städtische Bevölkerung und die Werkstätten sämtlicher Handwerker am Tag der Sonne die Arbeit ruhen lassen sollten. Die Bauern durften allerdings weiterhin an diesem Tag ihre Felder bestellen, um den rechten Termin für die Aussaat nicht zu versäumen (*Codex Iustinianus* 3,12,2).

Kurz darauf erging die schon erwähnte zusätzliche Bestimmung, dass die Freilassung von Sklaven auch am Sonntag gestattet sein solle. Mit diesem Gesetz entsprach Konstantin den Interessen der Christen, eine christliche Motivation ist hier sicher anzunehmen. Auffällig ist allerdings, dass er die christliche Bezeichnung des Tages vermied, sondern die heidnische *„dies solis"* verwendete. Er wählte damit einen Namen, mit dem sich auch die zahlreichen Anhänger des Sonnenkultes identifizieren konnten und der den allermeisten Reichsbewohnern mittlerweile zumindest bekannt gewesen sein musste.

Auch die Angehörigen des Heeres sollten den Sonntag mit einem Gottesdienst als Feiertag begehen. Hier ergab sich allerdings das Problem, dass die Mehrzahl der Soldaten sich noch nicht zum christlichen Glauben bekannten. Konstantin schuf für sie ein Pendant zum christlichen Gottesdienst, bei dem auch sie den einen Gott verehren sollten. Diese Veranstaltung durfte nicht allzu christlich sein, um die paganen Soldaten nicht zu verschrecken. Sie sollte aber auch nicht zu pagan sein, um nicht in Gegensatz zu Konstantins Herrschaftskonzeption zu geraten. Welche Lösung für dieses Problem entwickelt wurde, berichtet Eusebius: *Denjenigen aber, die das göttliche Wort noch nicht angenommen hatten, befahl er in einem zweiten Gesetz, an den Tagen des Herren auf das freie Feld vor der Stadt zu gehen und dort auf ein Zeichen hin ein eingeübtes Gebet zu Gott emporzusenden, denn sie sollten ihre Hoffnung nicht allein auf ihre Lanzen, ihre Rüstung oder ihre Körperkraft setzen, sondern den höchsten Gott als den Gewährer alles Guten und auch des Sieges erkennen. Darum sollten sie ihm auch die vorgeschriebenen Gebete darbringen, dabei die Hände zum Himmel emporstrecken und die Augen des Geistes zum König des Himmels emporrichten, um in ihren Gebeten ihn als den Gewährer des Sieges, den Retter, Schirmer und Helfer anzurufen. Der Kaiser lehrte die Soldaten sogar selbst das Gebet, das sie in lateinischer Sprache verrichten sollen: „Dich allein erkennen wir als Gott an. Dich bekennen wir als König. Dich rufen wir als Helfer an. Von Dir haben wir die Siege erhalten. Durch Dich sind wir stärker als die Feinde. Dir danken wir für die Wohltaten, die wir schon erhalten haben. Dir hoffen wir für die zukünftigen danken zu können. An Dich wenden wir uns mit Bitten und flehen: Bewahre unseren Kaiser Konstantin und seine gottgeliebten*

Söhne recht lange wohlbehalten und siegreich am Leben." Dies ließ Konstantin seine Heeresabteilungen am Tag des Lichts tun und lehrte sie, solche Worte in ihren Gebeten an Gott zu richten* (Eusebius, *Vita Constantini* 4,19f.).

6. Gesetze zur Kirche

Konstantin erließ eine ganze Reihe von Gesetzen, die die christliche Kirche und ihre Institutionen betrafen. Sie standen in engem Zusammenhang mit seiner allgemeinen Kirchenpolitik. Betrachten wir die Regelungen im einzelnen:

In einem Gesetz aus dem Jahre 319 wurde festgeschrieben, dass die Kleriker von den *munera civilia* und den außerordentlichen Steuern befreit werden sollten. Man vermutet in der Forschung, dass dies keine Befreiung von der allgemeinen Kopfsteuer (*capitatio*) einschloss. Die entsprechende Formulierung in dem Gesetzestext ist nicht ganz präzise: *Die Personen, die dem göttlichen Kult durch den Dienst für die Religion verbunden sind, also diejenigen, die Kleriker genannt werden, sollen vollständig von allen Abgaben befreit werden, damit sie nicht von den göttlichen Pflichten durch den gottlosen Neid mancher Leute abgehalten werden* (*Codex Theodosianus* 16,2,2).

Diese Regelung ist uns bereits aus dem Brief Konstantins an den Bischof Caecilianus von Karthago bekannt, der höchstwahrscheinlich 313 entstanden ist (vgl. Kap. IX). Dort hatte der Kaiser eine entsprechende Privilegierung der Bischöfe der Provinz *Africa* angekündigt. Mit dem 319 erlassenen Gesetz wurde sie für alle westlichen Provinzen eingeführt. Wie oben schon diskutiert, war damit die Gleichstellung der christlichen Bischöfe mit den paganen Priestern intendiert.

Hinzu kam nun noch eine weitere Vergünstigung, die den Bischöfen zugestanden wurde: Im Zusammenhang mit der Vorbereitung und Durchführung von Synoden durften sie mit der Staatspost, dem *cursus publicus*, reisen, der ansonsten nur dem Kaiser und der Reichsverwaltung zur Verfügung stand. Wie auch die anderen Privilegien galt dies nur für die „katholischen" Geistlichen, die Häretiker waren auch hier ausgeschlossen. Auch den paganen Priestern war die Benutzung des *cursus publicus* nicht gestattet, allerdings veranstalteten diese auch keine den Synoden vergleichbaren Versammlungen; insofern sollte in diesem Falle nicht von einer Bevorzugung des Christentums gesprochen werden. Allerdings handelte es sich bei dem Gesetz um eine Maßnahme, die das Wirken der Kirche und ihrer Institutionen entschieden unterstützte. Auch an diesem Beispiel wird wiederum deutlich, wie sehr kirchliche und staatliche Institutionen zu kooperieren begannen.

Ein anderes Gesetz, das in diesem Kontext sehr wichtig ist, stammt aus dem Jahre 318 und betrifft das sog. Bischofsgericht (*episcopalis audientia*). Bei dieser Einrichtung handelte es sich um ein Schiedsgericht, das sich zivilrechtlichen Fällen widmete und von den Bischöfen schon seit längerem in den Gemeinden praktiziert wurde. Die Kirche empfahl den Gemeindemitgliedern, sich nach Möglichkeit an dieses Gericht zu wenden und staatliche Gerichte zu meiden. Das bischöfliche Gericht wurde vom Staat geduldet, stand aber bislang unverbunden neben der staatlichen Gerichtsbarkeit. Konstantin bemühte sich mit dem Gesetz, hier eine Verbindung herzustellen: Er gestattete es Personen, sich in zivilrechtlichen Fällen an dieses Gericht zu wenden. Auch wenn bereits der Prozess vor einem staatlichen Gericht eingeleitet war, wurde die Übertragung an das Bischofsgericht für zulässig erklärt. Voraussetzung sollte lediglich sein, dass beide Parteien sich mit diesem Schritt einverstanden erklärten. Wenn eine Einigung vor dem bischöflichen Gericht erzielt worden war, sollte der Spruch des Bischofs vom staatlichen Richter übernommen werden. In dem Gesetz heißt es im einzelnen: *Ein Richter wird aufgrund seiner Sorgfalt darauf achten müssen, dass, wenn jemand an ein Bischofsgericht appelliert, dies stillschweigend akzeptiert wird, und wenn jemand eine Angelegenheit auf das christliche Gesetz übertragen möchte und wünscht, dass sich das Bischofsgericht mit der Sache befasst, dann soll er angehört werden, auch wenn die Angelegenheit bereits vor dem weltlichen Richter verhandelt wird. Und das Urteil, das von den bischöflichen Gerichten gesprochen wird, soll als unantastbar angesehen werden. Jedoch soll es so gehandhabt werden, dass nicht eine der am Prozess beteiligten Parteien an das oben genannte Auditorium appelliert und damit sein eigenes Urteil spricht. Denn der Richter des vorliegenden Falles muss eine unantastbare Entscheidung treffen können, damit er ein Urteil fällt, das von allen akzeptiert wird* (Codex Theodosianus 1,27,1).

Konstantin führte also das bischöfliche Gericht nicht ein, wie manchmal behauptet wird, und beschränkte sich auch nicht darauf, es ausdrücklich anzuerkennen. Das Novum, das mit seinem Gesetz geschaffen wurde, war vielmehr die Verbindung dieses Gerichts mit den Organen des Staates. Über die Gründe, die den Kaiser zu dem Schritt veranlasst haben, haben wir keine gesicherten Informationen. Vermutet wird, dass die bei staatlichen Richtern (wie auch sonstigen Verwaltungsbeamten) verbreitete Korruption eine Rolle gespielt haben mag. Die Bischöfe galten demgegenüber als weniger bestechlich. Daher genoss das Bischofsgericht bei vielen Christen, aber wohl auch schon einigen Nichtchristen ein hohes Ansehen. Die Mehrzahl der Christen gab ihm in zivilrechtlichen Angelegenheiten bereits seit längerem den Vorzug vor den staatlichen Gerichten.

Hinsichtlich der Qualifikation der Bischöfe scheint es keine Probleme gegeben zu haben. Viele Bischöfe des Ostens und zunehmend auch des Westens verfügten über einen hohen Bildungsstand, waren juristisch und rhetorisch geschult. Wir wissen auch von Personen, die als Anwälte tätig waren, bevor sie sich dem Christentum zuwandten. Von nun an dürfte man noch gezielter als bislang schon darauf geschaut haben, dass die Kandidaten für das Bischofsamt in der Lage waren, diese Aufgaben zu erfüllen. Damit wurde die Tendenz, primär Personen aus den gehobenen sozialen Schichten mit der Funktion zu betrauen, noch verstärkt.

Eine Regelung, die in diesem Zusammenhang ebenfalls von großer Bedeutung ist, ist diejenige, die es gestattete, Testamente zugunsten der Kirche zu verfassen. Sie stammt aus dem Jahre 321: *Jeder Einzelne soll die Erlaubnis haben, der heiligsten und ehrwürdigsten Versammlung der katholischen Kirche seinem Wunsche gemäß nach seinem Tode Güter zu hinterlassen. Entsprechende richterliche Entscheidungen dürfen nicht bedeutungslos sein. Es gibt nichts, was den Menschen mehr geschuldet wird, als dass die Feder des letzten Willens frei und zulässig ist, nachdem sie nichts anderes mehr wollen können* (Codex Theodosianus 16,2,4).

Diese Bestimmung setzte voraus, dass die Kirche zu einer Körperschaft geworden war, die Vermögen erwerben und besitzen konnte. Wie wir in Kap. III gesehen haben, war dies durch das Toleranzedikt des Galerius geschehen. Das Gesetz unterstützte das Anliegen vieler Christen, ihrer Gemeinde nicht nur Almosen zu geben, was von ihnen ausdrücklich erwartet wurde, sondern nach ihrem Tode Teile ihres Vermögens oder sogar ihren gesamten Besitz der Kirche zu vermachen. Insbesondere für diejenigen Christen, die sich einer asketischen Lebensweise verschrieben und keine Nachkommen hatten, war diese Entscheidung günstig. Für die Kirche war die Regelung ebenfalls von entscheidender Bedeutung: ein Großteil der Besitzungen, die sie von nun an erhielt, stammte aus solchen Erbschaften.

7. Gesetze und Regelungen zum paganen Kult

Für die Frage, inwiefern sich christliche Gesichtspunkte in Konstantins Politik, speziell seiner Gesetzgebung niedergeschlagen haben, ist es auch wichtig zu betrachten, welche Regelungen er zur paganen Religion traf.

In einem Gesetz von 319 (*Codex Theodosianus* 9,16,1) wurden die heidnischen Kulte ausdrücklich gestattet. Auch ließ Konstantin festschreiben, dass die finanziellen Zuwendungen, die die heidnischen Priesterschaften bislang bekommen hatten, erhalten bleiben sollten. Seine Formulierungen machen jedoch deutlich, dass er sich persönlich von den paganen Kulten distanzierte. Im gleichen Kontext traf er auch eine Regelung zu Opferschauen und Prophetien: *Opferschauern, Priestern und denen, die einen solchen Ritus auszuüben pflegen, verbieten wir unter Androhung von Strafe, sich einem privaten Haus zu nähern oder unter Vortäuschung von Freundschaft die Schwelle eines anderen zu betreten, wenn sie das Gesetz verachten. Ihr aber, die ihr glaubt, dass euch diese Praktiken nützen, geht zu den öffentlichen Altären und Heiligtümern und feiert die Festlichkeiten eures Brauches. Denn wir verbieten nicht, dass die Ausübung eines vergangenen Götzendienstes bei freiem Licht geschieht* (*Codex Theodosianus* 9,16,2).

Mit dem Gesetz wurde also nur private Wahrsagerei und Eingeweideschau verboten. Spezifisch christliche Überlegungen lagen dieser Regelung mit Sicherheit nicht zugrunde, denn öffentliche pagane Praktiken blieben ausdrücklich gestattet. Man geht vielmehr davon aus, dass Konstantin sich bei dieser Entscheidung eher durch Furcht vor politischen Gegnern leiten ließ, die sich häufig privater Prophetie und magischer Praktiken bedienten. Derartige Bestimmungen waren auch schon von früheren Kaisern erlassen worden, die keinerlei Bezug zum Christentum hatten.

Für einen bestimmten Fall ordnete Konstantin 320 sogar selbst an, Haruspizien (Opferschauen) anzustellen. Dies sollte dann geschehen, wenn öffentliche Gebäude vom Blitz getroffen wurden: *Wenn ein Teil unseres Palastes oder anderer Bauwerke oberflächlich vom Blitz getroffen wurde und stehenbleibt, soll die Methode des alten Gottesdienstes wieder versucht und Opferschauer befragt werden, was der Blitzschlag ankündigt. Das soll dann sorgfältig notiert und uns mitgeteilt werden. Den übrigen ist zu gestatten, diese Gewohnheit zu praktizieren, wenn nur private Opfer unterbleiben, die strengstens zu verhindern sind. Die Prophezeiung und Interpretation, die über die Wirkung des Blitzes am Amphitheater geschrieben wurde, worüber Du an den Tribun Heraclianus und die Beamten geschrieben hast, ist uns zur Kenntnis zu bringen* (*Codex Theodosianus* 16,10,1).

Ein Gesetz, das wir nur durch die *Vita Constantini* des Eusebius kennen (es wurde wahrscheinlich 325 erlassen), sollte die Opfertätigkeit der Staatsbeamten einschränken. Diese Regelung bezog sich allerdings ausschließlich auf die höheren Beamten. Ein allgemeines Verbot, das alle Staatsdiener eingeschlossen hätte, schien vermutlich nicht durchführbar. Die Mehrzahl der Staatsbeamten waren noch Anhänger der paganen

Kulte, auch wenn Eusebius in seiner Darstellung einen anderen Eindruck zu erwecken sucht. Die christlichen Beamten musste Konstantin in dem Gesetz sogar eigens auffordern, sich zu ihrem Glauben zu bekennen. Eusebius schreibt dazu: *Daraufhin nahm der Kaiser seine Aufgaben energisch in Angriff. Zunächst schickte er Statthalter, die mehrheitlich den Glauben an den Erlöser angenommen hatten, in die geteilten Provinzen, wohingegen denen verboten wurde zu opfern, die noch dem Heidentum anzuhängen schienen. Das gleiche Gesetz galt auch für die Amtsträger, die über den Statthaltern standen, für die höchsten Beamten und für die, die die Position eines Provinzstatthalters erhalten hatten. Waren sie Christen, so gestattete ihnen das Gesetz, sich dieses Namens zu rühmen; hatten sie hingegen eine andere Gesinnung, so verbot er ihnen, den Götzen zu opfern* (Eusebius, *Vita Constantini* 2,44).

In den gleichen Kontext gehört ein Gesetz von 323, welches anordnete, dass christliche Geistliche nicht zur Teilnahme an heidnischen Lustrationen (Opfern) gezwungen werden durften: *Da wir erfahren haben, dass einige Kleriker und andere Personen, die in der katholischen Kirche Funktionen wahrnehmen, von Menschen unterschiedlicher Religionen gezwungen werden, sich an Lustralopfern zu beteiligen, so bestimmen wir, dass, wenn jemand glaubt, diejenigen, die dem heiligsten Gesetz dienen, dürften zum Ritus eines fremden Aberglaubens genötigt werden, dieser ausgepeitscht werde, oder, falls sein Rang eine solch entehrende Strafe verbiete, eine hohe Geldstrafe an die öffentlichen Kassen zu zahlen habe* (*Codex Theodosianus* 16,2,5).

Dieses Gesetz macht deutlich, dass es für viele römische Bürger noch unverständlich war, dass Christen nicht opferten und nicht einmal ihre Priester Opfer darbrachten, was doch nach paganer Vorstellung ihre eigentliche Funktion war. Die Tatsache, dass ein solches Gesetz erlassen wurde, lässt darauf schließen, dass einige Bischöfe oder andere Funktionsträger der Kirche sich den Erwartungen der nichtchristlichen Bevölkerung gelegentlich beugten und sich an Opfern beteiligten. Die Bestimmung wollte dies unterbinden und zugleich die Bevölkerung informieren, dass christliche Geistliche solches nicht tun dürften und entsprechend nicht dazu gedrängt werden sollten. Die Formulierung, mit der Konstantin die heidnische Religion bezeichnete, ist auffällig abwertend. Tatsächlich ging es hier nicht um fremde Kulte, sondern um traditionell römische Praktiken.

In der älteren Forschung wurde gelegentlich angenommen, Konstantin habe ein Gesetz erlassen, mit dem er die heidnischen Opfer verboten habe. Eine entsprechende Nachricht finden wir bei Theodoret, einem christlichen Autor aus der ersten Hälfte des 5. Jahrhunderts (*Historia ecclesiastica* 1,2; 5,21). Er spricht davon, dass Julian (Apostata), der letzte römische Kaiser, der sich noch einmal der pagagen Religion zuwandte, ein entsprechendes Gesetz Konstantins aufgehoben habe. Heute nimmt man zumeist an, dass es sich dabei um ein Gesetz handelte, das unter seinem Sohn Constantius erlassen wurde. Nach Konstantin entwickelte sich bei seinen Sympathisanten wie seinen Gegnern die Tendenz, ihn als ersten explizit christlichen Kaiser zu zeichnen und ihm damit auch verschiedenste antipagane Maßnahmen zuzuschreiben, die erst nach seiner Zeit getroffen wurden. So ist auch die Aussage des Orosius, eines christlichen Autors aus dem frühen 5. Jahrhundert, zu beurteilen, Konstantin habe Tempelschließungen angeordnet (7,28,28).

Eine wichtige Rolle spielt in dieser Diskussion auch eine Aussage des Eusebius (*Vita Constantini* 4,25), Konstantin habe Gesetze gegeben, die allen Reichsbewohnern verboten hätten, den paganen Göttern zu opfern, Wahrsagerei zu betreiben, Götzenbilder aufzustellen, heimliche Gottesdienste zu feiern oder mit blutigen Gladiatorenkämpfen die Städte zu beflecken. Nähere Angaben macht der Bischof dazu allerdings nicht, auch zitiert er hier nicht wörtlich, sondern paraphrasiert lediglich kurz den Inhalt. Falls diese Regelungen überhaupt authentisch sind, handelte es sich bei ihnen wohl nicht um Reichsgesetze; andernfalls hätten Konstantins Nachfolger in ihrer Auseinandersetzung mit den paganen Kulten darauf rekurrieren müssen, was tatsächlich nicht geschah. Im Anschluss an diese Aussage setzt Eusebius sich speziell mit Maßnahmen Konstantins gegen pagane Kulte in Ägypten auseinander, die er mit ethischen Argumenten begründet. Seiner Darstellung gemäß handelte es sich dabei um regional begrenzte Aktionen.

Wir kennen allerdings auch einige Erlasse Konstantins gegen pagane Kulte, die mit großer Wahrscheinlichkeit echt sind. Dabei handelte es sich um Einzelfälle, für die sich spezielle Begründungen ausmachen lassen und die keinesfalls als typisch für die konstantinische Politik angesehen werden können.

In einem Fall ordnete der Kaiser an, in Mamre in Palästina einen heidnischen Tempel zu zerstören (*Vita Constantini* 3,51–53). Als Grund dafür gibt Eusebius an, dass sich das pagane Heiligtum an einer Stelle befand, an dem Gott Abraham erschienen sei. Konstantin wollte hier eine Kirche errichten und wünschte nicht, dass in deren unmittelbarer Nähe heidnische Opfer vollzogen wurden.

Daneben haben wir weitere Informationen zu Übergriffen Konstantins auf pagane Tempel, die zumindest im Kern als authentisch gelten dürfen. Sie stammen ebenfalls von Eusebius (*Vita Constantini* 3,54–58). An seiner Darstellung fällt auf, dass er diese Schritte nicht allein mit christlichen Argumenten begründet. So verweist er darauf, dass sich Konstantin primär aus ethischen Gründen gegen Tempel gewandt habe. Der Kaiser soll vorrangig solche paganen Heiligtümer haben schließen lassen, in denen Tempelprostitution stattfand oder besonders unschöne Kulte gepflegt wurden, die auch bei vielen Nichtchristen auf Kritik stießen. Erst in zweiter Hinsicht verweist der Bischof darauf, dass Konstantin durch diese Schritte den Willen Gottes vollstreckt und sogar ehemalige Anhänger der paganen Kulte für das Christentum gewonnen habe. Auch an diesen Orten soll der Kaiser Kirchen errichtet haben.

8. Auswertung

Die konstantinische Gesetzgebung ist sehr unterschiedlich bewertet worden. Schon in der Antike hat man festgestellt, dass der Kaiser eine ungewöhnlich große Zahl von Gesetzen erlassen hat. Sie wurden teils als gut und nützlich bewertet, teils hielt man sie für überflüssig oder tadelte gar, dass sie allzu viele Neuerungen einführten, die mit der römischen Tradition nicht in Einklang zu bringen seien. Die schärfste Kritik wurde in nachkonstantinischer Zeit von Anhängern der paganen Religion geübt. Dies hat in der Forschung Anlass zu der Vermutung gegeben, dass christliche Vorstellungen in der konstantinischen Gesetzgebung eine große Rolle gespielt und die Altgläubigen sich speziell dadurch verprellt gefühlt hätten. Dieser Eindruck wird durch die Angaben des Eusebius, der zahlreiche Gesetze zitiert oder erwähnt, die er als spezifisch christlich versteht, noch verstärkt.

Betrachtet man die Gesetze im einzelnen, so ergibt sich ein komplexes Bild. Einige Regelungen enthalten explizit christliche Begründungen, bei weiteren ist eine christliche Motivation mit großer Wahrscheinlichkeit anzunehmen. Verschiedene Bestimmungen zielen in eine Richtung, die auch von den Christen gutgeheißen wurde, ohne dass der Kaiser eine christliche Intention mit ihnen verband. Das gilt besonders für die Konstitutionen, die mit Rekurs auf populärphilosophische Anschauungen begründet wurden, welche den christlichen in inhaltlicher Hinsicht nicht selten ähneln.

Nicht wenige Gesetze aber widersprechen ganz ausdrücklich christlichen Vorstellungen. Das trifft insbesondere auf diejenigen zu, mit denen traditionelle Verhältnisse festgeschrieben wurden. Hinzu kommt eine weitere Gruppe von Gesetzen, die wir in diesem Kontext nicht besprochen haben, die zum Teil aber im Zusammenhang mit der staatlichen Organisation bereits erwähnt wurden: Es handelt sich um Regelungen, die im Interesse einer Steigerung der Steuereinnahmen oder der Zentralisierung der Verwaltung erlassen wurden. Diese sind zwar als innovativ anzusehen, haben mit christlichen Überlegungen freilich nichts zu tun. Die Begründungen der Konstitutionen sind, soweit sich dies aufgrund der Überlieferungslage beurteilen lässt, so formuliert, dass sie für die Mehrzahl der Römer und damit auch für die nichtchristliche Mehrheit im Reich akzeptabel waren.

XI. Konstantinopel – die neue Metropole

Stadtgründung

Eine der Maßnahmen Konstantins, die nicht nur für die römische Geschichte, sondern auch für die der Nachfolgestaaten von entscheidender Bedeutung war, war die Gründung Konstantinopels und die Erhebung dieser Stadt zur neuen Metropole im Osten des Reiches. Mit dem Bau wurde sogleich nach dem Sieg über Licinius begonnen. Die Gründung der Stadt, d.h. die *consecratio* (Weihe), fand wahrscheinlich noch im Jahre 324 statt, die Überlieferung ist hier allerdings nicht ganz einheitlich, wir haben auch Verweise auf 326 bzw. 328.

Die Stadtgründung stand in vieler Hinsicht in der antiken Tradition, der griechisch-hellenistischen wie der römischen. Bereits bei den hellenistischen Königen war es üblich gewesen, an Orten, an denen entscheidende militärische Erfolge errungen worden waren, Städte als Monumente des Sieges zu errichten. Diese Praxis wurde von den römischen Kaisern übernommen. Schon Augustus gründete an der Stelle, an der seine Truppen vor der Schlacht bei Actium gelagert hatten, eine Stadt (Actia Nicopolis = Siegesstadt von Actium). Die Einnahme von Byzanz war neben den Schlachten bei Adrianopel und Chrysopolis das wichtigste Ereignis im Krieg Konstantins gegen Licinius (vgl. Kap. V). Dies nahm Konstantin zum Anlass, an der Stelle des alten Byzanz eine neue Stadt zu errichten. Ebenso wie es die hellenistischen Könige seit Alexander dem Großen getan hatten, benannte er sie nach sich selbst.

Die Gründung der Stadt vollzog sich nach römischer Tradition. Die Riten, die die Römer einstmals von den Etruskern übernommen und seit vielen Jahrhunderten bei der Errichtung neuer Städte praktiziert hatten, hielt auch Konstantin ein: So schritt der Kaiser beim Gründungsritual in seiner Funktion als *pontifex maximus* die Linie ab, auf der die Stadtmauer errichtet werden sollte, und markierte dabei mit einem Speer eine Furche, die die Stadt symbolisch begrenzte. Ebenso wie es in der Vergangenheit üblich war, wurde er bei dieser Zeremonie von paganen Priestern unterstützt.

Um einen geeigneten Termin für die *consecratio* zu bestimmen, an dem die Götter wohlgesinnt waren, wurden Astrologen und Auguren hinzugezogen, die auf göttliche Zeichen achten sollten. Die Astrologen entschieden aufgrund ihrer Beobachtung der Gestirne, die Auguren orientierten sich am Vogelflug. Um ein günstiges Datum für die Einweihung der neuen Stadt zu finden, ließ Konstantin dann ein Horoskop erstellen. Man einigte sich auf den 11. Mai 330.

Wahl des Ortes

Die Entscheidung für den Ort am Bosporos war aus verschiedenen Gründen ausnehmend günstig: Er lag an einer zentralen Stelle im Reich, hier kreuzten sich der Landweg von Europa nach Asien und der Seeweg vom Mittelmeer zum Schwarzen Meer. Der Platz war unter wirtschaftlichen Gesichtspunkten besonders interessant, aber auch nach militärischen Kriterien günstig: Von den ständigen Kriegsherden an der Donau wie an der Grenze zum Perserreich war der Kaiser etwa gleich weit entfernt, wenn er in Konstantinopel residierte. Hinzu kam, dass die Stadt durch ihre Lage sowohl den östlichen wie den westlichen Reichsteil repräsentierte, was sie auch geeignet scheinen ließ, das Reich zu integrieren und seine Einheit zu dokumentieren.

Rom hatte demgegenüber den Nachteil, dass es zu weit von den Konfliktherden im Osten des Reiches entfernt lag. Bereits Diocletian hatte diese Erfahrung gemacht und sich daher entschieden, sich eine Residenz in Nikomedien zu errichten. Auch Konstantin setzte sich höchstwahrscheinlich eine Zeitlang mit der Frage auseinander, ob er eine der bereits bestehenden östlichen Residenzen zur Metropole ausbauen sollte. Er residierte sogar zeitweise in Nikomedien. Warum er sich letztlich gegen diese Stadt entschied, lässt sich nur vermuten: Der Ort war untrennbar mit Diocletian verbunden, in dessen Tradition sich Konstantin aufgrund der Christenpolitik seines Vorgängers wohl nicht so offenkundig stellen konnte und wollte. Hinzu kam, dass er an diesem Ort keinen Sieg errungen und damit keine besondere persönliche Beziehung zu ihm hatte. Aus dem gleichen Grunde war er zur Demonstration seiner Macht weniger geeignet als Byzanz. Zudem bot Nikomedien zur Errichtung einer Metropole großen Ausmaßes nicht die nötigen räumlichen Voraussetzungen.

Der Überlieferung zufolge hat Konstantin allerdings zeitweise Serdica, Thessalonike, Chalkedon und Troja ins Auge gefasst. Mit Troja soll er sich sogar eingehender auseinandergesetzt haben. Die Stadt war aufgrund ihrer geographischen Lage ähnlich günstig wie Byzanz. Ihre Wahl ließe sich auch gut mit dem Hinweis legitimieren, dass Rom ja dem Mythos zufolge auf Trojaner und deren Nachkommen zurückzuführen war. Auch Augustus hatte bereits daran gedacht, er wollte ebenfalls eine weitere Metropole im Osten des Reiches errichten und hatte Troja als Ort auserkoren. Die Römer hatten sich jedoch damals diesen Plänen widersetzt, so dass der Kaiser sie wieder fallen ließ. Über Konstantin wird hingegen berichtet (Sozomenos, *Historia ecclesiastica* 2,3,3), dass er sogar schon mit den Bauarbeiten in Troja begonnen habe. Aufgrund eines Traumes aber, in dem Gott ihn nach Byzanz geleitete und ihn anwies, hier seine Stadt zu gründen, ließ er das Projekt abbrechen. Nach einer anderen Überlieferung, von der Zonaras, ein byzantinischer Mönch des 12. Jahrhunderts, erzählt (*Epitome historion* 13,3), soll ein Adler die Seile, mit denen die Baustellen in Troja abgesteckt worden waren, genommen und sie nach Byzanz gebracht haben, um so die richtige Stelle für die Gründung der Stadt anzuzeigen.

Vermutlich hat sich Konstantin im Zuge des Konfliktes mit Licinius, als er die Gegend um Byzanz persönlich kennenlernte, für den Ort entschieden. Auch diese These lässt sich durch eine Vision erhärten, die wiederum durch Zonaras überliefert ist (*Epitome historion* 13,1,28): Bei der Belagerung der Stadt soll der Kaiser in der Nacht im Heerlager, als alle anderen schliefen, ein Licht wahrgenommen haben, das den Platz des Lagers umfasste. Durch dieses Zeichen wurde der Ort als geeignete Stelle für die Stadtgründung göttlich legitimiert.

Plan der Stadt
Über den genauen Plan der Stadt in konstantinscher Zeit haben wir nur wenige zuverlässige Informationen, archäologisches Material ist kaum vorhanden. Zumindest die Grundelemente des Stadtplanes lassen sich bestimmen: Neben dem *Augusteion*, dem zentralen Platz, der noch in den Grenzen der alten Stadt lag, befanden sich der *Hippodrom* (Stadion) und der Kaiserpalast. Vom *Augusteion* aus wurde eine Hauptstraße (*Mese*) errichtet, die in den neuen Teil der Stadt führte und bis zur neu errichteten Mauer

reichte. Sie führte am neuen Forum vorbei und wies den Weg bis zur Apostelkirche, die nahe der neuen Stadtmauer erbaut wurde. Man vermutet, dass die Architekten sich bei dieser Planung an den Residenzen der Tetrarchen orientierten, da diese in ihren Grundbestandteilen der neuen Stadt stark ähnelten. Allerdings war Konstantinopel bei weitem größer als diese Städte.

Allein aufgrund der immensen Ausmaße der Stadt kann man sicher sagen, dass es Konstantin hier nicht lediglich darum ging, eine neue Residenz zu errichten. Vielmehr sollte eine Metropole geschaffen werden, die sich einzig mit Rom messen konnte. Sie wurde sogar gezielt als Pendant zu Rom gestaltet, was sich nicht zuletzt im Namen der Stadt niederschlug: Bereits im Jahre 326, also noch in der Bauphase, wurde sie als „Neues Rom" (*Nea Rhome*) bezeichnet. Das bedeutete allerdings nicht, dass die Stadt nun an die Stelle Roms trat und die alte „Hauptstadt" damit ihre Rolle verlor. Die alte Metropole im Westen büßte ihre traditionelle Stellung keineswegs ein.

Innere Ausgestaltung und administrative Struktur der Stadt

Auch an der inneren Ausgestaltung der Stadt und ihrer Verwaltungsstruktur lässt sich ablesen, dass Konstantinopel einen ähnlichen Status erhalten sollte wie Rom: Die Stadt wurde nicht der Provinzverwaltung unterstellt, sondern erhielt einen eigenen Proconsul. Später sollte sie wie Rom einen Stadtpräfekten (*praefectus urbi*) erhalten.

Ebenso wie in Rom wurde in Konstantinopel ein Senat eingerichtet. Damit wollte der Kaiser nicht zuletzt Senatoren aus Rom motivieren, in den Osten umzusiedeln, was allerdings nicht in gewünschtem Umfange gelang. Entsprechend musste er Männer aus der sozialen Oberschicht des östlichen Reichsteils in den neuen Senat berufen. Für Konstantin war das nicht unbedingt ein Nachteil: Die neuen Senatoren waren stärker auf ihn bezogen und von ihm abhängig als die selbstbewussten Senatoren in Rom, die vielfach noch aus Familien stammten, die seit langem zur Führungsschicht des Reiches gehörten.

Die Bevölkerung von Konstantinopel sollte in den Genuss der gleichen Privilegien kommen wie die *plebs urbana* in Rom. Der Kaiser übernahm auch hier die Verantwortung für die Getreideversorgung der Bürger und gewährte ihnen die gleichen steuerlichen Erleichterungen. Aufgrund dieser günstigen Bedingungen ließen sich viele Familien aus den östlichen Provinzen in der neuen Metropole nieder.

Baupolitik

Konstantin suchte die Stadt auch durch zahlreiche repräsentative Bauten hervorzuheben. Dabei handelte es sich zum einen um Baumaßnahmen, die aufgrund kaiserlicher Initiative durchgeführt wurden, zum anderen um solche, die in Regie von Bürgern betrieben wurden. All diejenigen, die Krondomänen in den umliegenden Diözesen gepachtet hatten, wurden vom Kaiser sogar ausdrücklich verpflichtet, in der neuen Metropole zu bauen. Zudem ließ der *Augustus* selbst prächtige Häuser für Senatoren und hohe Hofbedienstete errichten oder stellte ihnen zumindest die Mittel dafür zur Verfügung. Zweck dieser Maßnahme war, die entsprechenden Personen zu motivieren, sich in der Stadt niederzulassen. Daneben ließ der Kaiser leistungsfähige Aquädukte und Zisternen errichten, um die Wasserversorgung der Stadt zu verbessern.

Das Ziel der vom Kaiser selbst betriebenen oder von ihm initiierten Baupolitik war, die Stadt so auszugestalten, dass sie tatsächlich ein würdiges Pendant zu Rom bildete und eine große Attraktion für alle gesellschaftlichen Schichten bildete, im Besonderen aber für die Angehörigen der Oberschichten aus den verschiedensten Regionen des Reiches, für die Anreize geschaffen werden sollten, nach Konstantinopel überzusiedeln.

Die Baupolitik wurde allerdings nicht überall mit Wohlwollen aufgenommen. Vor allem in den östlichen Provinzen wurde der Vorwurf der Verschwendung laut. Man beklagte, dass andere Regionen des Reiches infolge der intensiven Förderung der neuen Metropole vernachlässigt wurden. Die Ressourcen, die in Konstantinopel investiert wurden, fehlten andernorts. Die übrigen Städte kamen nun weniger als bisher in den Genuss kaiserlicher Spenden. Mehrfach wurde kritisiert, die Kunstwerke dieser Städte seien geplündert und nach Konstantinopel verbracht worden. Dieser Vorwurf war zweifellos berechtigt. Allerdings handelte es sich hier um eine gängige Praxis. Insbesondere wenn Neubauten schnell errichtet werden sollten, verwendete man Bauteile älterer Gebäude als Spolien.

Betrachten wir die Bauten im einzelnen: Eine herausragende Rolle spielte wie in Rom das Forum. In der neuen Metropole war es zur Gänze auf die Repräsentation Konstantins ausgerichtet. Der Platz war hier kreisförmig gestaltet. In seiner Mitte war eine große Porphyrsäule errichtet, auf deren Spitze eine Statue des Kaisers stand. In ihren Händen hielt er die kaiserlichen Insignien: den Globus, der den Kosmos symbolisierte, und die Lanze. Auf dem Haupt trug er die Strahlenkrone, das typische Kennzeichen des Sonnengottes Sol. In der Basis der Säule wurden das Palladium Roms, eine Statue der Göttin Athena, und auch christliche Reliquien deponiert. Diese Säule wurde schnell zu einem Wahrzeichen der Stadt.

Die Hagia Eirene, die bisherige Bischofskirche der Stadt, wurde auf Veranlassung Konstantins vergrößert. Die spätere Palastkirche, die Hagia Sophia, wurde wahrscheinlich bereits geplant. Mit dem Bau begann man aber erst unter Konstantins Nachfolger Constantius. Welche Kirchen der Stadt tatsächlich auf Konstantin zurückzuführen sind, lässt sich nur schwer sagen. In byzantinischer Zeit wurden die meisten Kirchen mit dem Stadtgründer in Verbindung gebracht, was ganz sicher historisch unzutreffend ist.

Apostelkirche

Auf der höchsten Erhebung der Stadt wurde ein Mausoleum errichtet, das Konstantin wahrscheinlich für sich als Grabmal ausersehen hatte. Er widmete es den Aposteln und wünschte, dass hier auch Gebete gesprochen und Gottesdienst gehalten wurde. Das Gebäude sollte also nicht nur Grabstätte sein, sondern zugleich als Kirche genutzt werden. Zu dem Zweck wurde in seiner Mitte auch ein Altar aufgestellt. Der Widmung entsprechend wird das Bauwerk meist als Apostelkirche bezeichnet. Die Überlieferung ist hier allerdings sehr problematisch, archäologische Überreste sind nicht vorhanden, die literarischen Zeugnisse sind in ihren Aussagen nicht eindeutig.

Die Apostelkirche wies im Inneren eine eigentümliche Gestaltung auf: In einem Halbkreis standen zwölf Kenotaphe, also leere Sarkophage bzw. Stelen (Säulen), die möglicherweise die zwölf Apostel repräsentieren sollten. In deren Mitte ließ Konstantin einen weiteren größeren Sarg aufstellen, der unter den übrigen hervorragte und den er für sich selbst als Grablege vorsah.

Über diese Konzeption ist viel diskutiert worden. Reihte Konstantin sich damit unter die Apostel ein, wollte er als „apostelgleich" (*isapostolos*), das bedeutet konkret als ein dreizehnter Apostel, angesehen werden? Dreizehn Apostel anzunehmen, wäre jedoch eine eigenartige Vorstellung. Zudem hätte der Kaiser, wenn er sich in ihre Reihe hätte eingliedern wollen, für sich selbst keinen größeren Sarkophag in Anspruch nehmen dürfen. Er hätte seinen Sarg in diesem Falle vermutlich auch nicht in der Mitte platziert, sondern eher an den Rand gestellt. Wahrscheinlicher ist, dass er für sich die Stellung beanspruchte, die Christus unter den Aposteln hatte.

Dass Konstantin sich zum höchsten Gott in Beziehung setzte, den er mit der Zeit immer eindeutiger als Christengott identifizierte, und sich als dessen Stellvertreter auf Erden betrachtete, haben wir an vielen Beispielen gesehen. Insofern fügte sich die zweite Interpretation gut in Konstantins Selbstverständnis. Eine einvernehmliche Lösung ist in dieser Frage in der Forschung jedoch bislang nicht erzielt worden.

Neben dieser eindeutig christlichen Interpretation ist aber noch eine weitere vorstellbar: Man muss die zwölf Kenotaphe nicht mit den zwölf Aposteln in Verbindung bringen, wie es die antiken christlichen Autoren tun. Es ist auch möglich, sie auf die zwölf olympischen Götter zu beziehen. Wenn Konstantin sich unter diese einreihen wollte, würde er sich als einen dreizehnten Gott präsentieren. Auch für ein solches Verständnis gibt es Hinweise in den Quellen. In diesem Fall handelte es sich um eine Deutung, die mit der pagenen römischen Tradition in Zusammenhang zu bringen war. Dergemäß wurde der tote Kaiser durch Konsekration (Apotheose) unter die Götter aufgenommen und entsprechend kultisch verehrt. Möglicherweise haben viele von Konstantins Zeitgenossen zwischen den verschiedenen Deutungsmöglichkeiten gar nicht so klar geschieden, sondern altes und neues Verständnis vermischt.

Christliche und pagane Architektur

Kehren wir zur Architektur Konstantinopels zurück. Bezeichnend ist hier auch, dass die alten Tempel der Stadt Byzanz erhalten blieben. Es wurden sogar noch zwei neue pagane Heiligtümer errichtet, die den Schutzgottheiten der Stadt Rom, Tyche, und der Stadt Byzanz, Rhea, geweiht wurden. Die Ausgestaltung der Stadt war damit weder eindeutig heidnisch noch allein christlich geprägt. Sie vereinte Christliches und Paganes, so dass sich alle Einwohner mit ihr identifizieren konnten. Insofern ist es auch nicht wahrscheinlich, dass Konstantin sich aus religiösen Gründen für die Errichtung einer Metropole im Osten entschieden hat. In Rom war zwar die soziale Führungsschicht noch bei weitem weniger christianisiert als in Konstantinopel, dennoch ließ sich Rom schwerlich als typisch heidnische Stadt verstehen. Immerhin befanden sich hier die wichtigsten Märtyrergräber der Christenheit. Die christliche Gemeinde Roms war eine der größten des Reiches. Die Stadt umfasste zahlreiche Kirchen – einige davon haben, wie wir schon gesehen haben, Konstantin bzw. seine Mutter Helena selbst gestiftet.

Letztlich waren das Bauprogramm des Kaisers in Konstantinopel wie auch seine sonstigen Fördermaßnahmen in der Stadt vor allem darauf ausgerichtet, die Herrschaft des *Augustus* zu repräsentieren, dem es gelungen war, die alleinige Regentschaft über das ganze Imperium Romanum zu gewinnen. Ihr Adressat war die gesamte Reichsbevölkerung, christliche wie heidnische Bürger sollten sich in gleicher Weise angesprochen fühlen und sich mit der Stadt identifizieren.

XII. Taufe und Tod Konstantins

Entscheidung Konstantins, die Taufe zu empfangen

Im formalen Sinne war Konstantin selbst zur Zeit seiner Tricennalien und des Perserkrieges noch kein Christ, er hatte die Taufe noch immer nicht empfangen. Erst kurz vor seinem Tode entschloss er sich zu diesem entscheidenden Schritt. Die Forschung beschäftigt sich seit langem mit der Frage, warum der Kaiser so vorgegangen ist. Man fragt, aus welchem Grunde er erst zu einem so späten Zeitpunkt, mehr als zwanzig Jahre nach seiner Vision vor der Schlacht an der Milvischen Brücke, diesen Entschluss gefasst hat. In dem Zusammenhang besprechen einige Autoren auch die noch grundsätzlichere Thematik, warum Konstantin sich überhaupt dem Christentum zuwandte.

Problematik der persönlichen Überzeugung des Kaisers

Streng genommen lässt sich auf die Frage nach der persönlichen Überzeugung des Kaisers keine befriedigende Antwort geben, da wir über keine Quellen verfügen, die darüber zuverlässig Auskunft geben. Am günstigsten sind für diesen Zweck noch die Dokumente, auf deren Gestaltung Konstantin selbst Einfluss hatte und die daher als „Selbstzeugnisse" aufgefasst werden dürfen. Neben den schriftlichen Hinterlassenschaften, insbesondere den Edikten und Briefen, die Eusebius als Dokumente in seiner *Vita Constantini* wörtlich zitiert, sind das vor allem Inschriften und Münzen. In all diesen Fällen aber handelt es sich um offizielle Zeugnisse, mit denen man nicht sicher auf Konstantins eigenen Glauben schließen kann. Der Kaiser musste bei all seinen Äußerungen auf die Bedürfnisse der jeweiligen Adressaten Rücksicht nehmen und ihren Erwartungen entsprechen. Persönliche Bekenntnisse dürfen wir von ihm an keiner Stelle erwarten.

Diskussion über die Motivation Konstantins

Trotz dieser Schwierigkeiten versucht man, sich mit der Frage nach der Motivation des Kaisers auseinanderzusetzen. Einige Autoren sind der Auffassung, dass Konstantin bereits lange vor 337 überzeugter Christ war und nur aus Rücksicht auf die pagane Reichsbevölkerung von einer frühzeitigeren Taufe abgesehen hat. Ein solches Verhalten entspräche seinem politischen Handeln, insbesondere seinem steten Bemühen, im Interesse der Einheit des Reiches den Anhängern der verschiedensten Religionen gerecht zu werden. Dennoch lassen sich auch Argumente gegen diese These anführen: Trotz des genannten Bestrebens hat sich Konstantin speziell ab 324 nicht gescheut, sich eindeutig auf den Christengott zu beziehen und seinen Herrschaftsauftrag von ihm abzuleiten. Dieses wurde von den Nichtchristen offenbar nicht als anstößig empfunden. Stellt sich also die Frage, ob letztere es nicht auch akzeptiert hätten, wenn sich der Kaiser zu einem früheren Zeitpunkt für die Taufe entschieden hätte. Freilich kann auf eine solch hypothetische Frage nicht mit letzter Sicherheit geantwortet werden. Wir können aber aufgrund unserer Kenntnisse über die Verbreitung des Christentums im Imperium Romanum einen plausiblen Lösungsvorschlag entwickeln: Wir wissen, dass die meisten Anhänger der paganen Religion in konstantinischer Zeit noch wenig Informationen über das Christentum hatten. Aus diesem Grunde ist es höchst unwahrscheinlich, dass sie gewusst haben, welche Bedeutung die Taufe für die Christen hatte. In ihrem Verständnis handelte es sich bei der Taufe um einen Initiationsritus, wie es ihn in vielen Kulten gab. Mit einer exklusiven Entscheidung für einen einzelnen Gott oder gar einer prinzipiellen Intoleranz gegenüber anderen Religionsgemeinschaften hatte dies aus ihrer Sicht nichts zu tun. Welche politischen Konsequenzen darüber hinaus die Tatsache haben würde, dass ein Kaiser zum Mitglied der christlichen Kirche wurde, konnte in konstantinischer Zeit niemand ahnen. Nicht einmal ein Bischof wie Eusebius, der hinsichtlich seiner Überlegungen zu einem christlichen Kaisertum seiner Zeit ein gutes Stück voraus war, vermochte dies einzuschätzen. Die pagane Umwelt hatte dazu sicherlich keinerlei Vorstellungen. Solange Konstantin sich in seiner Funktion als *pontifex maximus* um die paganen Kulte sorgte und sie unterstützte, hatten die meisten Reichsbewohner mit seiner Hinwendung zum Christengott keine Schwierigkeiten. Die Taufe des Kaisers dürfte daran nichts Wesentliches geändert haben.

Andere Forscher vertreten die These, dass Konstantin die längste Zeit seines Lebens kein Christ oder zumindest kein überzeugter Christ war und tatsächlich erst gegen Ende seines Lebens im umfassenden Sinne bekehrt worden ist. Sie nehmen an, dass er hinsichtlich seines religiösen Verständnisses eine Entwicklung durchlaufen habe, die ihn erst allmählich von einem henotheistischen Gottesverständnis synkretistischer Färbung zu einer monotheistischen Auffassung geführt habe. Diese These lässt sich auf der Basis seiner „Selbstzeugnisse" gut belegen, wir haben das Phänomen in früheren Kapiteln am Beispiel seiner sich allmählich verändernden Haltung zum Sonnengott beobachtet. Allerdings muss man auch hier wieder bedenken, dass die entsprechenden Quellen der Repräsentation des Kaisers dienten und keine persönlichen Äußerungen darstellten.

Eine dritte These, die in der älteren Forschung eine große Rolle gespielt hat und heute mit gewissen Modifikationen gelegentlich noch formuliert wird, besagt, dass Konstantin zu keiner Zeit eine persönliche Beziehung zum Christentum gehabt habe, sondern sich lediglich aus politischer Berechnung entschieden habe, die christliche Kirche zu fördern. Zur Taufe habe er sich nur auf den Druck der Bischöfe in seiner Umgebung hin entschlossen. Hier wird also das Gegenteil der zuerst betrachteten Position vertreten. Die These konzentriert sich nicht auf die Taufe, sondern nimmt Konstantins Hinwendung zum Christentum insgesamt in den Blick. Daher müssen wir ebenfalls ein wenig weiter ausholen, um uns mit der Interpretation auseinanderzusetzen. Auch in diesem Kontext ist wieder zu beachten, dass wir keine sicheren Informationen über Konstantins persönliche Haltung haben und alle Aussagen zu dieser Thematik nur eingeschränkt zuverlässig sind. Die Auffassung, dass die Förderung der Christentums aus politischen Gründen sinnvoll war, leuchtet nicht unmittelbar ein. Dagegen spricht, dass die Mehrzahl der Bewohner des Imperium Romanum Anhänger der paganen Religion waren und die Förderung des Christentums damit unter politischen Gesichtspunkten eher ein Problem darstellte, als dass sie von Vorteil war.

Etwas anders verhielt es sich mit der Beendigung der Christenverfolgung und der Einreihung der christlichen Religion unter die staatlich geduldeten und geförderten Kulte. Diese Maßnahmen waren auch in politischer Hinsicht sinnvoll und wurden daher sogar von Kaisern unterstützt, die mit Sicherheit keinen persönlichen Bezug zur christlichen Religion hatten: Die Verfolgung hatte in vielen Städten in den östlichen Provinzen zu Wirren geführt, die aus politischen Gründen nicht billigend in Kauf genommen werden konnten. Eventuell war die Tatsache, dass die Christen in den östlichen Städten bereits einen erheblichen Anteil an der Bürgerschaft erreicht hatten, auch insofern von Bedeutung, als es für einen Kaiser oder Thronprätendenten vorteilhaft sein konnte, sich um deren Unterstützung zu bemühen, wenn er politisch erfolgreich sein wollte. Diese These ist allerdings umstritten. Aus der Tatsache, dass die Beendigung der Verfolgung politisch geboten war, ergibt sich aber in keinem Fall automatisch, dass auch die Bekehrung des Kaisers zum Christentum politisch notwendig war.

Nichtsdestoweniger war sie politisch sinnvoll. Aus diesem Umstand darf man allerdings nicht folgern, dass Konstantin sich dazu entschlossen hätte, ohne persönliche Affinitäten zur christlichen Religion zu haben. Warum waren die Förderung des Christentums und die Ausrichtung des Kaisers auf den Christengott politisch sinnvoll, obwohl die Christen noch in der Minderheit waren? Auf den ersten Blick erscheint dies widersprüchlich. Tatsächlich verhält es sich etwas anders: Um zu verstehen, worum es geht, müssen wir uns die Grundidee, auf der das Galeriusedikt (vgl. Kap. III) und die nachfolgenden Bestimmungen basierten, noch einmal vor Augen führen: Das Christentum sollte in die römischen Kulte integriert und diesen unter religiösen, politischen und rechtlichen Gesichtspunkten gleichgestellt werden. Diese Idee ist auf den ersten Blick zweifellos reizvoll, auf die Dauer aber nicht geeignet, das Verhältnis zwischen Christentum und römischem Staat zu regeln. Sie ist einseitig durch traditionell römisches Denken geprägt und berücksichtigt die Besonderheiten der christlichen Religion nicht. Aus römischer Sicht war es vorstellbar, das Christentum gleichberechtigt neben die anderen Kulte zu stellen, aus christlicher Perspektive war das aber nicht denkbar. Wir haben gesehen, dass das Christentum eine monotheistische Religion ist, die ein exklusives Bekenntnis verlangt und sämtliche pagane Gottheiten als Götzen zurückweist. Ein Nebeneinander von Christentum und paganen Kulten war damit für die Christen nicht vorstellbar. Auch aus politischen Gründen war dies nicht sinnvoll: Wir haben in Kap. I beobachtet, dass die Tetrarchen eine theologische Begründung des Kaisertums entwickelt hatten. Sie hatten sich dazu auf die traditionelle römische Religion berufen und Jupiter als den Gott begriffen, der den führenden *Augustus* autorisierte und die Normen vorgab, nach denen das Gemeinwesen zu gestalten war. Unter diesen Bedingungen war es notwendig gewesen, sich gegen all die Religionen zu wenden, die mit der römischen nicht übereinstimmten. Neben dem Manichäismus war davon besonders das Christentum betroffen. Eine Übereinstimmung zwischen diesen Religionen und der römischen herzustellen, war aufgrund ihrer inhaltlichen wie strukurellen Verschiedenheit nicht möglich.

Für Konstantin gab es damit theoretisch nur zwei Möglichkeiten: Die erste Option war die, die Politik der Tetrarchen fortzusetzen. Dies aber empfahl sich aus praktischen Gründen nicht, nachdem die massive Christenverfolgung, die auf die Vernichtung dieser Religion gezielt hatte, gescheitert war. Die zweite Möglichkeit bestand darin, sich auf den Christengott zu berufen und die kaiserliche Herrschaft von ihm abzuleiten. Diese Option war auch deshalb klug, weil sich der Christengott und die monotheistische christliche Religion besser zur Legitimation der Kaiserherrschaft eigneten als die traditionell polytheistische pagane Religion. Konstantins Entscheidung war damit auch unter politischen Gesichtspunkten sinnvoll. Inwieweit dies dem Kaiser bewusst war, ist freilich schwer zu beurteilen. Ohne christliche Berater wie Eusebius, die neben der Kenntnis der christlichen Lehre ein ausgeprägtes Verständnis für politische Zusammenhänge hatten, dürfte er schwerlich darauf gekommen sein. Voraussetzung dafür war, dass der Herrscher sich bereit zeigte, intensiv mit Christen zu kommunizieren und sie als Berater heranzuziehen. Ohne persönliche Affinitäten des *Augustus* zum Christentum scheint dies kaum vorstellbar.

Haltung der Christen zu einer späten Taufe

Kehren wir zur eigentlichen Frage nach der Taufe zurück. Eine mit letzter Sicherheit überzeugende Antwort wird hier niemand geben können. Bevor man vorschnell über Konstantins religiöse Haltung urteilt, muss man auch bedenken, dass die Entscheidung für eine späte Taufe in dieser Zeit sehr verbreitet war. Ein solches Verhalten findet sich nicht nur bei Personen, die sich aus politischen oder sozialen Gründen scheuten, sich allzu offen zum Christentum zu bekennen, sondern auch bei vielen anderen Menschen. Selbst bei Personen, die in christlichen Familien aufgewachsen waren und damit gute Voraussetzungen hatten, sich der christlichen Religion zuzuwenden, begegnet das Phänomen. Auch diese Menschen blieben häufig über viele Jahre Katechumenen, d. h. Taufbewerber, bis sie sich entschlossen, die Taufe zu empfangen. Viele taten das erst in einer Notsituation, etwa bei schwerer Krankheit, wenn sie das Ende ihres Lebens ahnten. Dieses Vorgehen sagt in der Regel übrigens nichts über den Grad der christlichen Überzeugung aus. Häufig zögerten gerade Menschen, die sich besonders intensiv mit der christlichen Lehre auseinandergesetzt hatten, den letzten entscheidenden Schritt zu tun. Wir können sogar beobachten, dass Eltern, die selbst getauft und in der christlichen Gemeinde engagiert waren, ihren Kindern rieten, mit der eigenen Taufe so lange wie möglich zu warten.

Der entscheidende Grund für dieses Verhalten ist darin zu sehen, dass die Menschen fürchteten, die Gnade, die ihnen im Sakrament der Taufe in der Vergebung der Sünden zuteil wurde, hernach wieder zu verlieren. Dies stand nach ihrem Verständnis zu befürchten, wenn ihr Leben nach der Taufe noch längere Zeit andauerte. Sie gingen nämlich davon aus, die von einem Christen geforderte Lebensweise nicht in notwendigem Maße praktizieren zu können. Für die Kirche stellte diese Haltung ein großes Problem dar, mit dem sie sich im 4. Jahrhundert intensiv auseinandersetzte.

Antike Berichte über die Taufe Konstantins

In den antiken Berichten zu Konstantin wird die Taufe des Kaisers in unterschiedlichem Maße beachtet und zudem verschieden gedeutet. Die paganen Autoren der konstantinischen Ära thematisieren die Ausrichtung des *Augustus* auf den Christengott nur wenig und registrieren damit auch die Taufe kaum. Sie äußern sich eher zu dem Umstand, dass Konstantin zu einem einzelnen Gott ein besonderes Verhältnis hatte, sehen darin aber nichts Außerordentliches: Auch andere Kaiser hatten sich einzelne Gottheiten etwa als Schlachtenhelfer gesucht, ohne dass damit eine grundsätzliche religiöse Neuorientierung verbunden gewesen wäre.

Die paganen Autoren der nachkonstantinischen Zeit nehmen Konstantins Haltung zum Christentum demgegenüber sehr wohl war und setzen sich gelegentlich auch mit der Taufe des Kaisers auseinander. Diese Schriftsteller haben bereits die Erfahrung gemacht, welche Konsequenzen die Christianisierung des Reiches für die paganen Kulte hatte und äußern sich entsprechend abwertend über Konstantins Affinitäten zum Christentum. Der Historiker Zosimos, der um 500 schreibt und die christlichen Kaiser explizit für den Niedergang des Römischen Reiches verantwortlich macht, bemerkt dazu in seiner *Historia nea* (2,29,1–4), Konstantin habe sich zum Christentum bekehrt, weil er wegen der Hinrichtung seiner ersten Frau Fausta und seines Sohnes Crispus Schuldgefühlte empfunden habe. Nachdem die heidnischen Priester nicht bereit gewesen seien, ihn für die beiden Morde freizusprechen, habe ihm ein Ägypter versprochen, Jesus werde alle Sünden vergeben, selbst Morde. Hier werden also christliche und pagane Religion kontrastiert und die pagane Religion als die moralisch überlegene herausgestrichen.

Die christlichen Autoren der konstantinischen wie nachkonstantinischen Zeit bewerten die Taufe des Kaisers selbstverständlich hoch, verfassen aber sehr unterschiedliche Berichte über dieses Ereignis. Berühmt ist eine Version, die in den *Actus Silvestri* geschildert wird und wahrscheinlich in der zweiten Hälfte des 4. oder zu Beginn des 5. Jahrhunderts entstanden ist. Hier heißt es, Konstantin habe sich bis zu seinem Sieg über Licinius als Christenverfolger betätigt. Als er dann an Aussatz erkrankt sei, hätten ihm heidnische Priester in Rom Hilfe versprochen, wenn er auf dem Kapitol im Blut von Kindern bade. Konstantin schien zunächst geneigt gewesen zu sein, diesem Ratschlag zu folgen. Kurz bevor es dazu kam, aber soll der Kaiser den Tötungsauftrag zurückgezogen und den Gang zum Kapitol abgebrochen haben. In der darauffolgenden Nacht seien ihm die Heiligen Petrus und Paulus erschienen und hätten ihm verkündet, er könne durch die Taufe von seiner Krankheit geheilt werden. Daraufhin habe er sich von Silvester, dem Bischof von Rom, taufen lassen.

Diese Version war bis ins Spätmittelalter hinein sehr populär, wird aber seit der Neuzeit mit großer Skepsis beachtet, da sie im Zusammenhang mit der vermeintlichen „Konstantinischen Schenkung" (*Constitutum Constantini*) steht: Gemäß einer Urkunde aus dem späten 8. Jahrhundert soll Konstantin dem römischen Bischof bzw. Papst Silvester die Herrschaft über die Stadt Rom und die Westhälfte des Reiches übertragen haben. Im 15. Jahrhundert wurde die Urkunde als Fälschung entlarvt.

Der Bericht des Eusebius

Die zuverlässigste Quelle zu der Thematik ist zweifellos der Bericht des Zeitzeugen Eusebius, der schreibt: *Zunächst befiel ihn ein Unwohlsein, dann kam eine Verschlimmerung hinzu, woraufhin er sich von seiner Stadt in warme Bäder begab, von wo aus er in die Stadt ging, die nach seiner Mutter benannt war (Helenopolis). Dort hielt er sich einige Zeit im Bethaus der Märtyrer auf und schickte flehentliche Gebete und Bitten zu Gott empor. Da er meinte, dass sein Ende nahte, dachte er, jetzt sei die rechte Zeit gekommen, sich von allen Sünden des Lebens zu reinigen. Denn er meinte, dass er alles, worin er in seiner Schwachheit gefehlt hatte, durch die Kraft der geheimnisvollen Worte und das heilbringende Bad abwaschen könne. In diesen Gedanken flehte er auf der Erde kniend zu Gott, bekannte in derselben Märtyrerkirche seine Sünden und wurde dort zum ersten Mal der Gebete durch Handauflegung für würdig befunden. Von dort ging er in die Vorstadt von Nikomedien und richtete hier an die Bischöfe, die er berufen hatte, folgende Worte: „Dies ist der Moment, auf den ich schon lange gehofft habe, darum bittend und danach verlangend, das Heil in Gott zu erlangen. Die Stunde ist gekommen, in der wir das unsterblich machende Siegel empfangen. Früher hatte ich gedacht, dies in den Fluten des Jordan zu erlangen, in denen auch der Erlöser als mein Vorbild die Taufe empfangen hat, wie berichtet wird. Gott aber, der weiß, was uns zum Nutzen gereicht, will uns schon hier diese Gnade erweisen. Daran soll kein Zweifel bestehen. Denn auch wenn der Herr über Leben und Tod uns hier noch länger leben lassen wollte, so ist doch ein für allemal bestimmt, dass ich mich dem Volk Gottes anschließe und im Gebete mit allen an der Feier des Gottesdienstes teilnehme. Die Gott würdigen Lebensregeln will ich mir selbst vorschreiben." Nach diesen Worten vollzogen die Bischöfe den göttlichen Gesetzen gemäß, was vorgeschrieben war, und spendeten ihm die geheimnisvolle Gnade, nachdem sie ihm zuvor die entsprechende Unterweisung gegeben hatten. So wurde Konstantin als einziger der Kaiser seit Menschengedenken durch die Geheimnisse Christi wiedergeboren und vervollkommnet. Als er mit dem göttlichen Siegel gewürdigt worden war, frohlockte er im Geiste, wurde er-*

neuert und vom göttlichen Licht erfüllt. Er freute sich über den außerordentlichen Glauben und erstaunte über das offensichtliche Wirken der göttlichen Macht. Als er aber das Notwendige erfüllt hatte, hüllte er sich in prächtige kaiserliche Gewänder, die gleich dem Lichte strahlten und legte sich auf ein weißes Lager, da er keinen Purpur mehr berühren wollte. Mit erhobener Stimme sandte er ein Dankgebet zu Gott empor, zu dem er folgendes hinzufügte: Jetzt weiß ich, dass ich wahrhaft glücklich bin. Jetzt weiß ich, dass ich des unsterblichen Lebens wert bin. Jetzt weiß ich, dass ich des göttlichen Lichtes teilhaftig geworden bin." Demgegenüber bezeichnete er diejenigen als unglücklich und elend, die dieser Wohltaten beraubt waren. Als nun die Oberbefehlshaber und Führer der Truppen eintraten und weinend klagten, dass sie jetzt verwaist sein würden und ihm darum ein längeres Leben wünschten, antwortete er auch diesen, dass er jetzt erst des wahren Lebens würdig geworden sei und er allein wisse, welche Güter ihm zuteil geworden

Konsekrationsmünze Konstantins,
Rückseite, Strichzeichnung

seien. Daher dränge es ihn und er wolle seinen Hingang zu Gott nicht mehr hinausschieben. Danach ordnete er das Notwendige und ehrte die Rhomäer (römischen Bürger), *die in der Kaiserstadt wohnten, durch jährliche Geschenke. Seinen Söhnen aber übergab er die Kaiserwürde als ihr Erbteil wie ein väterliches Vermögen. Und er ordnete alles an, was ihm noch gut schien* (Eusebius, *Vita Constantini* 4,61–63).

Tod Konstantins. Diskussion über die Konsekration
Der Kaiser starb wenige Tage, nachdem er die Taufe empfangen hatte, am 22. Mai 337 in Nikomedien. Sein Leichnam wurde in der in Kapitel XI besprochenen Apostelkirche beigesetzt. Ob Konstantin nach seinem Tode im herkömmlichen Sinne auf Initiative des Senats formal konsekriert, d. h. zur Gottheit erhoben wurde, ist in der Forschung umstritten. Gegen diese These spricht etwa, dass Konstantin sich gegen den paganen Ritus der Feuerbestattung ausgesprochen hat, der üblicherweise auf die Konsekration folgte. Zudem wurde sein Leichnam nicht nach Rom überführt, wo die Zeremonie in der Vergangenheit stattzufinden pflegte. Demgegenüber spricht für eine Konsekration, dass nach seinem Tode Gedenkmünzen verbreitet wurden, die dem Typus der herkömmlichen Konsekrationsmünzen entsprachen, die von der Vergottung des verstorbenen Kaisers zeugen sollten. Vier verschiedene Typen dieser Münze waren im Umlauf, die wichtigste von ihnen beschreibt Eusebius in der *Vita Constantini*: *Selbst auf Münzen wurden die Bilder geprägt. Die Vorderseite stellt den Seligen mit verhülltem Haupt dar, die Rückseite den Kaiser, wie er von einer sich ihm entgegenstreckenden Hand von oben aufgenommen wird, wobei er wie ein Wagenlenker auf einem Viergespann fährt* (Eusebius, *Vita Constantini* 4,73).
Aufmerksamkeit verdient besonders die Darstellung auf dem Revers, der Rückseite der Münze. Die Szene, die hier dargestellt ist, lässt sich unterschiedlich deuten: Sie kann im christlichen Sinne als Himmelfahrt aufgefasst, aber auch in heidnischer Tradition als Fahrt Konstantins auf dem Wagen des Sonnengottes (symbolisiert durch die Quadriga) und damit als Aufnahme des Kaisers unter die Götter verstanden werden.
Letzteres wäre als Zeichen für eine Apotheose (Vergottung) des Kaisers zu begrei-

fen. Bei dieser Deutung wäre davon auszugehen, dass eine Konsekration stattgefunden hat. Dafür spricht ebenfalls, dass Konstantin auf den Konsekrationsmünzen als *divus* (göttlich) tituliert wird. Auch auf anderen Münzen, die nach dem Tode des Kaisers geprägt wurden, finden wir das Epitheton *divus*. In den Inschriften wird er fortan als *divus Constantinus* bezeichnet.

Wie so viele andere Zeugnisse, die mit Konstantin im Zusammenhang stehen, waren auch die Konsekrationsmünzen wieder ambivalent, ließen sich christlich oder pagan deuten. Wer wollte, konnte auch in synkretistischer Manier beide Lesarten nebeneinander praktizieren. Möglichweise war diese Mehrdeutigkeit wiederum intendiert. Bei der Interpretation kommt erschwerend hinzu, dass wir anders als bei den früher besprochenen Zeugnissen nicht wissen, ob Konstantin auf die Gestaltung dieser Münzen Einfluss genommen, also noch zu Lebzeiten entsprechende Anweisungen gegeben hat. Die Umstände sind hier äußerst komplex, eine sichere Antwort hat die Forschung noch nicht gefunden.

XIII. Eine „Konstantinische Wende"? – Zur Einschätzung Konstantins in der antiken Überlieferung und der modernen Forschung

Einschätzung Konstantins in den antiken Quellen

Konstantin ist nicht nur einer der am meisten beachteten, sondern auch einer der umstrittensten römischen Kaiser. Bereits die Urteile der Zeitgenossen weichen erheblich voneinander ab. Die christlichen Autoren der konstantinischen Zeit, insbesondere Eusebius und Laktanz, äußern sich nahezu uneingeschränkt positiv. Sie verstehen Konstantin als den ersten christlichen Kaiser, der den Christenverfolgungen unter den Tetrarchen endgültig ein Ende setzte und die christliche Religion bald bevorzugt behandelte. Sie reflektieren, dass sich die Existenzbedingungen für die Christen und die christliche Kirche unter seiner Regentschaft wesentlich verbesserten. Sie stellen aber auch fest, dass sich das Römische Reich insgesamt infolge der Hinwendung des Kaisers zum Christentum und der Tatsache, dass er sich als Beauftragter des Christengottes verstand, in christlichem Sinne zu verändern begann.

Die Einschätzung Konstantins durch die paganen Autoren variiert erheblich. Ungünstig ist sie insbesondere bei denjenigen Schriftstellern, die erst Jahrzehnte nach dem Tode des Kaisers schreiben und die Folgen der Christianisierung des Reiches, die bald massiv voranschritt, im Blick haben. Sie nehmen den Niedergang der paganen Kulte wahr und bringen diesen mit den allgemeinen Problemen des Imperium Romanum im späteren 4. und im 5. Jahrhundert zusammen. Daneben finden wir aber auch in der paganen Literatur positive Aussagen über Konstantin, die besonders seine militärischen Erfolge loben. Der Heide Praxagoras von Athen erhebt ihn wegen seiner Tugend (*kalokagathia*) über die früheren römischen Kaiser und verleiht ihm sogar das Attribut *megas* („der Große").

Einschätzung Konstantins in der modernen Forschung: Zur Kontroverse über die „Konstantinische Wende"

Auch in der modernen Forschung werden das Verhältnis Konstantins zur christlichen Religion und seine etwaigen Folgen intensiv in den Blick genommen. Die zentrale Frage ist dabei die nach der sog. „Konstantinischen Wende". Sie umfasst zwei wichtige Aspekte: zum einen die persönliche religiöse Neuorientierung des Kaisers und zum anderen ihre möglichen Konsequenzen für das Römische Reich. Mit der Problematik der persönlichen Haltung des Kaisers haben wir uns im letzten Kapitel im Zusammenhang mit der Diskussion um die Taufe des Kaisers beschäftigt. Sie soll an dieser Stelle daher nicht noch einmal betrachtet werden.

Überlegungen zu einer „Konstantinischen Wende" im Staat

Die Frage nach den Folgen der christlichen Orientierung Konstantins für das Reich ist von großer Bedeutung für die Einschätzung dieses Kaisers. Sie ist allerdings sehr komplex und nicht leicht zu beantworten. Man konzentriert sich in diesem Zusammenhang meist auf zwei Bereiche: den römischen Staat und die christliche Kirche. Im Hinblick auf den Staat betrachtet man die Entwicklung der politischen Organisation unter Konstantin sowie seine Gesetzgebung. Wir haben uns mit beiden Themen in den Kapiteln VIII und IX auseinander gesetzt. Dort haben wir festgestellt, dass sich Konstantins politische Reformen im Wesentlichen als Fortsetzungen der Reformmaßnahmen der Tetrarchen verstehen lassen. Dies gilt in gleicher Weise für die Zentralisierung der Verwaltung, die Steuer- und Währungspolitik wie die Organsation der Reichsverteidigung. Christliche Überlegungen haben sich hier so gut wie gar nicht niedergeschlagen. Das trifft weitestgehend auch auf die Personalpolitik des *Augustus* zu. Konzeption, Legitimation und Repräsentation des Kaisertums stehen ebenfalls in tetrarchischer Tradition. Diocletian und seine Mitkaiser haben hier gegenüber der frühen Kaiserzeit massive Neuerungen eingeführt. Konstantin wich nur insofern wesentlich von seinen Vorgängern ab, als er sich zur Legitimation seiner Herrschaft auf den Christengott berief. In der Struktur der Begründung führte er aber keine Neuheiten ein. Bei der Gesetzgebung ergibt sich ein etwas komplexerer Befund. Wir haben in Kap. XI gesehen, dass hier zum Teil christliche Vorstellungen eingeflossen sind. Bei der Mehrzahl der Gesetze ist dies aber nicht der Fall. Konstantin hat seine alleinige Gesetzgebungskompetenz also keineswegs dazu verwendet, das Reich im christlichen Sinne umzugestalten.

Überlegungen zu einer „Konstantinischen Wende" in der christlichen Kirche
Mit der Fragestellung, inwieweit Konstantins Politik zu Veränderungen in der christlichen Kirche geführt hat, setzt sich die historische wie die theologische Forschung ebenfalls intensiv auseinander. Zumeist wird dem Kaiser in diesem Kontext eine große Bedeutung zugeschrieben. In der Bewertung aber unterscheiden sich die Autoren: Positiv wird bemerkt, dass Konstantin die Verbreitung der christlichen Religion wesentlich gefördert und die Existenzbedingungen für die Kirche wesentlich verbessert hat. Kritisiert wird hingegen, dass durch die starke Verbreitung des Christentums viele Menschen für die Kirche gewonnen worden seien, die nur unzureichend bekehrt waren. Weiterhin wird die zunehmende Kooperation von Staat und Kirche kritisiert, welche mit der Entwicklung der christlichen Gemeinschaft zur „Reichskirche" einhergegangen sei.
Diese Probleme werden auch von christlichen Autoren des 4. Jahrhunderts gelegentlich angesprochen. Auch einige Bischöfe dieser Zeit bemängeln, dass sich nun viele Menschen der Kirche zuwendeten, die nur unzureichend bereit gewesen seien, sich von der paganen Religion zu distanzieren. Die Verfolgungszeit habe demgegenüber bei allen Schwierigkeiten für die Kirche den Vorteil gehabt, dass nur die Personen der christlichen Religionsgemeinschaft treu geblieben seien, die wirklich überzeugt waren.

Die Kooperation von Staat und Kirche wird von den antiken Autoren unterschiedlich bewertet. Im Zusammenhang mit dem Donatisten- und dem Arianismusstreit haben wir gesehen, dass die meisten Bischöfe das Verhalten des Kaisers mindestens tolerierten, wenn nicht gar guthießen. Bedenken wurden nur sehr vereinzelt geäußert und sind nicht als grundsätzliche Kritik zu verstehen. In der Nachfolgezeit hielten es viele Kirchenvertreter für angemessen, dass sich der Staat sowohl gegen die Anhänger der paganen Religion als auch gegen die Häretiker wandte. Sogar die Anwendung staatlicher Gewalt wurde hier zumeist geduldet. Dass die Kirche allmählich Aufgaben mit übernahm, die früher allein in der Zuständigkeit staatlicher Institutionen gelegen hatte, nahm man im wesentlichen positiv auf. Bezüglich des Bischofsgerichts wurde zwar gelegentlich bemerkt, dass die Bischöfe durch diese Arbeit sehr stark in Anspruch genommen wurden und entsprechend weniger Zeit für ihre sonstigen Aufgaben hatten. Die meisten aber führten diese Tätigkeit offenbar bereitwillig aus und betonten auch weiterhin, dass die Christen sich besser an das kirchliche Gericht als an die staatliche Gerichtsbarkeit wenden sollten.

Mit der Zeit wurde diese Entwicklung jedoch häufig kritischer bewertet. Nicht selten vertrat man die Auffassung, die Kirche habe sich durch die Kooperation mit dem Staat in einer Weise verändert, die mit der christlichen Botschaft nicht zu vereinbaren sei. Sie habe Organisationsformen entwickelt, die denen des römischen Staates nachgebildet und nicht originär christlich seien.

All dies sind ernstzunehmende Überlegungen. Man muss aber die Frage stellen, ob diese Tendenzen tatsächlich durch Konstantins Hinwendung zum Christentum ausgelöst wurden oder ob sie sich nicht schon früher abzeichneten. Bei den meisten Kritikpunkten ist letzteres der Fall: Die Assimilation der Christen an Staat und Gesellschaft war ein langer Prozess, der spätestens zu Beginn des 2. Jahrhunderts einsetzte. Sie war eine notwendige Voraussetzung für Existenz und Verbreitung der christlichen Religion im Römischen Reich. Dass sie zum Teil eine Abkehr von „urchristlichen" Vorstellungen und Lebensformen mit sich brachte, wurde auch bereits im 2. Jahrhundert bemerkt und gelegentlich kritisiert. Das Phänomen, dass sich viele Menschen dem Christentum zuwandten, ohne sich vollständig von der paganen Tradition zu distanzieren, ist ebenfalls bereits in vorkonstantinischer Zeit zu beobachten und wurde auch schon in dieser Phase von den christlichen Autoren thematisiert. Speziell in der Zeit der Verfolgungen, als viele Getaufte von der Kirche abfielen und sich dem Opfergebot beugten, wurde dies intensiv diskutiert. Auch der Umstand, dass die Organisation der Kirche Gemeinsamkeiten mit staatlichen Organsiationsformen aufwies, lässt sich bereits im 2. Jahrhundert beobachten, als sich die Gemeindeverfassung herausbildete. Mit Konstantins Entscheidung für den Christengott hat all dies also nichts zu tun.

Schließlich wird in der Forschung zuweilen die These vertreten, dass infolge der „Konstantinischen Wende" eine ungleiche Entwicklung der östlichen und westlichen Kirche eingetreten sei. Dies zeige sich speziell darin, dass die Kirche in den beiden Reichsteilen in konstantinischer Zeit ein unterschiedliches Verhältnis zum Staat entwickelt habe. Die westliche Kirche habe sich stärker vom Kaiser distanziert, sich gegen seine Eingriffe in ihren Bereich verwehrt und statt dessen die eigenen kirchlichen Institutionen gestärkt. Den Höhepunkt markierte dabei die Entwicklung des Bischofs von Rom zum Papst, dessen Funktion in der Kirche gelegentlich mit der des Kaisers im Staat verglichen wird. In der östlichen Kirche erlangte dagegen keiner der Patriarchen eine dem Papsttum vergleichbare Stellung. Der Kaiser spielte hier auch in der Folgezeit eine große Rolle, staatliche und kirchliche Institutionen wurden damit weniger strikt geschieden als im Westen. Letzteres wird von west- und osteuropäischen Autoren sehr unterschiedlich bewertet. Von östlichen wird sie meist für sinnvoll erachtet, von westlichen wird sie als „Caesaropapismus" kritisiert. Damit ist gemeint, dass der Kaiser in der östlichen Kirche Zuständigkeiten beanspruchte, die nach westlichem Verständnis dem Papst zugestanden hätten.

Diese Erscheinungen sind tatsächlich für die nachfolgenden Jahrhunderte charakteristisch. Nun stellt sich aber auch hier wieder die Frage, inwieweit Konstantin und seine Politik daran einen Anteil hatten. Wir haben oben gesehen, dass während der Regentschaft Konstantins die östlichen wie die westlichen Kirchenvertreter der neuen Kooperation gegenüber offen waren. Die wenigen Kritiker stammten aus dem Osten wie dem Westen. Erst nach Konstantin bildeten sich unter den beiden Reichsteilen Unterschiede in der Haltung der Kirche zum Kaiser heraus. Sie beruhten auf Bedingungen, die unter Konstantin noch gar nicht gegeben waren: Viele Kaiser im Westteil des Reiches bekannten sich in der Folgezeit – anders als Konstantin – zum Arianismus, in der Kirche setzte sich dagegen der Katholizismus durch. Damit entstand im Westen ein theologischer Konflikt zwischen Kaiser und Kirche, der die Kirche dazu veranlasste, zum Kaiser in Distanz zu treten. Hinzu kam, dass der Kaiser und die staatlichen Strukturen im Westen infolge der Wirren der Völkerwanderungszeit allmählich geschwächt wurden. Auch dieser Trend stärkte die Institutionen der Kirche: Sie übernahm nun Funktionen, die zuvor der Staat innehatte und griff damit ihrerseits auf den ehemals staatlichen Bereich über. Von solchen Erscheinungen aber konnte in der Ära Konstantins noch keine Rede sein. Sie beruhten auf historischen Entwicklungen, die erst in nachkonstantinischer Zeit eintraten.

Auf der anderen Seite gab es bereits lange vor Konstantin Unterschiede in der östlichen und westlichen Kultur, die sich nun auch in der Kirche und im Verhältnis von Kirche und Staat niederschlugen. Sie manifestieren sich besonders darin, dass im Westen die Institutionalisierung von Macht, der Aufbau hierarchisch strukturierter Organisationen, die Einrichtung von Ämtern mit geregelten Kompetenzen und die Differenzierung zwischen Amt und Person eine wichtigere Rolle spielten als im Osten. Im östlichen Reichsteil waren dagegen charismatische Persönlichkeiten von größerer Bedeutung als versachlichte Institutionen. Dies lässt sich über die Jahrhunderte an vielen Beispielen im Politischen wie im Religiösen beobachten.

Fazit

Zusammenfassend können wir sagen, dass eine „Konstantinische Wende" eher nicht anzunehmen ist. Die grundlegenden Veränderungen, die die Spätantike von der frühen Kaiserzeit unterscheiden, sind bereits von den Tetrarchen eingeführt worden. Konstantin hat deren Maßnahmen konsequent fortgesetzt und ergänzt, die eigentlichen Innovationen im politischen Bereich aber sind seinen Vorgängern zuzuschreiben. Auch in der christlichen Kirche hat Konstantin durch seine Regelungen eher Trends unterstützt, die sich bereits abzeichneten, als wirkliche Neuerungen bewirkt.

Dies jedoch mindert nicht die große Bedeutung seiner Regentschaft für das Römische Reich. Insbesondere die Förderung des Christentums, die Kooperation von Staat und Kirche und die Christianisierung der Herrscherkonzeption haben die Geschichte des Römischen Reiches wie auch die seiner Nachfolgestaaten entscheidend geprägt.

Auswahlbibliographie

Quellen und Quellensammlungen

Brandt, H., Geschichte der römischen Kaiserzeit. Von Diokletian und Konstantin bis zum Ende der konstantinischen Dynastie (284–363), Berlin 1998. *Darstellung und kommentierte Quellensammlung (Quellen in deutscher Übersetzung).*

Dörries, H., Das Selbstzeugnis Konstantins des Großen, Göttingen 1954. *Übersetzung und Interpretation zahlreicher Dokumente zu Konstantin.*

Eusebius, Vier Bücher über das Leben des Kaisers Konstantin. Rede an die Versammlung der Heiligen. Aus dem Griechischen übersetzt von J. M. Pfättisch, Kempten-München 1913 (Bibliothek der Kirchenväter).

Eusebius, Kirchengeschichte, herausgegeben und eingeleitet von H. Kraft. Übersetzt von Ph. Haeuser, durchgesehen von H. A. Gärtner, Darmstadt ³1997.

Guyot, P./R. Klein (Hrsg.), Die frühen Christen bis zum Ende der Verfolgungen. Eine Dokumentation. Zwei Bände in einem Band. Bd. 1: Die Christen im heidnischen Staat. Bd. 2: Die Christen in der heidnischen Gesellschaft, Darmstadt 1994 (zuerst 1993/4). *Zweisprachige Quellensammlung mit Schwerpunkt in der vorkonstantinischen Zeit.*

Keil, V., Quellensammlung zur Religionspolitik Konstantins des Großen, Darmstadt ²1995. *Zweisprachige Quellensammlung.*

Kolb, F. Herrscherideologie in der Spätantike, Berlin 2001. *Darstellung und kommentierte Quellensammlung (Quellen in deutscher Übersetzung).*

Laktanz, Von den Todesarten der Verfolger. Vom Zorne Gottes. Auszug aus den göttlichen Unterweisungen. Gottes Schöpfung. Aus dem Lateinischen übersetzt, Kempten–München 1919 (Bibliothek der Kirchenväter).

Übergreifende Literatur

Barnes, T. D., Constantine and Eusebius, Cambridge/Mass.–London 1981. *Darstellung zu Konstantin, Eusebius und der Herausbildung eines christlichen Imperiums.*

Bleckmann, B., Konstantin der Große, Reinbek bei Hamburg 1996. *Knappe Darstellung der Gesamtthematik.*

Brandt, H., Geschichte der römischen Kaiserzeit (s. Quellensammlungen).

Clauss, M., Konstantin der Große und seine Zeit, München 1996. *Knappe Darstellung der gesamten Thematik mit kurzer kommentierter Bibliographie.*

Demandt, A., Die Spätantike. Handbuch der Altertumswissenschaften. Bd. III 6, München 1989. *Umfassende Darstellung zum gesamten Themenbereich der Spätantike mit umfangreicher Bibliographie.*

Grünewald, T., Constantinus Maximus Augustus. Herrschaftspropaganda in der zeitgenössischen Überlieferung, Stuttgart 1990. *Darstellung und Interpretation der monarchischen Repräsentation Konstantins.*

Jones, A. H. M., The Later Roman Empire 284–502. Vol. 1, Oxford 1964. *Umfassende Darstellung zur Geschichte der Spätantike.*

Kolb, F., Herrscherideologie in der Spätantike (s. Quellensammlungen).

Leeb, R., Konstantin und Christus. Die Verchristlichung der imperialen Repräsentation unter Konstantin d. Großen als Spiegel seiner Kirchenpolitik und seines Selbstverständnisses, Berlin-New York 1992. *Darstellung und Interpretation der monarchischen Repräsentation Konstantins.*

Martin, J., Spätantike und Völkerwanderung, München ³1995. *Umfassende Darstellung zum gesamten Themenbereich der Spätantike mit ausführlicher Forschungsdiskussion und umfangreicher Bibliographie.*

Stein, E., Geschichte des spätrömischen Staates. Bd. 1: Vom römischen zum byzantinischen Staate (284–476 n. Chr.), Wien 1928. *Noch immer lesenswerte umfassende Darstellung zum römischen Staat in der Spätantike.*

Literatur zu den einzelnen Kapiteln

I. Diocletian und die Tetrarchie

Kolb, F., Die Gestaltung des spätantiken Kaisertums unter besonderer Berücksichtigung der Tetrarchie, in: F. Paschoud/H. Szidat (Hrsg.), Usurpationen in der Spätantike, Stuttgart 1997, 35–45. *Interpretiert am Beispiel der Tetrarchen wesentliche Elemente des spätantiken Kaisertums.*

Kuhoff, W., Diocletian und die Epoche der Tetrarchie. Das römische Reich zwischen Krisenbewältigung und Neuaufbau (284–313 n. Chr.), Frankfurt a. M. u. a. 2001 *Detaillierte Darstellung der Tetrarchie.*

Lauffer, S. (Hrsg.), Diokletians Preisedikt, Berlin 1971. *Text mit ausführlichem Kommentar und Bibliographie.*

Portmann, W., Zu den Motiven der diocletianischen Christenverfolgung, in: Historia 39 (1990) 212–248. *Untersuchung zu den Quellenaussagen zu der Thematik.*

Schwarte, K.-H., Diocletians Christengesetz, in: R. Günther/S. Rebenich (Hrsg.) *E fontibus haurire.* Beiträge zur römischen Geschichte und ihren Hilfswissenschaften. H. Chantraine zum 65. Geburtstag, Paderborn u. a. 1994, 203–240. *Interpretation der Christenverfolgung in ihrer Beziehung zur Konzeption der Tetrarchie.*

II. Die politischen Anfänge Konstantins

Barceló, P., Die Religionspolitik Kaiser Konstantins des Großen vor der Schlacht an der Milvischen Brücke (s. Kap. IX).

Lippold, A., Konstantin und die Christen bis 312 n. Chr. (s. Kap. IX).

III. Das Toleranzedikt des Galerius

Bringmann, K., Die konstantinische Wende. Zum Verhältnis von politischer und religiöser Motivation, in: Historische Zeitschrift 260 (1995) 21–47. *Zur Intention der römischen Kaiser im Umgang mit dem Christentum (von Galerius bis Konstantin).*

IV. Der Sieg Konstantins über Maxentius – die „Bekehrung" Konstantins

Burckhardt, J., Constantin und die Kirche (s. Kap. XII).

Grégoire, H., Die „Bekehrung" Konstantins des Großen (s. Kap. XII).

Thümmel, H. G., Die Wende Constantins und die Denkmäler, in: E. Mühlenberg (Hrsg.), Die Konstantinische Wende, Gütersloh 1998, 144–185. *Bes. zum Konstantinsbogen, zum Silbermedaillon von Ticinum und zur literarischen Überlieferung.*

Vogt, J., Die Bedeutung des Jahres 312 für die Religionspolitik Konstantins des Großen, in: H. Kraft (Hrsg.), Konstantin der Große, Darmstadt 1974, 274–272 (zuerst 1942). *Deutet das Jahr 312 als religionspolitische Zäsur.*

Vogt, J., Die constantinische Frage, in: H. Kraft (Hrsg.), Konstantin der Große, Darmstadt 1974, 345–387 (zuerst 1955). *Zur Diskussion um die Hinwendung Konstantins zum Christentum, bes. im Zusammenhang mit den Ereignissen von 312.*

V. Die Mailänder Vereinbarung und der Konflikt zwischen Konstantin und Licinius um die Macht im Osten

Bleicken, J., Constantin der Große und die Christen (s. Kap. XII).

Bringmann, K., Die konstantinische Wende (s. Kap. III).

VI. Die Alleinherrschaft Konstantins

Barceló, P., Roms auswärtige Beziehungen unter der constantinischen Dynastie (296–363), Regensburg 1981. *Darstellung der Grundzüge der römischen Außenpolitik in konstantinischer und nachkonstantinischer Zeit.*

Brockmeier, B., Der Große Friede 332 n. Chr. Zur Außenpolitik Konstantins d. Großen, in: Bonner Jahrbücher 187 (1987) 79–100. *Diskutiert die Probleme des Gotenfoedus und ordnet es in den Kontext der konstantinischen Außenpolitik ein.*

Chantraine, H., Die Nachfolgeordnung Constantins des Großen, Stuttgart 1992. *Zur Nachfolgeregelung von 333–335.*

Errington, R. M., Constantine and the Pagans, in: Greek, Roman and Byzantine Studies 29 (1988) 309–318. *Zur Haltung Konstantins zur paganen Religion in seinen Jahren als alleiniger Kaiser.*

VII. Innenpolitik

Fears, J. R., *Princeps a dis electus.* The Divine Election of the Emperors as a Political Concept at Rome, Rom 1977. *Zu Gottkaisertum und Gottesgnadentum.*

Gizewski, Ch., Zur Normativität und Struktur der Verfassungsverhältnisse in der späteren römischen Kaiserzeit, München 1988. *Zur Konzeption der politischen Ordnung des Römischen Reiches in der Spätantike.*

Martin, J., Zum Selbstverständnis, zur Repräsentation und Macht des Kaisers in der Spätantike, in: Saeculum 35 (1984) 115–131. *Darstellung der Gesamtthematik.*

Migl, J., Die Ordnung der Ämter. Prätorianerpräfektur und Vikariat in der Regionalverwaltung des Römischen Reiches von Konstantin bis zur Valentinianischen Epoche, Frankfurt a. M. u. a. 1994. *Zur Herausbildung der Organisation der Regionalverwaltung in der Spätantike.*

Treitinger, O., Die oströmische Kaiser- und Reichsidee nach ihrer Darstellung im höfischen Zeremoniell, Jena 1938 (ND Darmstadt 1956). *Noch immer grundlegend zum Hofzeremoniell.*

Winterling, A. (Hrsg.), *Comitatus.* Beiträge zur Erforschung des spätantiken Kaiserhofes, Berlin 1998. *Sammelband mit Aufsätzen zum Kaiserhof und zur Verwaltungsgeschichte.*

VIII. Religion

Barceló, P., Zur Begegnung, Konfrontation und Symbiose von *religio Romana* und Christentum, in: ders./G. Gottlieb (Hrsg.), Christen und Heiden in Staat und Gesellschaft des zweiten bis vierten Jahrhunderts. Gedanken und Thesen zu einem schwierigen Verhältnis, München 1992, 151–208. *Überblick über die Gesamtthematik.*

Clauss, M., Kaiser und Gott. Herrscherkult im römischen Reich, Stuttgart–Leipzig 1999. *Zum Kaiserkult in vorkonstantinischer und konstantinischer Zeit.*

Haehling, R.v. (Hrsg.), Rom und das himmlische Jerusalem. Die frühen Christen zwischen Anpassung und Ablehnung, Darmstadt 2000. *Zur Haltung der Christen der ersten drei Jahrhunderte zum Römischen Reich.*

Herrmann, E., *Ecclesia in Re Publica*, Frankfurt a.M. u.a. 1980. *Zur Entstehung der kirchlichen Institutionen und ihrem Verhältnis zum römischen Staat.*

Liebeschuetz, J. H. W. G., Continuity and Change in Roman Religion, Oxford 1979. *Zur Entwicklung der römischen Religion bis in die konstantinische Zeit.*

MacMullen, R., Christianity and Paganism in the Fourth to Eigth Centuries, New Haven–London 1997. *Zum Verhältnis von christlicher und paganer Religion seit der konstantinischen Zeit.*

Winkelmann, F., Geschichte des frühen Christentums, München 1996. *Darstellung der Geschichte des Christentums bis in die konstantinische Zeit.*

Wlosok, A., Einführung, in: dies. (Hrsg), Römischer Kaiserkult, Darmstadt 1978, 1–52. *Zum römischen Kaiserkult bis in die konstantinische Zeit.*

IX. Konstantin und die christliche Kirche

Barceló, P., Die Religionspolitik Kaiser Constantins des Großen vor der Schlacht an der Milvischen Brücke (312), in: Hermes 116 (1988) 76–94. *Zu Konstantins Religionspolitik zwischen 306 und 312.*

Dassmann, E., Kirchengeschichte II/1. Konstantinische Wende und spätantike Reichskirche, Stuttgart 1996. *Allgemeiner Überblick zu der Thematik.*

Frend, W. H. C., The Donatist Church. A Movement of Protest in Roman North Africa, reprint Oxford 1985. *Umfassende Darstellung des Donatistenstreites.*

Girardet, K. M., Kaisergericht und Bischofsgericht. Studien zu den Anfängen des Donatistenstreites (313–315) und zum Prozeß des Athanasius von Alexandrien (328–346), Bonn 1975. *Zum Verhältnis von Kaiser und Kirche in konstantinischer und nachkonstantinischer Zeit.*

Girardet, K. M., Kaiser Konstantin d. Gr. als Vorsitzender von Konzilien, in: Gymnasium 98 (1991) 548–560. *Zur kaiserlichen Synodalgewalt.*

Lippold, A., Konstantin und die Christen bis 312 n.Chr., in: W. Becker/W. Chrobak (Hrsg.), Staat, Kultur, Politik. Beiträge zur Geschichte Bayerns und des Katholizismus. Festschrift zum 65. Geburtstag von D. Albrecht, Kallmünz 1992, 1–9. *Zu Konstantins Religionspolitik zwischen 306 und 312.*

Ruhbach, G. (Hrsg.), Die Kirche angesichts der konstantinischen Wende, Darmstadt 1976. *Sammelband mit Aufsätzen u.a. zur Beziehung von Staat und Kirche in konstantinischer Zeit.*

Williams, R., Arius. Heresy and Tradition, London 1987. *Zu Arius und dem Arianismusstreit (historische und theologische Aspekte).*

X. Die Gesetzgebung Konstantins und ihr Verhältnis zum Christentum

Dassmann, E., Kirchengeschichte II/1 (s. Kap. IX).

Ehrhardt, A., Constantin d. Gr. Religionspolitik und Gesetzgebung, in: H. Kraft (Hrsg.), Konstantin der Große, Darmstadt 1974, 388–456 (zuerst 1955).

Klein, R., Die Bestellung von Sklaven zu Priestern. Ein rechtliches und soziales Problem in Spätantike und Frühmittelalter, in: ders., *Roma versa per aevum.* Ausgewählte Schriften zur heidnischen und christlichen Spätantike, hrsg. v. R.v. Haehling u. K. Scherberich, Hildesheim u.a. 1999, 394–420 (zuerst 1991).

Langenfeld, H., Christianisierungspolitik und Sklavengesetzgebung der römischen Kaiser von Konstantin bis Theodosius II., Bonn 1977.

Noethlichs, K. L., Zur Einflußnahme des Staates auf die Entwicklung eines christlichen Klerikerstandes, in: Jahrbuch für Antike und Christentum 15 (1972) 136–152.

Noethlichs, K. L., Die gesetzgeberischen Maßnahmen der christlichen Kaiser des 4. Jahrhunderts gegen Häretiker, Heiden und Juden, Diss. Köln 1971.

Vogt, J., Zur Frage des christlichen Einflusses auf die Gesetzgebung Konstantins d. Gr. Festschrift für L. Wenger. Bd. 2, München 1945, 118–148.

XI. Konstantinopel – die neue Metropole

Chantraine, H., Konstantinopel – vom Zweiten Rom zum Neuen Rom, in: Geschichte in Wissenschaft und Unterricht 43 (1992) 3–15. *Zur Hauptstadtproblematik.*

Dagron, G., Naissance d'une capitale. Constantinople et ses institutions de 330 à 451, Paris ²1984. *Darstellung u. a. der Stadtgründung, der Topographie, der politischen Institutionen, der Kirche und der Gesellschaft der Metropole.*

Rebenich, S., Vom dreizehnten Gott zum dreizehnten Apostel? Der tote Kaiser in der Spätantike, in: Zeitschrift für Antikes Christentum 4 (2000) 300–324. *Zur Diskussion um die Apostelkirche und die Problematik der Konsekration.*

XII. Taufe und Tod Konstantins

Aland, K., Die religiöse Haltung Kaiser Konstantins, in: K. Aland/F. L. Cross (Hrsg.), Studia Patristica. Vol. I, Berlin 1957, 549–600. *Ausführliche Behandlung der Thematik auf der Basis der Quellen.*

Bleicken, J., Constantin der Große und die Christen. Überlegungen zur konstantinischen Wende, München 1992. *Zur Motivation Konstantins, sich dem Christentum zuzuwenden.*

Bringmann, K., Die konstantinische Wende (s. Kap. III).

Burckhardt, J., Constantin und die Kirche, in: H. Kraft (Hrsg.), Konstantin der Große, Darmstadt 1974, 19–55 (zuerst 1853). *Interpretiert Konstantins Hinwendung zum Christentum unter machtpolitischen Gesichtspunkten.*

Grégoire, H., Die „Bekehrung" Konstantins des Großen, in: H. Kraft (Hrsg.), Konstantin der Große, Darmstadt 1974, 175–233 (zuerst 1930/31). *Interpretiert Konstantins Hinwendung zum Christentum unter machtpolitischen Gesichtspunkten.*

Koep, L., Die Konsekrationsmünzen Kaiser Konstantins, in: A. Wlosok (Hrsg.), Römischer Kaiserkult, Darmstadt 1978, 509–527. *Zur Problematik der Konsekration Konstantins.*

Kraft, H., Zur Taufe Kaiser Konstantins, in: K. Aland/F. L. Cross (Hrsg.), Studia Patristica. Vol. I, Berlin 1957, 642–648. *Zur Diskussion um Konstantins Hinwendung zum Christentum.*

Rebenich, S., Vom dreizehnten Gott zum dreizehnten Apostel? (s. Kap. XI).

XIII. Eine „Konstantinische Wende"? – Zur Einschätzung Konstantins in der antiken Überlieferung und der modernen Forschung

Girardet, K., Die konstantinische Wende und ihre Bedeutung für das Reich, in: E. Mühlenberg (Hrsg.), Die Konstantinische Wende, Gütersloh 1998, 9–122. *Ausführliche Diskussion der Hinwendung Konstantins zum Christentum und ihrer Konsequenzen für Kirche und Reich.*

Piepenbrink, K., Konstantin der Große – wendet sich nicht dem Christentum zu, in: K. Brodersen (Hrsg.), Virtuelle Antike. Wendepunkte der Alten Geschichte, Darmstadt 2000, 133–149. *Zur Frage, ob die römische Geschichte ohne Konstantins Hinwendung zum Christentum grundsätzlich anders verlaufen wäre.*

Schneemelcher, W., Das konstantinische Zeitalter. Kritisch-historische Bemerkungen zu einem modernen Schlagwort, in: Kleronomia 6 (1974) 37–60. *Zur historischen Bedeutung Konstantins, bes. für das Verhältnis von Staat und Kirche.*

Stockmeier, P., Konstantinische Wende und kirchengeschichtliche Kontinuität, in: ders., Glaube und Kultur. Studien zur Begegnung von Christentum und Antike, Düsseldorf 1983, 254–276 (zuerst 1963). *Zur Bedeutung der konstantinischen Wende für die Geschichte der Kirche.*

Winkelmann, F., Die „Konstantinische Wende" und ihre Bedeutung für die Kirche, in: E. Mühlenberg (Hrsg.), Die Konstantinische Wende, Gütersloh 1998, 123–143.

Register